Bill Wallace of China

Bill Wallace of China
청년의사 빌 왈레스의 내게 사는 것이 그리스도니

2013년 10월 30일 · 제1판 1쇄 발행

지은이 | 제시 플레쳐
펴낸이 | 안병창
펴낸데 | 요단출판사
158-053 서울특별시 양천구 목3동 605-4
기   획 | (02)2643-9155
영   업 | (02)2643-7290~1   Fax (02)2643-1877
등   록 | 1973. 8. 23. 제13-10호

ⓒ 요단출판사 2013

기   획 | 이영림   편   집 | 정연숙
디자인 | 이소영   제   작 | 박태훈 권아름
영   업 | 김창윤 정준용 이영은 심현진

값 13,000원
ISBN 978-89-350-1500-9 03230

이 책의 한국어판 저작권은 요단출판사가 소유하고 있습니다.
출판사의 사전 승인 없이 책의 내용이나 표지 등을 복제, 인용할 수 없습니다.

요단인터넷서점 www.jordanbook.com

청년의사 **빌 왈레스**의

내게 사는 것이 그리스도니

요단

발간사

"내게 사는 것이 그리스도니 죽는 것도 유익함이라"(빌 1:21).

이 말씀은 17년 동안 중국 우초우에서 질병과 고난에서 헤매던 중국 민족들을 하나님의 사랑으로 돌보다가 순교한 윌리엄 빌 왈레스 선교사가 마지막 순간까지 가슴에 간직한 말씀입니다.

빌 왈레스 선교사의 이야기는 원래 1963년 제시 플레쳐(Jesse C. Fletcher) 목사님이 저술한 「내게 사는 것이 그리스도니」*Bill Wallace of China*를 1968년 이요한 목사님이 번역하여 침례회 출판사에서 발간하였습니다. 그러나 그 후로는 왈레스 선교사의 일생에 대하여 널리 알릴 기회가 많지 않았으며, 왈레스 선교사의 숭고한 순교정신을 기념하기 위해 세워진 침례병원에서조차도 왈레스 선교사의 일생에 대하여 아는 사람이 그리 많지 않습니다.

이를 안타깝게 여긴 침례병원 당국에서 전 원목실장 이재순 목사님과 침례병원 이충원 과장님, 부산침례교회 조정화 선생께 옛 번역본을 참고로 시대감각에 맞게 감수하여 다시 출판할 것을 위탁하였으며, 그에 따라 금번 새롭게 「내게 사는 것이 그리스도니」를 출판하게 된 것을 매우 기쁘게 생각합니다.

이제 이 책을 읽는 모든 성도들이 왈레스 선교사의 숭고한 순교정신을 기리고, "너희는 가서 모든 민족을 제자로 삼아 아버지와 아들과 성령의 이름으로 침례를 베풀고 내가 너희에게 분부한 모든 것을 가르쳐 지키게 하라"(마 28:18-20)는 주님의 지상명령을 완수하는 제자들이 많아지기를 소원하며, 친히 죽으심으로 우리를 살리신 주님께 모든 영광을 돌립니다.

2013년 10월

빌 왈레스기념 침례병원
병원장 의학박사 이 준 상

머리말

나는 나의 개인적인 선교소명에 대해 질문 받는 것을 좋아한다. 사람들은 해외로 나가서 복음을 전하는 데 생애를 바친 사람들을 하나님의 부르심에 영적으로 응답하는 체험을 가진 사람들이라고 이해하고 있다. 23년간 해외에서 봉사하고 현재는 남침례회 국제선교부에서 사역하고 있는 나는 끊임없이 사람들에게 선교사역에 대해서 관심을 가지라고 권한다. 그래서 나는 사람들이 나의 선교소명에 대하여 관심을 가지는 것이 큰 의미가 있다고 생각한다.

나는 어렸을 때 많은 선교사들이 안식년에 귀국해서 외국 문화와 그 여러 나라에서 이루시는 하나님의 역사에 대해 간증하는 선교 보고를 통해 많은 감동을 체험했던 기억이 난다. Mission Friends와 Royal ambassadors(왕의 사신단)의 선교 공부 시간에 발표되는 보고들을 들으면서 나는 잃어버려진 세계가 아직도 많이 있다는 것과 땅 끝까지 가서 복음을 전할 사람이 필요하다는 것을 느꼈다. 그 후 대학생 시절의 한 선교여행에서 내 생애를 아직도 예수님에 대해 듣지 못하고 있는 사람들에게 가서 헌신하라는 하나님의 인도하심을 확실히 느낄 수 있었다.

나는 이런 모든 공부와 경험을 통해서 내 생애를 위하여 하나님께서 계획과 목적을 가지고 계시다는 확고한 신념을 더욱 강하게 가지게 되었다. 그러나 내가 그에 따른 희생과 선교사역에 헌신하겠다고 결정하는 데는 그 필요성을 알고 느끼는 것만으로는 충분하지 않았다.

그러다가 나는 우연히 이 빌 왈레스의 전기를 읽고 하나님의 부르심에 절대적으로 순종하고 내 생애를 하나님께 전적으로 맡기겠다는 결정을 하게 되었다. 그래서 이 빌 왈레스의 전기는 나에게 선교사가 되게 해 준 가장 의미심장한 계기 중의 하나다.

빌 왈레스의 모범적인 삶에 대한 글을 읽으면서, 나는 미국에서 안정되고 미래를 보장하는 확실한 직업을 가진 사람들이 자신의 도움을 필요로 하는 사람들을 위하여 자기의 모든 것을 버리고 다른 나라로 가는 신실한 그리스도인들이 있다는 것을 알 수 있었다. 또한 나는 예수 그리스도 안에 있는 소망을 나누기 위하여 자기를 버리는 순종의 의미를 새롭게 깨닫게 되었다.

또 나는 중국 사람들 사이에서 고난과 비참할 정도의 박해를 받으면서도 하나님의 뜻을 따르는 빌 왈레스의 강한 믿음을 알게 되었다.

「내게 사는 것이 그리스도니」*Bill Wallace of China*를 읽는 가운데 나는 사도 바울의 "내가 그리스도를 위하여 모든 것을 잃어버린다"는 열정을 담은 신약성경의 말씀을 새롭게 읽게 되었다. 빌 왈레스의 생애와 사역은 참으로 빌립보서 1장 21절에 나타난 "내게 사는 것이 그리스도니 죽는 것도 유익함이라"고 한 사도바울의 삶의 원리를 그대로 보여 주었다.

나는 이 빌 왈레스의 아름다운 전기가 다시 출간하게 되어 감사하게 생각하며 모든 그리스도인들이 복음을 위해 기꺼이 생명을 바친 믿음의 영웅에게 더 많이 감명 받고 선교에 헌신하게 되기를 기도한다.

나는 오늘의 청소년들이 이 빌 왈레스의 전기를 읽고 아직도 복음이 전파되지 않아 잃어버려진 세계를 위하여 예수님처럼, 빌 왈레스처럼 자기의 삶을 바치는 미래의 선교사들이 더 많이 나오기를 소원한다.

제리 랜킨
미국 남침례회 국제선교부 전 총재

이는

내게 사는 것이

그리스도니

죽는 것도

유익함이라

빌 1:21

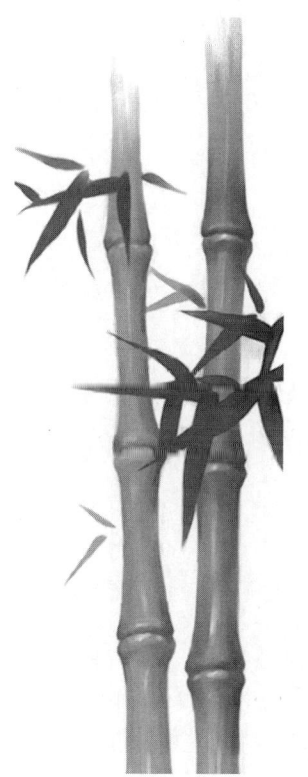

차 례

발간사 / 머리말

한 줄기 빛 /12

손에 쟁기를 잡고 /29

언어(言語)의 장벽을 넘어 /41

와이상(Waa I Saang) /49

불 시련 /67

광둥 사건 /83

첫째 요건 /98

칼날 /108

지도자의 책임 /126

불기둥 /140

광야 병원 /155

고향 우초우로 돌아오다 /171

태풍의 눈 /184

한 조각 인생 /203

죽(竹)의 장막(帳幕) /224

배게 사는 것이 그리스도니 /235

죽는 것도 유익함이라 /252

찬사 / 회고담 / 초본의 서문 / 맺는 말 / 후기

한 줄기 빛

바람 한 점 없었다. 그 순간 빌 왈레스에게는 모든 것이 정지된 것 같 았다. 시간도 멈춘 것처럼 느껴졌다. 차고의 열린 문틈으로 들어온 눈부신 햇빛이, 그가 정비하려고 부품별로 해체해 놓은 포드(Ford) 차와 기름이 묻었으나 잘 정돈된 작업대와 각 연장들 그리고 작업대 위에 펼쳐진 채로 놓여있는 성경책을 비추어 그 차고의 어지러운 분위기를 오히려 조화롭게 만들어 주고 있었다.

의사인 이 집 주인의 열일곱 살 된 아들은 그 차고에서 기계를 다루는 뛰어난 재주로 부지런히 정비를 하고 있었는데 그때 그에게 하나님의 음성이 들려왔다. 그 놀라운 음성을 듣는 순간 그의 작업 동작은 점차 느려지더니 마침내 작업을 멈추었다.

그러다가 정신을 차리고 정비 도구들을 옆에 두고 하나님의 음성에 응답하려고 성경책을 손에 들었다.

'나는 이제 무엇을 해야 하는가?' 아직은 막연한 질문이었다.

하나님의 음성이 들렸지만 아직은 어떤 일을 위한 음성인지 확실하지 않았다. 하지만 하나님이 어떤 특별한 목적을 가지고 자기를 부르신다는 것은 확실히 느낄 수 있었다.

그 시간 거기에 누군가가 함께 있었더라도 이 무덥고 숨 막히는 오후에 이 젊은이 안에 지금 역사하고 있는 그 힘이 이 젊은이의 삶의 방향을 결정할 것이라고는 생각하지 못했을 것이다. 거기에 있는 정비 연장들과 좀 여위고 갈색 머리인 이 젊은이의 구부정한 모습에 그 어떤 변화가 있는 것처럼 보이지는 않았기 때문이다. 그러나 실은 그에게 놀라운 일이 일어나고 있었다.

'하늘나라의 환상'이 그처럼 현실이 될 수 있는가? 하나님의 성령은 특별한 일을 위하여 사람들을 부르시고 그들을 따로 택하시는가? 그렇다. 하나님은 그렇게 일하신다. 바로 이 차고 안에서도 그런 놀라운 일이 일어났던 것이다. 하나님은 지금까지 걸어온 그의 길과 전혀 다른 길로 인도하셨다. 기계선분가가 되거나 상과내학에 가려고 했던 빌 윌레스는 그 순간 하나님이 자기를 의료 선교사로 부르시고 있다는 것을 확신할 수 있었다.

그러나 옆에서 그의 누이가 보았던 그의 소명감은 신약성경이 요구하는 기준에 비추어 볼 때, 특별한 체험도 없었고 그리 강하게 나타나지도 않았다. 하지만 그것은 그의 성격일 뿐이었다. 그는 자기의 어떤 생각을 언제나 즉각적으로 표현하는 사람이 아니었다.

　1925년 7월 5일, 그날은 한 사람의 운명이 새롭게 시작되는 날이었다. 그로부터 9년 후 지구를 반 바퀴나 돌아 멀리 떨어진 그곳에서 조용하게 이루어진 역사는 금세기 가장 위대한 사건으로 그 중요성을 분명하게 나타내었다.

　중국의 서 강(西江)에서 320킬로미터 상류에 위치한 곳에 오래된 도시인 우초우(梧州) 시가 있다. 1934년 가을에도 그곳에는 질병으로 고통 받는 사람들의 울부짖음이 들렸고 그들의 울부짖음에 스타우트 기념병원이 관심을 가졌다. 스타우트 기념병원은 예수 그리스도의 사랑을 전하기 위해 헌신하는 사람들이 일하는 5층짜리 석조건물의 병원이었다. 병원은 서 강과 푸 강이 합류하는 곳에 위치해 있었고, 도시 전체가 내려다보이는 작은 사무실에서 머리가 좀 벗겨진 차분한 성격의 병원장 로버트 베도우(Dr. Robert E. Beddoe)가 우초우 시 사람들을 도울 수 있는 최선의 길을 찾고 있었다.

　그의 사무실은 더웠다. 편지와 서류들, 여러 권의 책들이 아주 낡은 책상 위에 가득 쌓여 있었고 오래된 구식 타자기 한 대가 있었다. 베도우 원장은 자신의 생애 중 가장 좋은 시절을 이곳 우초우에서 미국 남침례회의 선교 전초기지인 병원을 설립하는 데 바쳤다. 그는 당시 중국에서 타자를 가장 빨리 치는 타자수였다. 그는 열심히 치던 타자기를 잠시 멈추고 이미 축축해진 손수건으로 목에 흘러내리는 땀을 닦으며 작은 창문 틈으로 밖을 바라보았다.

한 떼의 왜가리 무리가 서 강 위를 날았다. 마치 밑에서 벌어지고 있는 일들을 알아보려고 내려다보는 듯했다. 베도우는 그날따라 서 강의 교통이 여느 때보다 더 번잡함을 느꼈다. 알고 보니 중국 국민당 장개석 총통이 중국의 공산주의자들의 소굴을 소탕하려고 많은 군대를 서쪽으로 이동하고 있었기 때문이었다.

열린 문틈으로 간호사들과 환자들의 말소리가 들려오고 병원의 독특한 냄새도 들어왔다. 베도우 원장은 숨을 크게 한 번 내 쉬었다. 방부제, 여러 가지 약들 그리고 병원 직원들의 근무복에 사용하는 표백제 냄새가 주변에 풍기는 중국의 냄새와 함께 언제나 코를 찔렀다. 그는 침침한 눈을 비볐다. 그에게는 오랫동안 고민거리가 있었다. 그래서 편지를 썼다.

이곳의 우리 스타우트 기념병원은 자랑스러운 오랜 역사를 가지고 있습니다. 그리고 우리 남침례교는 주 예수 그리스도의 이름으로 성취한 일들을 자랑스럽게 생각합니다. 그러나 지금 우리는 그토록 힘을 들여서 얻은 이 모든 것을 잃을지도 모르는 위기에 처해 있으며 고통과 비방의 사막에서 수행해야 할 사역을 이제 더는 감당하기 어려운 처치에 놓여 있습니다. 왜냐하면 외과 의사가 없기 때문입니다. 외과 의사가 없어서 우리 병원은 필요한 환자를 다 치료하지 못하고 있으며 또한 교육병원으로서의 역할도 제대로 하지 못하고 있기 때문에 중국 사람들에게 비추어야 할 등대 역할도 못하고 있습니다.

의료 선교사 한 사람이 더 필요합니다. 내 시력(視力)이 오래 전에 벌써 나빠졌기 때문에 내가 할 수 없는 일을 해야 할 외과 의사가 한 사람 있어야 합니다. 다시 말씀드립니다. 외과 의사가 있어야 합니다. 당신이 잘 알고 계신 바와 같이 고통당하고 있는 이곳 사람들을 대신하여 나는 당신께 호소합니다. 외과 의사를 한 사람 구해서 보내주십시오.

급한 마음으로 타자를 마친 그는 타자한 종이를 빨리 접었다. 이런 그의 심정을 제대로 이해만 한다면 모르긴 해도 이미 100명도 더 되는 의사들이 여기에 왔을 것이다. 그는 매일 병원 앞에 길게 줄지어 치료를 기다리고 있는 환자들을 보면서 수백 만 명의 남부 중국인들의 필요를 피부로 느끼고 있었다.

"오, 하나님, 외과 의사 한 사람을 여기에 보내주십시오."

이와 같은 긴박한 상황에서 빌 왈레스를 위한 역사적인 미래의 그림자가 드러나기 시작했다. 오랜 역사를 가진 한 나라의 고통이 하나님의 인도하심에 순종하는 한 젊은 유능한 외과 의사를 기다리고 있었다. 마침내 하나님이 계획하신 시간에 하나님의 섭리 안에서 한 줄기 흐르는 시냇물처럼 하나님의 목적을 이루게 될 사명자가 나타났다.

테니시 주 녹스빌의 종합병원에서 외과 수련의 과정을 밟고 있던 빌은 그날도 여러 차례 급한 환자가 있다고 불려 나가면서 일과 중에 깊은 생각에 잠겨 편지를 쓰고 있었다. 그는 편지를 다 쓰고 편지봉투 수신인

주소란에 '버지니아 주 리치먼드, 남침례회 총회 외국선교부'라고 적었다. 그는 편지를 봉투에 넣으려고 하다가 다시 한 번 읽어보았다.

저는 현재 테네시 주 녹스빌에 있는 종합병원에서 외과 전문의 과정 수련의로 일하고 있는 윌리엄 월레스입니다. 제가 고등학교 3학년 때 하나님께서 저를 의료 선교사로 부르시는 것을 느꼈습니다. 그래서 저는 그 길을 위해 준비했습니다. 의과대학에 갈 목표를 세우고 먼저 테네시 대학에서 공부했습니다. 그리고 멤피스의과대학에서 공부하고 의사가 되었습니다. 여기 녹스빌 종합병원에서 인턴 과정을 마치고 지금은 외과 전문의 과정 수련의로 일하고 있습니다.

무슨 정보가 더 필요한지 모르겠지만 저는 미혼이며 26살입니다. 그리고 브로드웨이침례교회에 다닙니다. 저의 어머니는 제가 11살 때 돌아가시고 의사였던 아버지도 2년 전에 세상을 떠나셨습니다. 형제는 누이 룻 린뿐인데 누이는 결혼 준비를 하고 있습니다. 솔직히 말씀드리면, 저는 구변도 별로 없고 선교사로서 적합하지 않을지도 모르겠습니다만 분명히 믿는 것은 하나님께서 제가 받은 의사 교육을 가지고 저를 사용하실 수 있다는 사실입니다. 저는 부족하지만 우리 남침례회 외국선교부 소속 의료 선교사가 되어 일하고 싶습니다. 저는 늘 아프리카를 선교지로 생각해 왔습니다. 그러나 저를 필요로 하는 곳이라면 어디든지 가겠습니다.

빌은 자신이 쓴 편지를 마지막으로 읽으면서 다시 한 번 자기의 부족함을 깨달았다. 그러나 그것이 바로 빌의 성격이었다. 천천히 편지 봉투를 봉한 후 책상에서 일어서서 흰색 코트 주머니에 청진기를 넣고 대합실을 지나 우편함 쪽으로 걸어갔다. 대합실 끝에 있는 창문으로 새벽의 빛이 비춰왔다.

그동안 남침례회 외국선교부는 좀 침체된 시기를 보내고 있었다. 그래서 좀더 역동적인 방향으로 이끌어가야 하는 부담이 찰스 메드리 박사에게 있었다. 바로 그런 때에 메드리 박사는 중국에 있는 베도우 원장에게서 편지를 받았고 동시에 왈레스에게도 편지를 받았다. 그때가 1934년 가을이었다. 그 편지들은 메드리 박사의 꿈에 힘을 실어주는 희망의 상징들이었다. 중국에서 온 편지는 의사를 보내달라는 청원서였고 녹스빌에서 온 편지는 중국에서 온 청원에 응답으로 보낼 수 있는 사람의 글이었다.

이렇게 일할 사람이 필요하다는 청원서와 그 청원서의 요구에 응답하여 갈 사람이 동시에 나타난 것은 우연인가, 아니면 목적을 가지신 하나님의 섭리인가? 그것은 메드리 박사가 생각할 질문이 아니었다. 바로 하나님이 그렇게 역사하신 것이기 때문이었다. 또한 이것은 그동안 외국선교부가 겪어오던 재정의 어려움과 선교에 대한 관심이 시들했던 침례교인들에게 선교에 대한 위대한 꿈을 심어줘야겠다는 메드리 박사의 의욕을 강력하게 고무시켜 주시는 하나님의 뜻이었다. 하나님의 목적은 메드리 박사가 직면하는 어떠한 어려움이나 침체보다 강력했다. 그렇다고 메드리 박사가 결코 포기하려는 것은 아니었지만 이번 이 편지들은 그의 의욕에 한층 더 힘을 실어주었다.

메드리 박사는 감격해서 혼자 말을 했다.

"왈레스 선생님, 베도우 원장을 만나보세요. 당신은 아직 모르고 있겠지만 당신이 바로 그의 기도 응답이오."

베도우 원장이 빌을 어떻게 생각할지는 모르겠지만 메드리 박사는 우선 그 젊은 사람을 충분히 검토해보기로 했다. 의료 선교사로서 훈련이나 경험이 부족하지 않은지 또는 그리스도인으로서의 인격과 사명감이 어떤지 충분히 검토하는 일은 대단히 중요한 일이었다. 그런데 그는 직감적으로 그 젊은 사람이 그런 자격들을 갖춘 적임자라는 것을 느끼고 있었다.

그 후 몇 주간이 지나면서 그의 느낌이 옳았음이 판명되었다. 윌리엄 왈레스라는 사람이 선교사로서 봉사하기에 적합한가에 대하여 여러 방면으로 알아보며 여러 사람에게 왈레스에 대해 아는 바를 알려주기를 바라는 편지를 보냈는데 응답해 온 편지들에서 이 젊은이의 평가가 아주 좋게 드러났다. 그와 가족처럼 지내는 한 친구에게서 한 통의 긴 편지가 왔다.

이 젊은이는 그가 생각하고 있는 일을 위해서 특별하게 준비된 사람입니다. 그의 부친 윌리엄 왈레스 시니어는 녹스빌에서 가장 사랑받는 의사들 중의 한 사람이었습니다. 그의 부친은 부인 엘리자베스 앤 조지와 가정을 이루어 브로드웨이와 실버 플레이스에서 살았는데 거기서 그는 병원을 개업하여 귀하게 봉사를 했습니다.

빌이 겨우 열한 살 때 당시에 유행했던 감기로 사랑하는 어머니를 잃었습니다. 그래서 빌의 외할머니가 빌을 키웠지요.

지금에 와서 생각해 보니, 빌은 그때 활발하고 장난꾸러기였지만 또 한편 수줍음이 많은 아이였습니다. 선교사역과 관련해서는 제가 이렇다 저렇다 말할 수 있는 처지는 아니지만 그는 아버지의 일을 잘 도와준 착한 아들이었습니다. 아버지가 환자를 치료하기 위해 먼 길을 갈 때면 곧잘 운전도 했습니다. 아주 어린 나이 때부터 그는 자동차에 흥미가 많았으며 기계를 다루는 데 뛰어난 재능이 있었습니다. 이것은 아마도 그의 좋은 면일 것입니다. 왜냐하면 어떤 아이들은 스포츠를 통해 자존감을 기르고 어떤 아이들은 공부로, 또 어떤 아이들은 좀더 사회적인 분야에서 뛰어나 그들의 가치를 나타내고 있는 것처럼 빌은 기계에 취미가 있고 재능이 있어 그의 탁월성을 발휘하고 있었기 때문입니다. 그는 정말 그런 재능이 탁월했습니다. 우리는 모두 그가 자동차 기술자나 유사한 분야의 기계 기술자가 되기를 위해 공부할 거라고 생각했습니다.

의료 선교사가 되겠다는 그의 결심은 우리 가족 모두에게 매우 놀라운 일이었습니다. 그런데 그는 자신의 계획을 별로 말하지 않았고, 남에게도 알리지 않았습니다. 그는 그와 같은 결심을 나타내는 아무런 표현도 하지 않았습니다. 어려서부터 예수 그리스도 안에서 경건하게 교회생활에 충성했습니다. 특히 중고등부 남학생회인 '왕의 사신단'(R A, Royal Ambassadors)에서 적극적으로

활동했습니다.

그는 사람들 앞에 나서기를 그리 좋아하지 않았습니다. 아마 앞으로도 그럴 것입니다. 그러나 그가 언제까지나 그저 뒤에만 있을 수는 없게 되리라고 저는 확신합니다. 그의 온화한 성격에 일을 이끄는 추진력이 있다는 것을 믿기 때문입니다. 그는 우리 하나님께 충성하는 일꾼으로서 준비된 사람이라는 것을 저는 알고 있습니다.

선교사가 되겠다고 결심한 뒤에 그는 테네시대학교에 입학했고 고등학교 때보다 더 열심히 공부했습니다. 그는 그렇게 하나님의 부르심을 받은 그 일을 위하여 자기를 준비함으로 자신의 결심을 스스로 증명했습니다. 그 후에 그는 멤피스의과대학에 입학했습니다. 한 가지 슬픈 일은 아버지가 빌이 의과대학을 졸업하고 훌륭한 의사가 되어 녹스빌 종합병원에서 여러 의사들과 같이 일하는 것을 보지 못하고 세상을 떠났다는 것입니다. 빌은 그의 아버지를 늘 그리워했습니다. 그러나 그는 이제 그의 아버지가 오랫동안 훌륭하게 봉사한 그 직업을 이어받아 그의 모든 것을 바치게 되었습니다.

이 편지와 또 다른 곳에서 온 빌에 대한 정보들을 가지고 메드리 박사는 이제 이 젊은 의사를 직접 만나 보아야겠다고 생각했다. 그리고 11월에 기차를 타고 녹스빌에 가서 빌을 만났다. 메드리 박사는 빌을 만나보고 빌에 대한 여러 가지를 알고 기뻐했다. 무엇보다 열심히 일하는 성실한 의사로서 호감이 갔다. 또한 빌이 선교사역에 헌신하고자 하는 동기와 결심이 더 없이 훌륭한 것임을 발견했다. 메드리 박사는 빌을 만나고 돌아와서 즉시 베도우 원장에게 편지를 썼다. 그 편지는 메드리 박사가 중국 선교사에게 처음으로 보내는 희망의 빛이었다.

나는 지금 녹스빌 종합병원에 근무하고 있는 윌리엄 왈레스라는 훌륭한 젊은 의사에게 당신의 요청에 대한 응답으로 희망에 부풀어 있습니다. 그는 충분히 준비가 되어 있고 내가 수집한 모든 정보에 의하면 참으로 훌륭한 청년입니다. 그가 바로 당신이 원하는 사람이라고 나는 확신합니다.

거침없이 흘러가는 개울의 물이 굽이굽이 돌아 흘러가야 하는 것처럼 하나님의 이 위대한 목적을 이루기 위해서는 아직도 통과해야 할 최후의 관문이 남아 있었다. 그것은 빌 왈레스가 참으로 선교사로 헌신할 것인지 그 중심을 최후로 시험해 보는 일이었다. 그래서 메드리 박사는 빌의 부친과 오랫동안 친구였고 미국 외과의사협회 회원인 듀이 피터스(Dr. Deway Peters)를 만나서 빌 왈레스의 문제를 이야기했다. 피터스는 메드리 박사와 만난 후 어느 날 빌 왈레스에게 전화를 걸어 자기 사무실로 좀 오라고 했다. 빌 왈레스는 자기가 교회학교 학생 때 교사였고 이제는 자기가 선교사로 지망하는 과정에서 조언자가 되어줄 피터스 박사와 만나게 되어 가슴이 설레었다. 또한 자신에게 아주 유익한 기회라고 생각하고 즉시 가기로 했다.

빌 왈레스는 당번 간호사에게 비상 시 연락할 수 있게 자기의 행선지를 알려주고 외출 사인을 하고 몹시 추운 겨울의 찬 공기를 마시며 피터스의 사무실로 갔다.

"오, 윌리엄, 어서 오게."

빌은 피터스가 내민 손을 꽉 잡았다. 두 사람은 가족 같은 분위기로 편하게 이야기를 나누었다. 사람들은 늘 '윌리엄'이라고 불렀지만 피터스는 윌리엄의 애칭을 불렀다.

"빌, 자네가 외과 국장으로 일을 잘 하고 있다는 말을 들었네. 나는 자네를 그 병원에 추천한 것을 늘 자랑스럽게 생각하고 있네."

빌의 얼굴이 약간 붉어졌다. 그는 칭찬을 들으면 좀 수줍어하는 편이었다.

"박사님이 저를 그 병원에 추천해 주셔서 늘 감사하게 생각합니다. 제가 수련의로 이렇게 남아 있지 않았다면 저는 이만큼 성장하지 못했을 겁니다. 저는 더 열심히 배우고, 더 열심히 연구해서 선분이 실력을 쌓는 데 게을리하지 않을 것입니다."

"그래, 자네 태도가 마음에 드네. 의사는 공부가 끝이 없다는 것을 자네도 잘 알겠지? 아무리 바쁘고 일이 많아도 연구를 멈춰서는 안 되네. 연구를 계속하지 않으면 자네가 일하기 힘들 것이고 뿐만 아니라 자네가 치료하는 환자들이 손해를 볼 거야. 일생을 통해서 계속 새로운 의술을 배워야 하네."

빌은 머리를 끄덕였다. 그것은 윌리엄에게 결코 잊을 수 없을 만큼 귀한 조언이었다. 피터스 박사가 말했다.

"빌, 내가 자네에게 강의를 하려고 오라고 한 것이 아니네."

둘은 같이 웃었다. 피터스 박사는 잠시 말을 멈추고 이제 분명하게 자신의 의도를 말해야 하는데 뭐라고 말해야 하나 조심스럽게 생각했다.

"빌, 내가 자네에게 한 가지 제안을 하겠네. 한 번 잘 생각을 해 보게나. 나는 얼마동안 내 생각이 아주 좋을 거라고 생각해 왔는데…."

그는 잠시 말을 멈추고 이목구비가 뚜렷한 이 젊은 의사를 똑바로 쳐다보았다. 그리고 다시 말을 이었다.

"자네, 여기에 와서 수련의로 일하지 않겠나? 그렇게 하면 자네의 병원에서도 자네가 나에게 더 가르침을 받기 원한다고 생각할 것이고 그리고 언젠가 때가 되면 나와 정식 파트너로 일할 수 있게 될 것일세."

윌리엄이 피터스 박사의 제안에 따른다면, 빌은 월급도 더 많이 받을 것이고 명성도 얻게 될 것이고 여러 가지 특혜가 따라 올 것이 분명했다. 피터스 박사의 병원은 그가 자신 있게 말할 수 있을 만큼 당시 최고 수준의 병원이었다. 많은 젊은 의사들이 그것을 알고 있었다. 그래서 더 좋은 의사가 되겠다는 열정이 있는 젊은 의사들에게 피터스 박사의 그 같은 제안은 아주 구미가 당기는 유혹이었다. 실제로 많은 젊은 의사들은 그 피터스 박사 밑에서 배우고 일하기를 원하고 있었다. 의사로서 그들의 앞날을 위해서는 이보다 더 좋을 수 없게 여겨지는 희망의 길이었다. 이 피터스 박사의 제안은 선교사로 헌신하기로 결심한 윌리엄에게 하나님의 인도하심을 어떻게 순종할 것인가를 알아보는 시험이었다.

윌리엄은 며칠 동안 피터스 박사의 제안에 대하여 생각하며 기도했다. 존경하는 피터스 박사의 제안이어서 더 신중하게 생각해야만 했다. 그러나 돈? 윌리엄에게 원래 그런 것은 흥미 거리가 되지 않았다. 한 친구는 윌리엄에 대해서 이렇게 말했다.

"빌은 재물을 추구하기에 급급한 사람들 눈에는 오히려 이상한 사람으로 보일 것입니다. 사람들은 그를 바보라고 또는 현실적이지 못 하다고 말할 것입니다. 왜냐하면 사람들이 그에게 월급에 대해 물으면 언제나 '관심 없어요'라고 말하거든요. 그는 그야말로 자서가 형입니다. 말하자면 구름 위를 신비스럽게 걸으면서 별을 찾고 있는 사람이지요. 재물에 마음을 두고 돈을 세는 데 시간을 많이 들이면서 이 땅에 소망을 두는 사람들은 빌 왈레스에 비하면 한참 아래에서 걷고 있는 셈이지요."

명성? 그에게 명성이라는 것은 거북한 말일 뿐이다. 위신? 그는 언젠가는 국제 외과학회의 회원자격을 얻기 원할 것이다. 그러나 그것은 어디까지나 그가 최선을 다하는 삶을 살기 원하기 때문이지 위신이나 명예를 위한 것은 아니다. 그럼 어디서 그런 열망이 왔을까? 그것은 그가 배우고, 완벽해지고, 그의 진공분야에서 더 새로운 것을 개척하겠다는 의욕 때문이었다. 그리고 그런 일은 선교의 현장에서는 가능할지 모르지만 쉬운 일은 아닐 것이다.

그러나 그는 너무 오랫동안 자신의 소명을 따라 살았기에 이젠 그런 것들은 다 포기했다. 이제 하나님은 그를 부르셔서 아주 다른 새로운 삶으로 훈련시키셨다. 며칠 뒤 그는 대 선배 의사인 피터스 박사를 찾아가서 자기를 격려해 준데 감사의 뜻을 표하고 이제 자기의 선교 대망에 대해서 설명드렸다. 그는 얼마 전에 메드리 박사와 면담한 일을 이야기하고 앞으로의 일을 생각하며 수줍은 미소를 지으며 말을 덧붙였다.

"만약 어떤 이유로 저의 선교사 지원이 거절당하게 되면 그때는 박사님이 말씀하신대로 박사님께 와서 배우며 일할 용의가 있습니다."

그러나 그의 가슴 속 깊은 곳에는 이미 중국의 스타우트 기념병원이 자리 잡고 있었다.

피터스 박사에게 자기의 선교사 지원에 대해 말씀드리고 자기 병원으로 돌아올 때 그는 마음이 시원했다. 그래서 그는 하나님께 감사했다. 그 순간 그 동안의 복잡했던 생각이 말끔히 정리되었다. 그리고 중국 우초우의 베도우 원장에게서 온 편지의 한 줄을 생각했다.

나는 젊은 외과 의사 한 사람을 보내달라고 메드리 박사에게 다급한 심정으로 졸라댔습니다. 그런데 윌리엄, 당신이 바로 내가 기다리는 사람인 것 같습니다. 나는 그렇게 되기를 바라고 기도합니다. 당신의 교회 목사님은 당신을 아주 적극적으로 추천하는 편지를 보내왔습니다. 당신이 바로 여기에 올 사람이면 빨리 와 주세요. 한시가 급합니다. 해 있는 동안에, 일할 수 있을 때에 우리의 할 일을 해야 하지 않겠습니까?

나는 몇 시간이라도 편지를 더 쓰고 싶습니다. 그래서 당신이 더 흥미를 가질 수 있게 하고 싶습니다. 그러나 나도 바쁩니다. 나는 당신이 부담스럽게 생각하지 않기를 바랍니다. 자기의 삶을 통해서 하나님께 영광을 돌리고 싶은 마음이 있는 사람에게는 더 없는 기회입니다. 나는 당신이 그와 같은 사람이기를 바랍니다.

빌은 자기가 그러한 사람이기를 간절히 기도했다.

빌은 해야 할 일이 산더미처럼 쌓여서 눈코 뜰 사이 없을 만큼 바빴지만 외국선교부에서 서류가 와서 여러 가지 기재 사항을 적어야 했다. 그러는 사이에 1935년의 봄은 빨리 지나갔다. 5월에 외국선교부에서 소식이 왔다. 7월에 리치몬드에 올 수 있으면 와서 남낭 직원과 면담하고 적임자로 승인되면 선교사로 임명되어 9월에 동양으로 출발할 수 있을 거라는 것이었다.

베도우 원장은 이제 자주 빌에게 편지를 보냈다. 한번은 빌에게 결혼하여 부인과 함께 올 계획인지를 물었다. 다른 사람들도 그렇게 물었다. 이국땅에 가서 선교사역을 하려면 아내를 데리고 가야 할 것이라고 했다. 빌도 그 문제를 생각하지 않을 수 없었다. 빌은 여성스럽고, 재치있고, 지혜있는 여자를 좋아했다. 마침 그의 주목을 끄는 여자가 하나 있었다.

빌이 그 여자를 사랑했는가? 솔직히 말해서 아직은 잘 모르겠다. 더 중요한 문제는 빌이 그 여자를 중국으로 데리고 갈 수 있을까 하는 문제였다. 6월에 북 캐롤라이나 주 서부에 있는 리치크레스트 수양관으로 수양회에 갔을 때 그 여자를 데리고 갔다. 사람들은 빌이 그 여자와 결혼할 거라고 생각했다. 그런데 후에 그 여자는 이렇게 말했다.

"그렇지 않습니다. 결혼한다면 그 결혼은 이중 결혼이 될 것입니다.

빌은 이미 자기의 일과 결혼했으니까요."

1935년 7월 24일, 빌은 남침례회 외국선교부에 갔다. 외국선교부 담당 직원들은 다시 한 번 빌의 선교사역에 대한 소명감, 헌신과 준비 상태에 대해 이야기를 나누었다. 그리고 모두 빌을 선교사 자격이 충분한 적임자로 인정했다. 그가 하나님의 부르심을 받고 전폭적으로 헌신을 다짐하고 선교사역을 위하여 필요한 것들을 다 충분히 준비된 자라고 평가했다. 그래서 그들은 빌을 선교사로 임명할 것을 전원 일치로 결의했다. 10년 전 빌이 차고에서 소명을 느끼고 성경 뒤쪽에 자기의 결심을 기록했었는데 10년이 지난 이날, 1935년 7월 25일, 윌리엄은 중국 남부에 있는 도시 우초우에 가서 봉사할 의료 선교사로 임명되었다. 하나님의 목적이 담긴 한 줄기 흐름은 잔잔한 시냇물처럼 이제 착실하게 동양으로 흘러가고 있었다.

손에 쟁기를 잡고

1935년 9월 6일, 빌 왈레스는 샌프란시스코 항을 떠났다. 샌프란시스코 만의 입구를 가로 지른 거대한 금문교는 여전히 꿈과 현실 사이에 걸려 있는 듯했다. 깊은 바다의 푸른 물이 배가 지나간 뒤로 물결치고 있는데 빌은 점점 멀어지는 캘리포니아 산을 바라보고 있었다. 그 사이 향수의 물결이 빌의 마음을 사로잡아 고향 녹스빌을 그립게 했다. 지난 주일에 녹스빌 브로드웨이침례교회에서 '빌 왈레스의 날'로 드린 예배가 생각나서 목이 메었다.

빌이 오랫동안 교제하며 그토록 사랑한 교인들은 빌이 선교사로 임명받는 데 대하여 정말 놀라울 정도의 관심과 반응을 보여주었다. 그날 교인들이 모은 헌금은 빌의 첫 1년 동안의 생활비와 어학교사의 급료, 필요한 물건들을 장만하는 비용, 짐을 부치는 운임 그리고 여비 일체를 지불하기에 충분한 돈이었다.

보통 외국선교부가 이런 경비를 부담했지만, 빌을 위해서는 브로드웨이교회 교인들이 헌금하기를 원했다. 그래서 그들은 선교헌금을 외국선교부에 보내 빌을 위한 모든 비용을 치르게 했다. 그리고 그들은 빌에게 이렇게 말했다.

"솔직히 우리 교회에서 자란 청년이 이렇게 선교사로 나가는 일을 경험하기 전에는, 우리가 그리스도인으로서 꼭 해야 하는 선교에 대해서 절실하게 느껴보지 못했노라."

그 예배 시간에 목사님의 설교가 끝난 뒤 빌에게 인사할 시간이 주어졌다. 빌은 여느 때도 사람들 앞에서 말하기를 어려워했는데 그날은 더 어려웠다.

"여러분이 아시는 대로 저는 중국 남부 도시인 우초우에 있는 스타우트 기념병원에 가서 일할 것입니다. 저를 위해 기도 많이 해 주시기 바랍니다. 정말 여러분의 기도가 필요합니다."

빌은 잠시 말을 멈추고 아래쪽을 내려다보고 다시 말했다.

"저는 원래 구변이 없어서 뭐라고 말해야 할지 모르겠습니다. 제가 의사가 된 것이 잘된 일이라고 생각합니다."

그는 웃었다. 교인들도 웃었다. 빌은 다시 말을 이었다.

"예, 제가 이것은 분명히 말씀드려야 할 것 같습니다. 많은 사람들이 저에게 여기에도 할 일이 많은데 왜 여기를 떠나려 하느냐고 물었습니다. 글쎄요, 그분들에게 뭐라고 말해야 할까요. 그러나 분명한 것은 하나님께서 저를 그곳으로 이끄시기 때문에 중국으로 간다는 것입니다."

그날 교회는 많은 교인들로 꽉 찼다. 그리고 예배 후에 약 200명의 교인들이 녹스빌 역까지 빌을 전송하러 나왔다. 빌의 가슴이 벅찬 순간이었다. 그가 사랑하는 교인들과 이제 결혼한 지 2주일 밖에 안 된 누이를 떠나기 때문만은 아니었다. 이렇게 많은 사람들이 자기를 위해서 기도해 주고 격려해 주는 것이 과분하게 생각되었기 때문이었다.

그다음 주일에 빌 왈레스는 중국 남부에 있는 우초우를 향해 항해하는 기선 프레지덴트 쿨리지 호 갑판에서 녹스빌브로드웨이교회의 지난 주 예배를 회상했다. 그 예배는 빌의 가슴을 뛰게 했다. 그러나 이제 배의 뒤편을 바라보면서 마냥 지나간 일에 매달려 시간을 보낼 수는 없었다. 이제는 배 앞쪽을 바라보면서 그가 가고 있는 동양으로 향해야만 했다. 그는 이미 손에 쟁기를 잡았다. 이제 더는 뒤를 돌아봐서는 안 되었다.

빌이 탄 프레지덴트 쿨리지 호가 거대한 항구도시 홍콩에 들어간 것은 9월 말이었다. 도쿄와 상하이에 배가 잠시 들렀을 때 빌은 동양이라는 것을 이미 느꼈지만 이처럼 혼잡한 영국이 시민시인 홍콩은 참으로 대단했다. 멋지고 신비롭게만 생각한 중국으로 들어가는 문 홍콩은 도쿄나 상하이보다 훨씬 더 화려했다.

법석대는 많은 사람들, 떠들썩한 소리 그리고 독특한 중국의 냄새가 빌을 맞아 주었다. 화려하게 보이는 광경들, 여러 가지 색깔의 중국 배들, 엄청난 건물들, 지저분한 뒷골목들 그리고 힘들게 사는 사람들로 장관을 이루고 있었다. 어디에나 사람들로 붐볐다. 빌은 새로 온 선교사로서 많은 것을 말할 수 없었지만 말하고 싶은 것이 많았다.

하나님을 경외하는 이 젊은 선교사는 그가 타고 온 프레지던트 쿨리지 호가 선창가에 정박하는 동안 난간에 기대어 여기가 바로 자기의 생애를 바치기로 한 나라, 중국의 관문이라는 것을 의식했다. 중국은 1932년 일본에게 빼앗긴 만주 지역을 제외하고도 미국만큼이나 크고 전 세계 인구의 4분의 1을 차지하는 큰 나라였다. 장구한 역사적 문명의 흥망성쇠를 겪은 나라이기도 하다. 그리고 기독교 선교 역사에서 가장 극적이며 위대하게 봉사한 선교사들의 흔적들이 바로 여기에 있었다.

다른 교파의 한 나이 든 선교사가 빌 왈레스에게 말했다.

"이봐요, 당신은 아주 좋은 사업에 참여하고 있소."

빌은 자기 마음속에 꽉 차 있는 생각을 이 선교사가 알고 있다고 생각하면서 고개를 끄덕였다. 이 나이든 선교사는 말을 계속했다.

"일찍이 8세기에 벌써 선교사들이 이 나라에 들어왔었지요. 그러나 이 땅이 그들을 삼켜 버려 까마득한 옛날 역사에 파묻혀 버렸지요. 그리고 로마 카톨릭은 14세기와 15세기에 걸쳐 선교하려고 했지만 이 나라는 1724년에 기독교 선교를 불법화하고 그나마 조금 이루었던 선교사업도 거의 다 없애버렸지요."

유독 눈이 큰 이 젊은 의사는 지금 자기 앞에 벌어지는 광경과 중국의 독특한 냄새와 옆에서 설명하고 있는 나이 든 선교사의 이야기를 하나의 영화처럼 받아들이고 있었다.

"당신은 물론 로버트 모리슨에 관하여 들었겠지요. 우리는 그를 중국의 개신교 선교의 아버지라고 생각하고 있어요. 그는 영국 사람으로 당신들 침례교인인 윌리엄 캐리에게 감동을 받았답니다. 그는 그의 앞에 가로 놓인 모든 장애를 다 극복하고 우리를 위하여 길을 닦아 주었지요. 이 오랜 역사를 가진 이 땅에 복음의 길을 열어 주었어요.

사람들이 '그래, 당신이 이 거대한 중국의 우상 숭배자들에게 정말 복음을 전하여 그들에게 감동을 줄 수 있을 것으로 생각해요?' 라고 비꼬는 투로 하는 말에 '아니요, 내가 아니라 하나님이 하실 것입니다' 라고 대답한 사람이 바로 모리슨 선교사였다고 합니다."

그들 곁으로 한 척의 목조선이 지나가고 있었다. 거기에는 소년들이 가득 타고 있었는데 그 아이들은 누가 동전을 물 속에 던지면 그 동전을 주우려고 물속에 뛰어 들어가려 하고 있었다. 나이 든 선교사는 잠시 아래쪽을 내려다보고 다시 말을 계속했다.

"모리슨 선교사의 뒤를 이어 또 다른 선교사들이 같은 확신을 가지고 여기 동양으로 왔어요. 그런데 그들은 큰 대가를 치렀답니다. 그 선교 초기, 여기에 도착한 그 선교사들이 선교지에서 산 평균 수명은 7년에 불과했답니다. 처음 반세기 동안에 오직 한 사람이 겨우 40세를 맞이했다고 하더군요. 의사인 당신은 특별히 고귀한 사역을 하게 될 것입니다. 여기 중국에 의료 선교사역을 처음 시작한 것은 100년 전의 일입니다. 회중교회의 피터 파커 의사가 처음으로 여기에 와서 의료 선교사업을 했지요. 많은 역사가들이 그가 꽉 닫힌 중국의 문을 열었다고 말하더군요."

빌은 그 모든 말을 의미 있게 들었다. 1900년에 의화단이 폭동을 일으켰는데 그때 중국에서 수백 명의 개신교 선교사들과 수천의 중국 기독교인들이 중국의 보수주의자들에 의해 죽임을 당했다. 많은 그리스도인들이 그들의 주님, 예수 그리스도를 부인하는 대가로 생명을 건지기를 원치 않았고 믿음을 지키기 위하여 피 흘리는 길을 택했던 것이다. 지금 사람들은 이제 그런 일은 지나간 옛날 일이라고 생각하고 있다. 누구나 믿음을 지키기 위하여 옛날 그리스도인들처럼 생명을 내놓는 그런 일은 없을 거라고 생각하고 있다. 지금은 문명의 시대, 20세기다.

중국에서 사역하는 많은 선교사들이 빌 왈레스를 맞으려고 홍콩 항 선창가에 와 있었다. 빌 왈레스가 오자 침례교 선교사들은 지난 10년도 더 되는 세월동안 선교사가 오지 않다가 이렇게 오랜만에 새로운 선교사가 오는 것을 크게 환영했다. 그들의 기쁨은 이루 말할 수가 없었다. 아직 정리가 되지 않고 좀 어리둥절하고 있는 이 새 선교사는 이제 위대한 꿈을 구체화하고 있었다. 새로운 선교사를 환영하기 위하여 모인 사람들 가운데 특히 의료 선교사 윌리엄 왈레스의 도착에 관심을 가지고 있는 한 사람이 있었다. 그는 우초우의 스타우트 기념병원 원장 베도우 박사였다. 이날은 그의 기도가 응답된 날이었다. 의사가 또 한 사람 왔다. '의사로 잘 훈련되고 예수 그리스도의 뜻에 전적으로 헌신하겠다는 마음을 가지고 여기 끝없는 고통 속에서 허덕이는 중국 사람들을 치료할 사람이 온다.' 이 순간을 얼마나 열망했던가!

다음날 오후 빌 왈레스와 베도우 박사는 우초우로 가는 서 강의 배를 탔다. 빌 왈레스 선교사는 어학 공부를 위하여 광둥으로 먼저 가야 하지만 베도우 박사는 빌 왈레스에게 먼저 병원을 소개하고 싶었다. 그들이 탄 배는 네 등급의 선실에 사람들과 여러 가지 화물들로 빈자리가 없었다. 배는 정상적으로 출발하여 서 강에 들어서서 넓고 푸른 강물을 거슬러 올라 우초우까지 가는데 24시간이 걸렸다. 이렇게 힘든 약 350킬로미터의 뱃길에는 간혹 홍수나 도적떼의 약탈 등으로 어려움을 당하는 일도 종종 있었다.

아직 이 모든 낯선 환경이 새롭기만 한 빌 왈레스는 한껏 들떠있는 원장 베도우 박사가 가리키는 대로 강 주변의 경치를 보면서 이 새로운 세계에 흠뻑 빠져들었다. 배가 내륙으로 올라가면서 강가의 푸른 언덕은 차츰 산으로 변했고 계속해서 바뀌는 경치에 빌 왈레스는 더 큰 흥미를 느꼈다. 가끔 작은 마을들이 강가에 늘어서 있었다. 빌 왈레스는 지나가면서 사람들이 천막 모양의 밀짚모자를 쓰고 논에서 원시적인 물바퀴를 밟아 돌려 물을 퍼 올리는 모습과 강에서 고기 잡는 사람들이 작은 배를 끌어당기는 것을 바라보고 있었다. 아이들은 옷을 벗은 채로 강에서 놀고 있고 아낙네들은 빨래방망이로 빨래질을 하고 있었다.

베도우 박사는 흙으로 담을 쌓고 볏집 이엉으로 지붕을 덮은 초가집들이 모여 있는 전형적인 시골 마을을 가리키며 말했다.

"저 집들의 방바닥은 그저 흙을 단단하게 발라 놓은 거예요. 창문은 나무로 창살을 만들고 종이를 붙인 것인데 유리가 귀하고 비싸서 그렇게 한대요. 그리고 그 집 옆에 보이는 헛간들은 대나무로 엮어서 만든 것이지요. 여기는 나무가 아주 귀해서 사람들은 나무를 아껴서 지붕의 서까래나 들보 또는 농기구나 가구 그리고 관(棺)을 만듭니다."

빌은 조그마한 집들의 마당에서 옷감을 짜고 옷을 기우며 음식을 준비하고 있는 여자들을 볼 수 있었다. 햇볕을 쬐며 한가히 앉아있는 노인들, 뛰노는 아이들, 먹을 것을 찾아 코로 땅을 파는 돼지들, 풀밭을 헤치는 닭들도 보였다. 가난하고 불결한 환경에서 질병으로 고생하는 사람들도 보였다. 빌의 마음은 그들을 향해 따뜻하게 다가갔다. 빌은 이제 곧 그들을 자기 백성이요, 여기 중국을 자기 고향이라고 부를 것이다.

다음날 점심을 먹고 시간이 조금 흐른 뒤 배는 좁은 계곡을 지나고 있을 때 베도우 박사는 이렇게 말했다.

"이 계곡은 해가 질 무렵이면 아주 아름다워요. 아름다운 빛깔의 만화경을 볼 수 있을 거예요. 그러나 그 아름다움에 속아서는 안 돼요. 여기는 가끔 우초우에 아주 막대한 피해를 안겨주는 아주 위험한 곳이기도 해요. 홍수가 나면 이 서 강과 여기 우초우에서 합류하는 푸 강의 물이 범람해서 이 계곡 일대를 삼켜버리죠. 마치 큰 병목현상으로 물이 차고 넘쳐서 온통 물난리를 치릅니다. 이제 몇 달 지나면 내가 하는 이 말을 실감할 수 있게 될 겁니다."

잠시 후에 베도우 박사는 또 흥분한 모습으로 한 높은 언덕을 가리켰는데 거기에는 탑 모양의 정자가 양털같이 흰 구름을 등지고 서 있었다. 그리고 다음 순간 우초우의 건물들이 나타났다. 빌 왈레스는 이제 그의 새로운 고향에 온 것이다.

우초우는 강가에서 시작해서 그 주위를 에워싸고 있는 산 중턱까지 걸쳐 이루어진 도시였다. 서 강의 북쪽 둑에서부터 시작하여 강둑을 따라 서 강보다 좀 작은 푸 강이 합류되는 곳까지 그리고 다시 푸 강의 동북쪽까지 뻗치고 있었다. 푸 강의 입구에는 주거용 배들, 낡은 밧줄들 그리고 여러 가지 생필품들이 널려 있었다. 그 배들은 사람들이 사는 집이었고 빨래한 옷들이 이 배에서 저 배에 걸쳐 널려 있었다.

빌 왈레스가 탄 배가 선창에 들어가자 베도우 박사는 빌의 팔을 잡아당기며 저쪽 언덕 중턱에 있는 5층 건물을 가리켰다. 그 건물은 빌이 이미 수없이 마음의 눈으로 보아 왔던 바로 그 스타우트 기념병원이었다.

빌은 자기를 환영하러 나온 사람들의 영어 말소리에 정신을 차렸다. 그곳에는 우초우 선교부의 선교사들이 깨끗하고 하얀 간호사 복을 입고 서로 웃으며 서성대는 중국 간호사들에 둘러싸여 있었다. 빌 왈레스는 거기 있는 선교사들의 이름을 이미 알고 있었다. 빌은 전에 선교사늘의 사진첩에서 보았던 얼굴들을 찾아내려고 했다. 키가 큰 텍사스 사람인 렉스 레이(Rex Ray) 선교사와 그의 부인을 알아볼 수 있었다.

또한 빌은 선임 선교사 몰리 맥민(Molly McMinn)을 알아보았는데 그 여 선교사는 오랜 세월 여러 가지 많은 경험을 하면서 이제 생애 끝자락에서 봉사하고 있는 노련한 선교사였다. 베도우 원장이 힘차게 손을 흔드는 것을 보면서 누가 베도우 원장의 부인인 줄 알 수 있었다. 거기에 마중 나온 모든 사람들이 따뜻하고 애정이 넘치는 마음으로 빌 왈레스를 맞이했다.

환영하는 사람들과 함께 세관을 통과하고 병원으로 향해 걸으면서 빌은 앞으로 같이 일할 동료 선교사들이 하는 한 마디 한 마디 말을 주의해서 들었고 또한 주위 환경을 하나하나 세심하게 둘러보았다. 그들은 위험스럽게 짐을 싣고 낡은 바퀴가 덜컹덜컹 소리를 내며 겨우 굴러가는 손수레를 피하기도 했다. 사람들이 닭이나 집오리를 담은 두 광주리를 장대 양쪽에 달고 어깨에 메고 빠른 걸음으로 지나가기도 했다.

돼지들의 꿀꿀거리는 소리도 들렸고 생선 장사들이 팔려고 가지고 나온 생선 냄새도 풍겼다. 인력거와 달리는 자전거를 비켜가며 바라본 길거리와 가게마다 걸어놓은 커다란 붉은 종이로 만든 초롱도 신기하고 새로웠다. 새로운 볼거리가 많았다. 그러면서 빌은 드디어 그 유명한 스타우트 기념병원 입구에 도착했다.

담벼락에 둘러싸여 있고 두 층의 진료실이 있는 거대한 5층 병원 건물은 당시 중국 내륙에서는 거의 상상할 수 없을 만큼 그 위용을 자랑하는 당당한 것이었다. 빌은 진료실 앞을 지나가면서 병원의 위쪽까지 아름다운 잔디로 곱게 깔려 있는 푸른 옥상정원을 보았다. 그 푸른 잔디 옥상정원에서는 병원 전 직원들이 오래 기도하며 기다린 빌 왈레스 의사를 맞을 준비를 하고 있었다.

그날 빌은 이 사람 저 사람을 만나면서 혼자 있을 시간이 없이 지나는 가운데 어느 덧 저녁이 되었다. 빌은 병원 옥상에 올라가 우초우 시 끝자락에 황혼 노을의 아름다운 빛이 비치는 가운데 고요히 흐르는 서 강을 바라보았다. 눈이 부시던 일몰의 남은 햇빛이 점점 저쪽 산에 파묻히면서 하루가 저물어갔다. 서늘한 저녁 바람이 빌의 얼굴을 스치며 지나갔다. 빌은 이 모든 일을 생각하면서 이런 기회를 주신 하나님께 감사했다.

빌에게 우초우에 관한 소개는 두 주간동안 계속되었다. 처음에 빌은 좀 적적한 느낌을 받았지만 나흘째 되던 날 응급환자 수술을 했다. 그러자 이 병원이 자신의 병원이 된 것 같았다. 수술실에서 함께 수술을 도운 간호사들은 이 새로 온 의사의 능숙한 수술솜씨를 보고 흥분하고 감탄했다. 인턴들이나 전공의 수련의들은 수술을 할 때 돕거나 아니면 그저 옆에서 보기만이라도 원했다. 동료 선교사들도 말없이 '빌은 해낼 거야'라고 고개를 끄덕였다.

빌은 중국어 공부를 위해서 광둥으로 가야만 했다. 베도우 원장은 다음 해에는 빌이 우초우에서 중국어를 배우게 해 주겠다고 약속했다. 빌은 거기서 만난 새로운 동료들에게 작별 인사를 하면서 크리스마스 때에 오겠다고 약속하고 광둥으로 가는 배를 탔다.

빌은 자기가 떠난 뒤에 베도우 원장이 자기를 보고 느낀 인상에 대해서 기록한 것을 몰랐다. 착실하고 헌신적인 사람, 행정력을 가지고 효과적인 병원을 운영할 수 있는 가장 뛰어난 은사가 있는 사람, 베도우 원장은 며칠 동안 빌을 보고 또 안내하면서 앞으로 빌이 이 병원을 위하여 훌륭한 병원 경영자로 일을 할 수 있는 사람이었으면 좋겠다는 생각을 강하게 가졌던 것이다.

그런데 베도우 원장이 세심하게 살펴보니 자기가 바랐던 것과는 달리 빌이 병원 운영 행정보다는 의사로서 진료에 더 관심을 가지고 있다는 것을 알게 되었다. 그래서 병원 원장으로 일할 사람은 아니라고 생각했다. 베도우 원장은 메드리 박사에게 편지를 썼다.

메드리 박사님, 나는 빌 왈레스가 여기에 온 이래 그를 세심하게 살펴보았습니다. 그는 아주 훌륭한 청년이며 이 병원에서 일할 좋은 일꾼이라고 믿습니다. 그러나 그는 병원 경영에 대한 은사는 그리 크지 않은 것으로 보입니다. 그래서 빌이 의사로서 환자 진료에 더 집중할 수 있다면 오히려 더 좋은 일이겠지요. 빌은 중국어에 어려움을 좀 겪을 것으로 보입니다. 중국어는 특히 억양을 잘 듣고 들은 대로 그 말의 억양을 정확하게 발음해야 하기 때문에 음악적 감각이 있으면 좋은데, 빌에게는 이 감각이 좀 약한 것 같습니다. 하지만 왈레스는 중국 사람들에게 아주 좋은 인상을 주고 있습니다. 새로운 선교사가 이곳 사람들에게 좋은 인상을 주는 것은 대단히 중요한 일이지요. 여기 병원 직원들은 완전히 그에게 끌리고 있습니다. 그의 품위 있는 미소 띤 얼굴과 사람들에 대한 깊은 관심은 금방 여기 사람들의 마음을 사로잡았습니다.

윌리엄 왈레스는 손에 쟁기를 잡고 중국에 갔다.

언어의 장벽을 넘어서

　빌은 자기가 개인교사와 중국어를 공부할 방을 둘러보았다. 그 공부방에 가구라고는 의자 두 개와 작은 책상 하나뿐이었다.
　첫 날, 그는 조금 일찍 왔다. 그래서 그는 앉아서 그가 구입한 교과서를 훑어보기 시작했다. 한문을 보고 대번에 질려 버린 그는 이 글자들은 얼빠진 사람들이 인쇄소에서 만들어 낸 것이라고 생각했다.
　바로 그때 문이 열리더니 빌을 가르칠 어학교사가 들어왔는데 그는 아주 예의가 바른 학자 왕 선생이었다. 그는 빌 앞에 똑바로 서서 미소 지으며 인사를 했다. 빌은 얼른 일어서서 미소로 그에게 답례했다. 그런데 좀 미안하게도 빌의 키가 교사보다 머리 하나 반만큼이나 더 컸다. 왕 선생은 빌을 한참 동안 쳐다보고 나서 영국식 발음으로 말했다.

"당신네 나라 사람들은 대개 다 키가 크더군요."

이제 개인 어학 교사와 중국어 공부를 시작했다. 왕 선생은 중국어로 말했다.

"앉으세요."

그러면서 빌의 어깨에 손을 살짝 얹어 의자에 앉게 했다. 그리고 그는 웃으면서 다시 중국어로 말했다.

"일어서세요."

그러면서 빌을 잡아 일어서게 했다. 그렇게 똑같은 행동을 몇 번 반복하니 빌은 점점 그 뜻을 알아차리게 되었다. 이 공부 시간에 영어는 한 마디도 사용하지 않았다. 같은 행동을 말과 함께 여러 번 반복해서 뜻을 알게 하고 말을 배우게 하는 것이었다.

빌은 왕 선생과 한 시간을 함께 공부했는데, 그 시간이 너무 따분하고 힘들고 답답했지만 그래도 그 시간에 이미 무엇인가를 배웠다는 것을 인정하지 않을 수 없었다.

왕 선생이 그의 호주머니에서 시계를 꺼내자 빌은 공부 시간이 끝난 것을 알았다. 빌은 자기 방으로 돌아와서 한 시간 동안 자습을 했다. 왕 선생에게서 배운 말들을 몇 번이고 되풀이 해 봤다. 여기서 두 시간 공부하고는 숙소에서 조금 떨어진 곳에 있는 다른 교실로 갔다.

이 교실에서는 여러 선교사들이 같이 공부하였는데 그 가운데는 오클라호마 주에서 온 유진 힐 부부(Mr. & Mrs. Eugene Hill)가 있었다. 후에 그들은 빌의 가장 가까운 친구가 될 사람들이었다.

힐 부부와 함께 남침례회 선교부의 오리스 펜더(Miss Auris Pender) 선교사와 스웨덴 계 미국인 선교사 두 사람 그리고 뉴질랜드 장로교 선교사도 한 분 있었다.

첫 시간에는 중국어 발음을 로마자 화하는 것을 배웠다. 중국어 발음을 듣고 그 말을 한문 대신에 영어 알파벳으로 적는 것이었다. 교사는 중국어로 말하고 그리고 그 말을 영어 알파벳으로 쓰고 발음하면서 공부하는 것이었다.

예리한 베도우 원장이 빌이 광둥 말을 배우기가 좀 힘들 거라고 전에 말했었는데 그 말이 들어맞았다. 음악적 감각이 별로 없는 이 외과 의사는 중국어의 성조를 익히기가 어려웠고 또 말을 알아듣는 데도 힘들었다. 그래서 빌은 가끔 교사의 말을 제대로 따라하지 못하고 오히려 엉뚱한 말로 그 교실의 긴장된 분위기를 풀어주는 웃기는 사람이 되기도 했다.

오전 공부시간이 끝나고, 점심을 먹은 후 오후 공부시간이 시작되기 전에 모두 각기 복습과 자습을 했다. 오후 공부시간에는 다 같이 모여 오전에 배운 것을 서로 이야기해 보는 실습을 했다. 오후 4시 30분에 공부를 다 마치고 잠시 동안 오락을 하면서 긴장을 풀고 저녁 식사를 했다. 그리고 그 후에는 모두 자기 방으로 돌아가서 그날 공부한 것을 복습했다. 그렇게 공부하면서 때로는 중국어 공부가 너무 어려워 과연 중국어를 정복할 수 있을까 걱정하기도 했다.

빌은 중국 남부에서 사역하는 남침례교의 원로급 선교사, 하롤드 스넉스 부부의 넓은 집에 기숙했는데, 그들은 중국 남부 지역 선교부의 재무 책임자였다. 빌은 스넉스 선교사의 집에 사는 것을 감사했다. 또한 유진과 로이스 힐과 친해진 것과 그들과 같은 선교회 회원이 된 것을 기쁘게 생각했다. 그들이 한 가족 같았기 때문이다. 정말로 그들은 하나의 큰 가족처럼 행복하게 지냈다. 스넉스 선교사 부부는 빌이 우초우에 들렀다가 광둥으로 오는 길에 배에서 만났는데 아주 따뜻한 마음으로 맞아 주었다. 스넉스 부인은 매우 우아한 여성인데 이 젊은 의사 빌을 가족처럼 생각했다.

빌에게는 하롤드 스넉스 선교사가 대학 교수처럼 보였다. 그래서 빌은 스넉스 선교사를 '교수님'이라고 불렀다. 그 호칭은 맞는 말이었다. 그 지역에 있는 선교사들은 대다수가 스넉스 선교사를 교수님으로 불렀다. 빌은 그 스넉스 선교사의 어린 아들과도 아주 친하게 지냈다.

그렇게 그곳에서 1년을 지낸 것이 이 낯선 곳에서 새 생활을 빠르게 적응할 수 있게 한 힘이었다. 빌은 이 모든 일로 하나님께 감사드렸다. 창문에 휘장이 달려있는 그 집의 넓은 거실에서 그는 자주 방문해 오는 미국 손님들을 만났다. 특히 그때는 침례교 중국 선교 100주년이 되는 해여서 축하객들이 많이 왔다.

당시 중국에 있는 독신 여자 선교사들도 소식을 듣고 빌이 도착했다는 것을 알고 있었다. 그들 중 어떤 여 선교사들이 가끔 광둥에 놀러와서 사람들의 주의를 끌곤 했다. 어떤 여자들은 선교부 모임이나 식사하는 자리에서 빌 옆에 앉는 것을 영광으로 생각하는지 서로 빌 옆에 앉으려고 경쟁하는 것 같았다. 그러나 빌은 그런 일에 별 관심을 갖지 않았다. 총각인 빌과 결혼이라도 하고 싶어 하는지 접근을 시도하는 여성들에게 빌은 전혀 섭섭한 감을 느끼지 않게 하면서 다만 멋있고 좋은 친구가 되기를 원했다. 그렇게 하는 것이 빌의 생활방식이었다. 그렇다고 그가 총각으로 늙겠다는 생각은 아니었다. 그도 하나님이 자기에게 맞는 배우자를 주시기를 기다리며 자기 일에 열심을 다했다.

빌은 가끔 겁 없고 호기심이 많아서 탐험하기를 좋아하는 힐(Gene Hill)과 함께 광둥 시내를 걸어 다녔다. 광둥 거리의 가게 주인들은 언제나 미소 띤 얼굴로 자기들과 중국어를 연습하고 싶어하는 이들을 호감 있게 보았다. 빌은 가족이 없어서 개인 시간이 더 많아 혼자서 종종 거리를 돌아다녔다. 그는 배를 빌려 타고 광둥시를 둘러싸고 있는 강을 오르내리면서 노 젓는 사공과 이야기도 하고 가끔 가게에 들러 물건을 사면서 가게 주인들과 대화도 나누었다. 이렇게 해서 광둥의 더위를 피하기도 하면서 오후에는 종종 그 배의 갑판에 책들을 펴놓고 공부를 하기도 했다.

크리스마스에 고향에서 보내 온 편지와 소포들을 받고 빌은 문득 고향 생각이 났다. 그의 누이에게서 온 소포에는 어머니와 아버지의 사진이 들어있었다. 그처럼 자기를 사랑해 주었던 어머니에 대한 기억은 이제 거의 사라져가고 있고 또 사랑하는 아버지는 세상을 떠난 지 3년이 되었지만 빌의 마음은 브로드웨이 거리 실버타운 한쪽 구석에 있었던 자기 집으로 달려가서 지난날 가족들과 행복하게 이야기꽃을 피우던 때를 생각했다. 빌은 어머니의 고운 웃음소리를 회상하기도 하고 지금도 어린 아이처럼 자랑하고 싶어지는 의사였던 아버지의 온화하고 성실했던 모습을 떠올렸다. 빌은 '아버지와 어머니가 이 아들이 전 생애를 바쳐 선교사로 헌신하려고 여기 중국에 올 것을 생각이나 했겠나' 하고 조용히 생각에 잠겼다.

그의 누이는 교회 선교회에서 빌에게 무엇을 보내기를 원하는데 무엇이 좋을지, 빌이 정말 제일 필요한 것이 무엇이냐고 물어왔다. 빌은 생각하다가 좀 큰 것을 요구하기로 마음먹고 다음과 같이 편지를 썼다.

> 내게 타임지나 아니면 '북미주 외과 치료'라고 하는 의학 잡지를 보내 주세요.

크리스마스에는 우초우로 휴가를 갈 수 있었다. 2주간 우초우에서 보내는 동안 거의 밤낮 없이 피곤할 정도로 병원 계획에 따라 수술을 해야 했다. 빌은 자기 누이에게 편지를 쓰면서 우초우 휴가 동안의 일을 간단히 세 문장으로 요약했다.

> 누나, 나 우초우로 휴가 갔다가 어제 돌아왔어요. 재미있었어요. 거기서 나는 수술을 많이 했어요.

빌은 광둥 어학원에서 지내는 동안 많은 친구들을 사귀었는데 그중에는 중국 사람들도 많았다. 빌은 사람을 사귀는 데 자기의 배경이나 의사라는 지위를 내세우지 않았다. 그저 타고난 성품으로 친구를 사귀었다. 그는 중국 사람들을 사귀는 특유한 재주가 있었다. 그 재주는 말을 잘 해서가 아니었고 정말 타고난 그의 품위 있는 감성덕분이었다. 여기서 사귄 친구들 중에는 로버타 마(Miss Roberta Ma)라고 하는 젊은 그리스도인 여교수도 있었다.

그녀의 아버지도 의사였다. 그녀는 손문 선생이 1924년에 설립한 중산대학교(中山大學校, 원래는 廣東大學校)의 교수였는데 이 호기심이 많은 젊은 의사에게 자신이 교수로 있는 그 대학교와 그 근처에 있는 기념공원을 보여 주었다. 그들은 중국의 철학을 이야기하며 예수 그리스도 신앙에 대해서도 이야기를 나누고 또한 그들이 사랑하고 봉사하는 이 나라, 중국의 미래에 대한 전망 등을 이야기하면서 함께 즐겁게 걸었다.

빌은 불교의 사찰이 어떤 것인지 보고 싶어 그 여 교수와 함께 콴인산에 있는 칠백신의 절(자비의 여신의 절)에도 가 보았다. 그 젊은 여 교수는 중국의 상징주의와 고대 신들에 얽힌 복잡한 신비에 대해서도 이야기해 주었다. 그리고 그들은 빌이 가게 점원들과 중국어로 회화 연습을 할 겸 해서 몇몇 가게에도 들어갔다. 그 여 교수는 빌의 엉터리 중국어 발음에 웃음을 터뜨리면서도 배우겠다는 열의를 가지고 계속 말하는 빌을 보고 감동을 받았다.

어느 새 한 해가 지나갔다. 교실에서 열심히 공부하던 시간들, 스넉스 선교사님 부부 그리고 같이 공부한 동료 선교사들과 즐거웠던 저녁 시내 구경, 있는 힘을 다해 했던 정구 경기, 진 힐과 함께 다니면서 이것저것 알아보았던 탐험들, 중국 사람들과 만나면서 얻은 추억들, 광둥의 중국 교회에서 예배를 드리며 은혜 받은 시간들 그리고 1936년 8월에 열린 남부중국침례회 선교부 연차 회의에 참석하기 위하여 홍콩 여행을 한 것으로 빌은 그의 중국에서의 첫 해를 끝마쳤다.

홍콩에서 선교부 회의를 마치고 빌은 다시 우초우로 갔다. 그때 우초우가 위치하고 있는 광시 성에서는 호전적인 성향의 공산당 과격파와 장개석 총통을 수반으로 하는 국민당 정권 사이에 전쟁의 먹구름이 드리워지고 있었다. 일촉즉발의 위기 상황이었다.

광시 성의 그 호전적인 공산당 과격파 군부는 우초우를 요새화하고 우초우 바로 아래를 경계선으로 하고 보병부대와 포병부대를 배치했다. 장개석 총통은 서쪽에서 공산군과 전투를 치른 바 있는 강력한 그의 정예군을 광동 근처에 집결시켰다. 서 강을 왕래하는 배들이 우초우에 오려면 기나긴 긴장된 구간을 통과해야만 했다.

다행히도 서 강을 왕래하는 배들이 전쟁의 긴장감이 심한 구간을 지나갈 때는 무장한 군함들의 호위를 받았다. 영국의 군함 두 척과 미국의 군함 한 척이 광시 성에 있는 자국민을 보호하기 위하여 광시 성에 파견되어 있었다. 그 군함들은 배들을 따라 우초우로 들어갈 때는 공포 몇 발을 쏘았다. 그래서 그 공포 소리와 강변에서 시끄럽게 떠드는 사람들의 소리 외에는 별 일 없이 목적지까지 갈 수 있었다.

와 이 상(Waa I Saang)

　우초우에 돌아와 보니 선교사는 자기뿐이고 다른 선교사들은 다 떠나고 없었다. 다른 선교사들은 전쟁(일본의 중국 침략) 전야인 우초우를 떠나 홍콩으로 가서 그 위기 사태를 주시하기로 했던 것이다. 빌은 아무런 긴장감을 나타내지 않고 곧장 병원으로 가서 짐을 풀고 다음날 아침에 수술실에 나와있었다. 그날 오후에 빌은 우초우 앞 서 강에 정박 중인 미국 군함 '민다나오' 호에서 온 한 미국 해군 장교를 만났다. 그 장교는 빌의 봉사에 감사를 표하고 군함 함장이 빌을 군함에 태워 안전하게 홍콩까지 데려다 주겠다는 뜻을 전하고 어서 군함으로 가자고 했다.
　"뭐요? 홍콩으로 다시 간다고요?"
　빌은 어이없다는 듯이 말했다.

"왜요? 나는 어제 막 홍콩에서 돌아왔는데요, 전쟁이 나든 안 나든 나는 여기에 있지 어디에도 안 갑니다."

그 장교는 말했다.

"죄송합니다. 우리 함장께서는 선생님이 여기에 남아있으면 위험해서 안 된다고 염려하고 있습니다."

빌은 웃었다.

"함장에게 가서 안심하라고 하세요. 함장은 내가 여기에 오는 것을 막지 못했으니 내가 여기에 머무는 것도 책임질 필요가 없어요."

그리고는 좀더 정색을 하고 말했다.

"그러나 나를 걱정해줘서 고맙다고 전해 주세요. 나를 위해서 그러는 것은 잘 알지만, 나는 그럴 필요가 없다고 생각할 뿐입니다."

빌은 그 장교가 떠나는 것을 보고 있다가 그 병원의 중국인 수련의에게 말했다.

"자, 이제 됐어요. 그 산부인과 환자를 봅시다. 난산이라고 했던가요?"

저녁 무렵 좀 전에 왔던 그 해군 장교가 다시 왔다. 빌이 수술실에서 나오자 그 장교는 약간 멋쩍은 듯이 웃으면서 말했다.

"월레스 선생님, 또 귀찮게 해드리는 것 같아서 죄송합니다만 우리 함장님께서 선생님과 저녁식사라도 같이 하고 싶다고 좀 모시고 오라고 해서 다시 왔습니다."

"당신네 함장이 이제 나를 그런 식으로 꾀어서 데리고 가려는 것은 아니겠지요."

"아닙니다. 오늘이 바로 함장님의 생일이어서 선생님과 함께 저녁 만찬을 함께 하고자 할 뿐입니다."

"좋습니다. 나는 아직도 젓가락을 사용하는 데 애를 먹고 있지만 기꺼이 가겠다고 전하세요. 나는 아직도 젓가락질 하는데 애를 먹고 있으니까 말이요."

9월의 저녁, 서 강 한 복판에 정박한 미 해군 군함 '민다나오' 호 갑판에서 열린 생일만찬은 좀 색다른 만찬이었다. 빌 외에도 그 군함에서 2, 3일 보내기로 생각하고 있는 석유회사 직원 두 사람도 참석했다. 그들은 아주 재미있게 지내고 있었다. 함장은 거기에 모인 여러 사람들이 어디서 왔는지, 뭐 하는 사람들인지 그저 인사조로 묻고는 빌에게 말했다.

"당신과 같은 유망한 젊은 의사가 왜 이와 같은 하나님이 버리신 곳에 와서 일생을 바치려고 합니까?"

빌은 전에도 그런 질문을 받은 적이 있고 또 앞으로도 같은 질문을 받을 것이다. 그는 미소를 지으며 말했다.

"그것은 설명하기가 어렵네요. 나는 그 무엇으로부터도 도망 다니는 자가 아닙니다. 나는 연애하다가 실망한 적도 없구요, 경찰의 수사 기록에 이름이 적혀 수배를 받을 만큼 요주의 인물도 아니니까요."

모두가 빌의 특유한 유머가 담긴 말에 웃었다. 그러나 함장은 다시 물었다.

"그런데 무엇 때문에 이런 일을 하려고 합니까?"

"글쎄요, 제 아버지가 의사였습니다. 그런데 나는 의사가 될 생각은 없었습니다. 저는 원래 기계 만지기를 좋아했지요. 휘발유 모터나 전기

모터 같은 것들에 흥미가 있었지요. 그러나 10대에 저는 일생을 두고 무엇을 할까 하는 문제로 몹시 고민했습니다. 그러다가 의료 선교사가 되어야 한다는 결심을 하게 되었습니다."

석유회사의 직원 한 사람이 물었다.

"그런 생각을 전에도 해 본 적이 있습니까?"

"아니오, 그 누구도 나에게 그러한 것을 제안해 주지 않았습니다. 아버지는 제가 자동차 사업을 하기를 원하고 계셨지요. 그런데 어느 날 나는 이 길이 내가 가야 할 길이라고 확신하게 되었습니다."

빌은 잠시 말을 멈추고 자기의 기억을 더듬고 다시 말을 이었다.

"제가 그런 결심을 하게 된 것은 지금으로부터 11년 전의 일입니다. 그런데 해가 지날수록 더욱 하나님께서 나에게 이 결심에 대한 확신을 주셨습니다."

빌은 일어나서 배의 포문이 있는 쪽을 향해 걸어가면서 말했다.

"나의 행복, 나의 일, 나의 인생의 의미가 바로 여기 우초우 저 산 위에 있다고 나는 확신합니다."

한참 동안 침묵이 흘렀다. 빌은 약간 무안했다.

"그렇다고 내가 무슨 대단한 사람이라거나 신비스런 체험을 했다거나 영웅심을 가지는 것은 절대 아닙니다. 솔직히 말해서 나는 제일 부족한 선교사입니다. 어떤 면에서는 겁도 많습니다. 그저 병원에서 평범하게 일하는 외과 의사일 뿐입니다."

빌의 말을 듣고 사람들은 모두 미소를 지었다. 그리고는 곧 화제를 바꾸었다. 그러나 빌의 간증은 계속되었다. 거기 있는 사람들은 서 강의 그

배 안에서 언제 일어날지도 모르는 전쟁을 피해 있는 동안 생일축하 만찬을 함께 하는 자리에서 만난 이 미소 띤 젊은 테네시 인을 결코 잊을 수가 없을 것이다.

다행히 걱정했던 전쟁은 일어나지 않았다. 두 주 뒤에 모두 안정을 되찾았다. 그래서 다른 선교사들도 다 돌아오고 스타우트 기념병원은 정상적으로 진료를 하게 되었다.

험악하게 감돌던 전운이 가라앉고 난 후, 매년 찾아오는 장마가 한 주간 내내 계속되어 서 강에 큰 홍수가 났다. 그 일대에 전쟁이 가져올 뻔 했던 피해보다 더 큰 피해를 안겨 주었다. 그 광시 성에 있는 군대는 애당초 짐을 가득 실은 배들을 우초우 아래에 있는 좁은 계곡에 집결시켜 강을 막아 장개석 총통의 작전을 교란시키려고 했었다. 전쟁이 일어나지 않고 지나갔는데도 그들은 그 배들을 옮기지 않아서 9월의 장마로 푸 강이 범람하게 된 것이다.

그렇게 범람한 강물은 삽시간에 우초우의 3분의 1을 덮치고 세찬 물살이 시내 주요 도로까지 휩쓸었다. 그러자 마치 강한 자력에 이끌린 것처럼 수천 척의 목조선들이 일제히 나와서 사람들을 안전한 곳으로 대피시켰다. 그곳 사람들은 이전에도 이 같은 큰 홍수를 봐 왔지만 빌은 너무 끔찍했고 언제쯤 물이 다 빠지고 정상적으로 될까 몹시 걱정했다.

베도우 원장은 전에 약속한대로 빌을 위해 어학선생을 구했다. 그래서 빌은 우초우에서 제2과정의 중국어 공부를 하게 되었다. 매일 오후 시간은 전적으로 중국어 공부시간이었고, 베도우 원장은 최대한 공부에 전념하도록 편의를 봐 주었다. 1년 내내 그렇게 중국어를 공부했다. 빌은 오전에는 늘 수술을 하고 밤에도 거의 쉴 틈이 없이 그 병원에 찾아오는 응급환자들을 치료했다.

빌은 매일 새벽 일찍부터 환자들의 상태를 살피고 수련의들과 간호사들이 준비하는 일을 지도했다. 그는 보통 아침 식사 전에 벌써 수술을 하는데 작은 수술이면 하루에 몇 건도 했다. 그가 해야 할 일은 언제나 산더미처럼 쌓였다.

빌은 자기가 녹스빌 종합병원에서 2년 간 외과 전문의 과정을 하면서 수술 경험 쌓은 것을 하나님께 감사했고 또 3년만 더 수술 경험을 가지면 좋겠다고 생각하고 열심히 일했다. 몇 주간 동안에 빌은 전에 경험도 없고 또 생각하지도 못했던 큰 수술을 여러 건 했다. 특히 갑상선 종양 수술을 많이 했다. 아주 큰 종양도 제거했고 아주 섬세한 주의가 필요한 안과 수술도 하고 입술이 갈라진 언청이 수술도 많이 했다. 맹장 수술, 복잡한 부인과 환자 등 수술 환자가 밀려 있었다. 점차 우초우에서 그의 명성이 드러나기 시작했다.

빌은 한 어린 여자아이의 심한 언청이 수술을 성공적으로 해냈다. 수술 후에 그 아이는 정상인처럼 발음이 분명한 말을 하게 되었다. 이제 그 아이는 친구들에게 놀림거리가 되지 않았고 왕따 당하는 일도 없게 되었다. 그래서 그 아이의 어머니는 진심으로 감사하게 생각하며 만나는 사람들에게 우초우에 있는 이 유능한 '와 이 상'(Waa I Saang, 역자주-왈 의사 선생님, 광동어)을 기회 있을 때마다 선전했다.

하루는 그 아이의 어머니가 발이 구부러진 아들 때문에 걱정하고 있는 한 여인의 이야기를 들었다. 그 아이의 아버지는 그 아이를 아예 내다 버리겠다고 했다. 그 말을 들은 그 언청이 수술 받은 아이의 어머니는 자기 딸을 데리고 그 환자 아이의 어머니를 만나러 갔다.

그 어머니는 그 환자 아이의 어머니에게 이렇게 말했다.

"우초우에 계시는 와이상에게 데리고 가 보세요. 내 딸이 언청이였는데 그 의사에게 수술 받고 지금은 완벽하게 정상적으로 말을 한다우. 다른 아이들과 똑같고 흉터도 거의 없어요. 와이상은 못하는 것이 없더라구요. 정말 그래요. 내가 볼 때 그 의사는 당신네 아이에게 새 발을 줄 수 있을 겁니다."

이런 일들로 해서 빌은 만족했고 깊이 감사했다. 그가 기적 같은 일을 해냈다고 사람들이 알아주어서가 아니라 수술 받은 아이들이 이제 더는 친구들의 놀림이나 괴로움을 받지 않을 것이기 때문이었다.

한번은 디프테리아로 상태가 아주 악화된 한 어린이가 입원했다. 빌이 기관지 절개 수술까지 하면서 치료를 해 보았지만 불행이도 그 아이는 죽었다. 그때 빌은 어깨가 내려앉는 것 같아서 길게 한숨을 지었다.

빌은 그 죽은 아이를 안고 눈물을 흘렸다. 그 아이의 시체를 품에 꼭 안은 채 병상에 걸터앉아 눈 감은 그 아이, 움직이지 않는 그 아이의 얼굴을 들여다보고 있다가 그 아이의 부모가 들어오자 빌은 엉터리 광둥말이지만 그 부모의 가슴에 스며들어가는 듯한 온화한 말씨로 그 아이에게 일어난 일을 그대로 설명해 주었다. 그리고는 그들에게 예수님에 대한 이야기를 하고 또한 예수님이 어린 아이들을 얼마나 사랑하셨는가를 이야기해 주었다.

이 병원에 환자는 점점 늘어났고 빌의 명성이 날로 널리 퍼졌다. 로버트 베도우 원장은 빌이 온 이후 병원이 이렇게 활기차게 돌아가니 기쁘기 짝이 없었다. 그 해 가을에 그는 리치먼드 외국선교부에 있는 메드리 박사에게 편지를 써 보냈다.

…선교부가 파송해 준 왈레스 의사는 이 병원에 적임자임이 틀림없다는 것을 이미 증명하고 있습니다. 그는 아주 눈썰미가 있고 수술 솜씨도 좋고 의학적 지식도 많이 가지고 있는 훌륭한 의사입니다. 그가 앞으로 계속해서 이렇게 봉사하면 멀리 광둥에서도 환자들이 찾아올 만큼 우리 병원의 명성이 널리 퍼져 나갈 것을 나는 확신합니다.…

베도우 원장은 또 얼마 뒤에 빌이 이 병원에 와서 일을 시작한 지 몇 달 안 되어 환자의 수가 50퍼센트나 늘어났다고 선교부에 보고했다. 또한 그는 병원 직원들의 신앙도 더 부흥되었다고 보고했다.

…무엇보다도 좋은 것은 복음전파의 성과입니다. 여러 계층의 사람들이 예수님을 믿게 되어 우리의 기쁨이 큽니다. 온 가족 전체가 예수님을 믿은 집도 두 가정이 있습니다. 중국인 의사인 룡 선생이 요새 우리 교회에 나오고 있고 또 아주 유능한 여

의사 왕 선생은 이번 주일에 침(세)례를 받기로 했습니다. 참으로 금년에는 하나님께서 우리에게 풍성한 열매의 은혜를 내려 주셨습니다."

이들 두 중국인 의사가 예수 그리스도의 복음이 그들 나라의 오랜 전통과 상충되는 갈등이 있지만 그것을 극복하고 예수님 안에서 새 생명을 받아들인 것은 전적으로 그리스도의 증인인 왈레스 선교사의 신앙심의 영향이었다. 물론 중국인들은 그 전에도 설교를 들었다. 그러나 그들은 빌 왈레스의 삶을 보고 이제 그동안 들은 설교의 내용을 직접 눈으로 보았던 것이다. 듣는 것과 보는 것에는 큰 차이가 있었던 것이다.

빌 자신도 참으로 형용할 수 없을 만큼 기뻤다. 그는 참으로 사람들에게 필요한 존재였고, 사람들은 그를 통해서 병 고침을 받았고 하나님의 사랑을 알게 되었다. 빌은 자기가 하나님이 원하시는 바로 그곳에 있다는 것을 느꼈다.

"내 잔이 넘치나이다."

중국에서 두 번째 맞은 크리스마스는 첫 번째보다 향수심이 덜했지만, 누나 룻 린(Ruth Lynn)과 자형 시드니(Sydney) 선생이 손수 만든 과일 케이크와 선물을 담아 보낸 큰 상자를 받고 빌은 고향 테네시 생각이 조금 났다. 직원들끼리 크리스마스 선물을 교환하고 며칠 동안 홍콩을 다녀옴으로써 '이젠 여기, 중국에 살고 있구나' 하는 생각이 분명해졌다. 다행히 그 지역의 분쟁과 갈등은 가라앉고 안정된 것 같았다. 다만 정치인들의 사소한 갈등들이 있을 뿐이었다.

장개석 총통은 그의 통치하에 있는 북부 성들 중 한 성에 있는 공산군 지휘관들과 회담하러 갔다. 그가 거기에 가 있는 동안 중국 공산주의자들이 대담하게 주간에 공격을 해서 장개석 총통의 호위병들을 사살하고 장 총통을 납치해 가버렸다. 그리고 그들은 장 총통에게 자기들을 새로운 세력으로 인정하고 중국 중앙정부에 입각시켜 줄 것을 요구했다.

격분한 장 총통은 오히려 자기를 죽여 달라고 했다. 많은 공산주의자들은 장 총통을 죽이고 싶었지만 일본에 대항하여 싸우려면 장 총통의 부대와 공동전선을 펴는 것이 필요하기 때문에 연합한다는 조건으로 죽이지 않고 풀어주었다. 장 총통은 다른 도리가 없이 공산주의자들과 연합하기로 했다. 그래서 일시적으로 내전이 그치고 평화가 찾아오고 겉으로는 중국이 통일이 될 것처럼 보였다. 불구대천의 원수인 일본과 싸우기 위해서는 장 총통의 국민당과 모택동의 공산당이 연대하는 것이 필요했다.

일본은 오래 전부터 중국 정복을 계획해 왔었다. 일본은 만주 지역을 차지한 뒤에 5년 동안 조직적으로 만리장성 이북의 중국 땅을 조금씩 탈취해 갔다. 이것은 장개석 총통의 국민당과 모택동의 공산당이 내분을 벌이고 있는 동안에 이루어진 일이다.

일본은 장개석 총통의 피랍 사건 이후 장개석 총통이 모택동의 공산당과 연합한다면 중국의 내분이 사라지고 오히려 통일 중국으로 정세가 바뀌어 일본의 침략이 어렵게 될 것으로 판단했다. 그래서 일본은 중국의 땅을 더 취하려면 장개석 총통의 국민당과 모택동의 공산당이 연대하기 전에 행동해야 한다고 생각했다.

　1937년 7월 7일 밤 일본군 부대가 북경의 강 건너 편에서 전투 훈련을 하는 중에 루거우차오에서 한 발의 총성이 들려왔다. 그러자 일본군은 즉각 자기들이 습격을 당했다고 주장하며 대규모의 보복을 감행했다. 이렇게 해서 전쟁이 시작되었다.

　그 후로 여러 달이 지나는 동안에 일어난 끔찍한 일들은 세계를 엄청난 공포로 몰아넣으며, 충격을 주었다. 유럽과 아시아 여러 나라들의 엄중한 경고에도 일본이 자행한 침략행위는 아무리 눈 똑바로 뜨고 관찰해도 절대 있을 수 없는 행위였다.

　일본 군대는 어디서든지 중국인을 닥치는 대로 무자비하게 죽였다. 남경을 약탈하고 수백 만 명을 무차별 살육하고 도시를 파괴한 일본의 만행은 또 하나의 가장 큰 비극으로 인류역사의 한 장을 장식하고도 남을 것이다.

　빌 왈레스와 스타우트 기념병원의 선교사들은 이 사태들을 예의주시했다. 다급하게 문제가 된 것은 첫째, 중국 북부 선교부가 이 사태에 휩싸였으며, 전해오는 소식은 무척 혼란하고 일상적인 생활이 어렵다는 것이었다. 그러나 대다수의 선교사들은 전쟁이 일어나도 가능한 한 거기에 남아서 그대로 일을 하기로 생각했다. 둘째는 전쟁에 대해서 잘 모르는 사람이라도 광둥에서 남징까지 이르는 서 강 분지는 일본이 차지하고 싶은 가장 중요한 목표가 될 것이라는 것이었다. 그런데 우초우는 바로 전쟁이 일어날 지역 그 한 가운데 위치하고 있었다.

광시에 주둔하고 있던 중국군 부대의 수천 명의 군인들이 광둥과 북쪽으로 이동했는데 그 후 들려오는 소식은 그 부대가 일본군에게 완패하여 전멸되었다는 것이다. 그 소식을 들은 우초우 사람들은 비통해 하면서 통곡했다. 거기에다 광둥과 그 일대의 철도가 폭격 당했다. 끝내 서 강이 막혀버린 것이다.

이제 보급로가 막혔다. 병원은 식량과 의약품의 부족 사태가 일어날 수 있었다. 그러나 다행스러운 것은 선견지명이 있는 유능한 행정가인 베도우 원장이 이런 사태가 있을 것을 예견하고 필요한 물자를 어느 정도 미리 확보해 두었던 것이다. 그래서 그 보급로가 막힌 상황에서 물품 공급을 받지 못하는 동안에도 병원 살림은 계속할 수 있었다.

그래도 베도우 원장은 걱정이 되었다. 스타우트 기념병원은 그렇지만 광시 성의 서북부 침례회 선교 지역 퀘일린에 있는 침례병원은 미리 대비하지 못했기 때문에 이런 사태가 계속되면 거기는 얼마 못가서 문을 닫을 수밖에 없었다. 베도우 원장은 그 병원도 어떤 대책이 있어야 한다고 생각하고 거기에 가서 얼마동안 그 병원 일을 할까 생각했다. 그러나 생각 끝에 가지 않았다. 중국에 온 지 얼마 안 되는 젊은 의사 빌에게 이 병원을 다 맡길 수 없다고 생각했기 때문이다. 그는 외국선교부에 편지를 썼다.

이 상황에서 내가 스타우트 기념병원을 돌보지 않고 떠난다면 이 병원이 크게 위축될 것입니다. 그렇다고 내가 뛰어난 행정가라는 것은 아닙니다. 능력이 있다는 말도 아닙니다. 다만 월레스가 아직은 이 큰 병원의 책임을 질 준비는 안 된 것 같아서 그럽니다. 내가 빌을 가까이서 자세히 보아왔는데 그는 이 스타우트 기념병원을 책임지고 운영할 준비가 아직은 되어있지 않다고 보입니다. 행정력이 좀 약하다는 것도 그렇지만 중국어도 아직 서툴고 더 중요한 것은 그가 아직 중국 사람들의 성격과 심리를 잘 파악하지 못하고 있기 때문입니다.

베도우 원장이 이 같은 견해를 가지게 된 데는 몇 가지 이유가 있었다. 빌은 언제나 진료하는 일에만 몰두하고 행정적인 일에는 별로 관심이 없고 오히려 기피하는 것처럼 보였다. 어떤 행정적인 일에서 부딪히는 문제는 늘 베도우 원장에게 떠넘기며 심지어 누가 빌과 어떤 일을 의논하고 빌의 의견을 듣기를 원해도 빌은 일체 신경을 안 쓰고 베도우 원장에게 미뤘다. 그리고 빌은 중국인에게 바른 말이라도 싫은 말은 하지 못하는 성격이며 더욱이 환자들에게 받아야 하는 치료비도 꼭 받아야 한다는 생각도 하지 않는 사람으로 널리 알려져 있는 터였다. 그리고 직원들이 잘못을 저질러도 징계는 원하지 않았고 그들이 스스로 결정하고 길을 택하게 했다. 한 번도 남을 책망하는 일이 없었다. 이런 면에서 베도우 원장은 빌이 행정가로서의 자질이 좀 부족하고 또한 병원의 재정에 대한 인식도 부족하다고 생각했다.

하지만 다른 면도 있었다. 빌이 그렇게 행정력이 약해 보이긴 했지만 병원 직원들은 모두 빌을 존경하고 심지어 어떤 이들은 죽기 살기로 그를 따르기도 했다.

　10월 하순에 접어들면서 베도우 원장이 이제 퀘일린 병원이나 빌 왈레스의 행정력 부족 등에 대해서 신경 쓸 겨를이 없이 상황이 급박하게 돌아갔다. 미국 영사관에서 선교사들에게 철수 준비를 하라는 통고문이 왔다. 그래서 선교사들은 철수 통첩이 올 경우 어떻게 해야 할지 대책을 논의해야만 했다. 일본군의 비행기가 아직은 우초우 하늘에 나타나지 않고 있지만 언젠가 곧 날아올 기세였고 그러면 생각하기도 싫은 엄청난 파괴를 입게 될 것은 뻔한 일이었다.

　이 병원은 1904년 이래 한 번도 문을 닫은 일이 없었는데 이번에도 병원을 닫는 일이 벌어지지 않기를 선교사들은 간절히 기도했다. 비록 일본군이 우초우를 점령하더라도 병원은 그대로 일할 수 있기를 원했다. 그래서 선교사들은 첫 회의에서 결정한 다음과 같은 내용의 글을 담아 외국선교부 메드리 박사에게 서한을 보냈다.

　우리는 사태가 어떻게 전개되더라도 병원에 그대로 남아서 일하기로 결정했습니다. 지금이야말로 중국에 있는 모든 병원들이 문을 열고 일할 때라고 생각합니다.

　12월 19일 새벽, 빌 왈레스는 침상에서 눈을 떴으나 아직 어두워서 그대로 좀 누워 있었다. 뜰을 지나 저쪽 병원 건물에서 비쳐오는 희미한 불빛이 그나마 어둠을 조금 밝혀주었다. 빌은 소리를 내지 않고 조용히 침대에서 일어났다. 그가 우초우에 온 이래 베도우 원장의 집에 거하고 있었다. 빌은 다른 사람들의 잠을 방해하지 않으려고 조심조심 옷을 입고 안개 낀 새벽에 밖으로 나왔다.

새벽안개는 저 아래 강에서부터 서서히 걷히기 시작했다. 그는 곧바로 병실에 들어가 환자들을 돌아보며 야간 근무한 간호사가 적은 환자 진료 기록을 살폈다. 몇몇 환자들에게 언제쯤 자기가 오겠다고 말하고 자기 진료실에 돌아와서 방사선 사진 필름도 살펴보았다.

그는 그 방사선 사진 필름들을 살펴보고 수술 여부를 결정지어야 했다. 그는 칠판에 좀 알아보기 힘든 흘린 글씨로 메모를 적고 나서 하품을 하면서 기지개를 켰다. 그렇게 하면서 자기가 하는 일에 만족하며 그리고 또 새로운 하루의 일이 시작된다는 것을 느끼고 있었다. 그는 잠시 자기 방에 가서 신약성경을 펴 넘기면서(그 신약성경은 그가 소년 시절 의료 선교사가 되겠다는 결심을 적었던 바로 그 성경책이다.) 아침 개인예배를 드렸다. 성경 몇 절을 읽고 그 구절들을 묵상하고 나서 머리 숙여 기도드렸다. 그리고 곧 일어나서 동이 트는 아침에 병원복도를 걸어 나왔다.

우초우의 새벽 동트는 광경은 아주 아름다웠다. 강의 안개와 배들과 그물들로 조화를 이루는 장관이었다. 그리고 병원 정원에 우뚝 솟아있는 용수나무와 그 오른편에 푸 강 언덕에 늘어선 대나무 숲도 새벽의 아름다움을 더해 주었다. 모두 새로운 하루를 시작하는 사람들의 기분을 상쾌하게 해주고 있었다. 빌은 언제나 그런 새벽을 좋아했다. 그 아침도 그는 한껏 행복감을 느끼며 미소 지으면서 아침 식사를 하려고 한 번에 세 계단씩 뛰며 베도우 원장 집으로 갔다. 거기에는 렉스 레이 선교사님도 와 있었다.

"빌, 잘 지내고 있어요?"

렉스 레이 선교사님이 그의 특유한 텍사스 남부 말씨로 인사를 했다.

"나는 지금 당신들, 외과 의사들이 쓸 의료품을 내년 봄에 어떻게 저 일본군의 경계망을 뚫고 가지고 올 수 있을까, 그 방도에 대해서 베도우 원장과 이야기하고 있었어요."

"담대하게 모험을 좋아하는 우리 텍사스의 목동들이 그 옛날처럼 과감하게 할 수 있을는지 좀 걱정이 되는군."

베도우 원장이 말했다.

렉스 레이 선교사는 한 10년 전에 중국인 강도들을 만난 적이 있었다면서 그때 강도들과 한판 벌인 아찔했던 모험담을 지금은 오히려 옛날이야기처럼 재미있게 말했다.

"그나저나 오는 봄에는 반드시 물자를 들여와야 하는데 더 좋은 방법이 떠오르지 않는군."

렉스 레이 선교사가 말했다.

"그럼 선교사님들은 어떤 계획을 가지고 계십니까, 교구 목사님?"

빌은 당당하게 보이는 나이 드신 선교사님에게 물었다. 그는 렉스 레이 선교사님을 교구 목사님으로 불렀다. 레이 선교사는 진지하게 자기의 계획을 설명했다.

"저, 광둥에 고물상을 하는 내 친구가 있어요.…"

그때 베도우 원장이 그의 말을 막으며 말했다.

"그런데 내년 봄에는 일본군이 광둥을 점령할 거예요. 오늘 아침에도 광둥은 폭격을 당했고 18척의 일본 군함이 광둥을 공격하기 위해서 이미 출발했다는 소식이 있어요."

"걱정이 되네요."

빌이 말했다.

빌은 아침 식사 후에 뉴스를 들으려고 했는데 수술 준비 때문에 뉴스를 듣지 못했다. 그런데 그 순간 갑자기 공습경고 사이렌이 울려 아침의 평화를 깨뜨렸다. 세 사람은 전에 비상사태 대비 연습 때 사이렌 소리를 들은 적이 있었다. 그러나 이번 사이렌은 진짜였다. 그리고 금방 저쪽에서 요란한 소리를 내면서 날아오는 비행기를 보았다. 그들은 급히 나와 병원으로 달려갔다.

온통 공포에 휩싸였다. 그러나 침착하게 직원들을 시켜 환자들을 진정시키게 했다. 그리고는 병동 제일 위층에서부터 차례차례 환자들을 지하실로 옮겼다. 그때 밖에서 폭탄이 떨어져 폭발하는 소리가 들렸고 기관총 소리도 요란하게 들려왔다. 걸을 수 있는 환자들은 걷지 못하는 환자들을 부축하여 계단을 내려왔다. 만일 폭탄이 병원에 떨어지면 5층 건물의 콘크리트가 무너질 것이다. 그런데 이 병원을 지은 사람들이 이런 사태가 일어날 것을 미리 알고 지은 것은 아니지만 그래도 웬만한 폭탄 정도는 막아낼 수 있을 만큼 튼튼하게 지었다.

빌은 환자들을 모두 지하실로 안전하게 대피시키고 옥상에 올라가 하늘을 쳐다봤다. 열한 대의 비행기가 날고 있었다. 제일 가까운 비행기에서 일본의 상징인 붉은 색 원(일본 국기)이 보였다.

첫 번째 폭탄은 약 1.5킬로미터 떨어진 곳에 있는 우초우 비행장에 떨어져서 중국 비행기 격납고들이 완전히 파괴되었다. 이어서 그 악랄한 침략자들은 발전소를 폭격했으나 실패하고 돌아갔다가 다시 와서 폭격했으나 또 실패했다. 그런데 폭탄 하나가 병원 가까이에 떨어졌다. 그 폭발로 병원 건물의 유리창들이 깨졌다.

공습은 길게 끌지 않았다. 일본 폭격기들이 병원 뒤편 산을 넘어 사라지자 공습경보 해제 사이렌이 울렸다. 빌이 우초우 시가를 내려다보니 십여 군데에서 불길이 치솟고 폭탄의 연기는 하늘에 커다랗게 펼쳐놓은 검은 우산같이 우초우를 덮고 있었다. 사람들은 이리 뛰고 저리 뛰며 정신을 차리지 못했고 거리는 혼란스러웠다. 빌이 보기에 두 번째 폭격(병원 근처)은 첫 번째 폭격(비행장 폭격) 보다는 그 위력이 좀 덜했다. 물론 두 번째 폭격도 무서웠지만 첫 번째 폭격이 훨씬 더 큰 피해를 입혔다.

불 시련

우초우 지역의 선교사들이 원래는 계획에 없던 회의를 베도우 원장 집에서 하고 있었다. 베도우 원장은 신중하게 그러나 상기된 어조로 말했다.

"우리는 지금 이 문제를 우선적으로 논의해야 한다고 생각합니다. 지금은 먼 앞날의 일처럼 생각할지 모르지만 요즘 정세로 봐서는 아무래도 일본군이 결국 남부 지역을 더 빠른 시일 안에 장악할 것입니다. 만일 광둥이 점령당하면 일본군은 바로 강을 따라 여기 우초우로 올라올 것입니다. 아니면 일본군은 해군이 서 강을 봉쇄하고 왓틀럼에서 여기로 올 가능성도 있습니다."

렉스 레이 목사가 말했다.

"내 생각에는 그들이 만일 우리를 잡으려고 여기로 진격해 올 거라면 먼저 여기를 폭격해서 몽땅 쓸어버릴 것입니다. 그렇게 되면 그들이 여기를 점령할 때 우리 가운데 몇이나 남아있게 될는지 모르겠습니다."

그러자 베도우 원장이 또 말했다.

"나는 그렇게 생각하지 않습니다. 산발적으로 폭격이 계속되더라도 우리 병원을 문 닫게 하거나 우리를 떠나게 하지는 못할 것입니다. 그리고 웬만큼 폭격당해도 우리 병원 건물은 견뎌낼 것입니다. 나는 이 병원을 잘 압니다. 내가 이 병원을 지었으니까요."

그러자 빌이 말했다.

"그렇겠지요, 폭격으로 이 병원 건물이 완전히 파괴되지는 않겠지요."

빌은 창문에 기대어 이 회색 석조 건물을 바라보며 말을 이었다.

"나는 원장님의 말씀에 동의합니다. 그러나 병원 건물이 다 파괴되지는 않아도 장비들과 출입문이 파괴된다면 건물이 서 있다고 해도 일하기가 어려울 것입니다. 그래서 비교적 좀더 안전한 지하실에 비상시설을 준비하는 게 좋을 것 같습니다."

빌은 더 한참 생각하다가 또 말했다.

"그래요, 좀 덜 위험한 지하실로 긴급 진료시설을 마련해야 할 것입니다."

빌은 많이 생각하고 그렇게 자신의 의견을 말했다.

베도우 원장이 말했다.

"빌의 생각이 옳은 것 같습니다. 이제라도 그렇게 하도록 준비해야겠습니다."

베도우 원장은 고개를 끄덕이면서 말을 계속했다.

"그렇게 할 수 있겠지요. 그러나 내가 또 말하고 싶은 것은 일본군의 점령은 또 다른 문제를 가져올 것입니다. 난징에서 일본군이 취한 만행을 우리가 알지 않습니까. 나는 만일 우초우가 점령될 경우 우리가 어떻게 해야 할까를 고민해 왔습니다. 우리 간호사들에게 병원에 남아서 자리를 지키게 하다가 그 못된 일본 군인들이 쳐들어와서 저지를지도 모르는 폭행의 위험을 무릅쓰도록 하고 싶지는 않습니다."

이 말에 모두가 잠잠해졌다. 난징에서 들려오는 소식은 소름이 끼칠 만큼 끔찍한 것이었다. 말을 많이 하지 않던 빌이 다시 입을 열었다.

"그렇군요. 그럼 지금부터 공습과 침입이 있을 것을 예상하고 대비책을 강구합시다. 하지만 우리의 준비가 얼마나 실효성을 발휘할 수 있을지 의문입니다."

여러 사람이 빌의 의견에 동감한다고 말했다. 그들의 생각은 '모르겠다. 될 대로 되는 거겠지' 라는 식의 체념이나 숙명론적인 것이 아니었다. 오히려 '어둔 밤 쉬 되리니 낮 동안에 힘써서 일하자' 고 하는 열정에서 우러나온 의견들이었다. 빌은 다음과 같은 말씀이 적힌 성경을 굳게 믿고 있었다. "하나님은 내 생명의 능력이시니…"(시 27:1).

두 달 후에 일본군 폭격기들이 또 나타났다. 이번에는 더 많은 폭격기들이 날아와서 폭격하고는 다시 저공으로 날아와 집 밖에 나와 있는 사람들을 향해 무자비하게 무차별로 기관총을 난사했다.

선교사들이 비상 수술실을 준비해 두었지만 빌은 이 공습이 가해지는 동안 일반 수술실에 있었다. 첫 번째 폭탄이 떨어질 때 빌은 환자의 수술 부위를 꿰매는 것을 마칠 때였다. 그러나 폭탄 파편에 맞아 깨져 흩어져 날아오는 유리를 피하여 그 환자를 병실로 옮길만한 시간 여유가 없었다. 폭격으로 유리 창문들이 많이 부서지긴 했지만 그래도 병원 건물은 그대로 서 있었다. 병원에 후송되어 오는 부상자들이 첫 번째 공습 때보다 두 배나 많았다.

일본군의 폭격으로 많은 사람이 죽고 부상당한 사람들의 상처를 치료하는 일은 밤이 새도록 계속되었다. 빌은 아주 특별한 수술들을 해야만 했다. 아주 비참하게 찢어진 살점들을 꿰매는 수술, 절단된 다리를 다시 붙여 잇는 수술, 파편에 맞아 흉하게 된 얼굴을 최대한 본래의 모습으로 돌려놓는 수술 등이었다. 외과적인 수술을 인공적 재창조라고 본다면 지금이야말로 빌은 터진 제방 둑의 한 가운데서 아주 작은 몇 개의 도구를 가지고 성난 물줄기를 막으려고 필사적으로 노력하는 사람이었다.

몇 주간이나 그렇게 정신없이 바쁘게 지나 지쳐버린 빌은 울화가 치밀어 올라 한 중국인 친구에게 말했다.

"나는 종종 내가 바다에서 밭을 가는 것처럼 느낀다니까요."

그러자 동료 의사가 말했다.

"왈레스 선생, 휴가를 좀 가셔야겠네요."

선교사들은 휴식과 재충전을 위해 1년에 한 달씩 휴가를 가기로 되어 있었지만 빌은 3년 만에 이제 단 한 주간의 휴가를 하기로 했다. 일본이 중국의 여러 지역을 점령해 가고 있는 상황에서 빌은 지금 중국의 명소들을 봐 두는 것이 좋겠다고 생각했다. 가급적 서구문명이 전혀 들어가지 않은 오지를 둘러보면서 중국의 삶을 깊숙이 체험해 보고 싶었다. 베도우 원장도 빌이 좀더 중국 사람들의 심리와 삶을 이해하면 좋겠다고 말해 왔었다. 그래서 빌은 자기도 베도우 원장처럼 중국 사람들을 잘 이해할 수 있기를 원했다. 여하튼 그의 휴가는 그토록 지치고 힘들었던 그에게 더없이 좋은 재충전의 시간이라고 생각했다.

베도우 원장은 빌이 위험할 수도 있는 오지 탐험의 모험을 강하게 반대했다. 그런데 빌은 멀리 서쪽으로 중칭(重慶)과 쳉두(成都)까지 가보고 싶었다. 그 서쪽에서는 광둥어가 잘 통하지 않아서 빌은 언어소통이 힘들 것이다. 그래도 빌은 글자를 써서 의사를 소통할 수 있을 것이고 또 거기에도 선교사들이 있을 거니까 괜찮을 거라고 하면서 그쪽으로 가겠다는 소신을 굽히지 않았다. 그렇게 강하게 가고 싶어하는 빌의 의지를 베도우 원장도 더 막을 수 없었다.

빌은 처리하지 못한 일을 남긴 채 휴가 떠나는 것이 마음에 걸려 3월 마지막 주간에 엄청나게 많은 수술을 했다. 그리고는 지친 몸으로 4월 1일에 버스 편으로 휴가를 떠났다.

그는 휴가 첫날 우초우 서북부의 낮은 산을 넘어서 와틀럼을 향했다. 버스는 만원이었고 더웠으며 사람들의 떠드는 소리가 시끄러웠다. 게다가 이상한 냄새까지 났다. 그렇게 불편하지만 빌은 긴장을 풀고 차창 밖으로 보이는 논에 파랗게 자라나는 모가 융단같이 펼쳐진 농촌의 풍경에 흠뻑 빠져들고 있었다. 한참 가다가 정오쯤 되자 빌은 옆에 있는 사람들과 이야기를 하게 되었는데 사람들은 그의 중국어 억양에 놀라기도 했다.

와틀럼은 성벽에 둘러싸인 오래된 도시였다. 중국의 도시들은 거의 다 원래 그 지방 장수들이 세운 작은 요새들이었지만 20세기 들어서 중국은 인구가 엄청나게 많이 증가하면서 이런 성벽들이 많이 파괴되었다. 여기 와틀럼의 성벽은 서양 관광객들의 매력을 끄는 옛 중국의 성벽이었다. 와틀럼은 아직 일본군의 폭격을 받지 않았다.

빌이 이 여행을 하기 전에 본 중국은 대부분 서양문명의 영향을 받은 곳들이었는데 이렇게 휴가 온 지방에서는 자기가 상상했던 것보다 훨씬 더 새로운 중국을 체험할 수 있었다. 그 휴가 첫 날은 4월 1일, 만우절이어서 빌은 자기가 무엇인가 속고 있지는 않는가 생각했다.

이렇게 중국 서부지방을 여행하면서 음식에 대한 어려움은 별로 없었다. 빌은 자기가 먹고 싶은 것을 골라서 이것저것 먹을 수 있었다.

식단은 주로 뜨겁고 달콤하고 코를 찌르는 향이 든 바삭거리는 생선과 햄과 양배추와 닭고기를 넣고 찐 멜론, 영계 요리, 죽순, 메추리 알, 빵, 연근, 오렌지 수프, 버섯 그리고 와인 등이었다. 빌은 이 여러 가지를 모두 시식해 보았다. 빌은 그 여러 가지 중에서 중국에서 나는 쌀에 관심이 있어서 쌀로 만든 음식을 더 맛보고 싶었다.

우초우를 떠난 지 이틀 만에 북경 말(중국 표준어)을 쓰는 지역에 들어갔다. 거기서는 광둥에서 배운 말로는 의사소통이 어려웠다. 그러나 빌은 글자를 좀 읽을 수 있었기 때문에 크게 어렵지는 않았다. 빌은 다니면서 많은 사람들과 아름다운 경치를 보고 시끄러운 소리도 듣고 그리고 특유의 중국 냄새를 맡으며 휴가를 즐겼다. 사람들은 혼자 다니는 빌이 외로운 나그네로 보였겠지만 이 젊은 의사는 이국적인 중국의 풍경에 휴가의 즐거움을 만끽했다.

지난 몇 년 동안 쉴 틈 없었던 고된 병원 일과에서 해방된 빌은 짧은 기간의 휴가지만 이 여행에서 자기가 헌신하기로 한 이 나라의 전통과 다채로운 생활양식에 흠뻑 젖어들 수 있었다.

빌은 루이초우에서 열차를 타고 그 지역을 가로질러 바다처럼 넓은 양쯔 강 유역으로 들어갔다. 쓰촨 성에서 제일 먼저 가고 싶은 곳은 옛 도읍지인 중칭(重慶)이었다. 그가 거기에 도착해서 느낀 것은 자기가 중국에 와서 3년이나 살면서도 중국인들의 생활에 대해서 아는 것이 너무나 적다는 것이었다. 그저 일 때문에 우물 안의 개구리처럼 우초우에 갇혀 있었지 이렇게 넓은 세계와 접촉할 시간을 갖지 못했던 것이다.

중칭은 빌이 휴가 온 1938년 봄에는 인구가 약 20만의 성곽도시였고 중국 역사에 특별한 요새 중 하나였다. 이 도시 시민들은 대체로 새로운 정권이 들어서든 누가 정권을 잡든 별로 관심이 없었다. 하지만 쑨얕셴(孫文) 선생이 1911년 만주 지역에 혁명을 성공적으로 이루었을 때 주도적으로 먼저 앞장서 일어난 이들이 바로 이 중칭 사람들이었다. 몇 달 뒤에 이 중칭은 중국 국민당 정부의 임시 수도가 될 도시였다.

당시 중칭과 쓰촨 성은 한 영주가 반(半)봉건적 제도로 관리하고 있었다. 그 영주의 관리하에서 서부 중국의 농민 경제가 상당한 수준으로 성장했다. 중칭 사람들은 비단옷감, 육류 또는 쌀을 생산해서 그것들로 석유, 포목 또는 털실 등으로 교환했다. 중칭의 성벽은 그 도시가 위치해 있는 반도(半島)를 따라 건설되었으며 그 성에는 아홉 개의 대문이 있고 그 문들로 사람들이 출입했다. 그 아홉 개의 대문들 중 여덟 개는 양쯔 강을 굽어보는 절벽 위에 있었다.

'원거리로 연결되는 문' 이라고 불리는 아홉 번째 대문은 옛날 황제가 출입하던 문으로 쳉투 분지로 갈 수 있는 문이었다.

빌은 방 구하기가 어려운데 겨우 방 하나를 얻어놓고(그때 동북지방에서 쏟아져 들어오는 피난민들로 중칭은 이미 인구가 초과해 있었다.) 그 도시에서 아주 잘 운영하고 있는 선교 병원을 찾아가 의료 선교사 한 분을 만났다. 두 사람은 초면이었지만 곧 가까운 친구가 되어 자기들이 하는 일에 관한 문제들과 의견을 나누었다. 그리고 그들은 며칠 동안 재미있게 같이 지냈다.

친구는 빌에게 중칭에 관하여 그 도시에 살고 있는 사람으로서 아는 바를 다 이야기해 주었다. 그 도시에는 아편 밀거래 문제, 콜레라, 이질, 매독, 트라홈(눈 병) 등 환자가 엄청 많았다. 친구는 빌에게 중국에는 이상한 처방으로 치료하는 의술이 있다고 했다. 예를 들면 한방(漢方)의사들이 아이들의 오줌, 사향노루의 고환 등을 가지고 신비에 가까운(?) 처방으로 치료하기도 하고 또는 살아있는 닭을 죽은 사람의 시체 가슴에 묶어두면 악령이 달려 붙지 못한다는 도저히 믿어지지 않는 일들이 있다고 했다.

그들이 꿀꿀거리는 돼지들, 꼬꼬댁 거리는 닭들 그리고 웃옷을 벗은 채 무거운 짐을 지고 무슨 소리인지 모르는 노래를 부르면서 지나가는 짐꾼들 사이를 걸어내려 가면서 빌은 친구에게 자기가 하는 일에서 늘 의문스러웠던 마음을 털어 놨다.

"당신은 이렇게 곤고하게 사는 사람들에게 어떻게 해서 작은 도움이라도 더 줄 수 있겠다고 생각하세요?"

친구는 웃었다.

"선생은 내가 처음 여기 와서 겪었던 그런 문제들과 씨름을 하고 있는가 보군요. 선교사들이 다 그 같은 문제에 부딪히게 되지요. 어쩌면 불쌍하다는 생각, 동정심에서 오는 위기감이라고 할까요. 보이는 것을 다 보지 말고 눈을 좁혀서 봐야 해요. 그리고 마음을 강하게 가져야 해요. 다들 그렇게 하려고 하지만 물론 쉬운 일은 아니지요. 마음을 강하게 먹지 않으면 선생은 많이 흥분하게 되고 결국 선생 자신에게 해로울 거예요. 물론 그것은 극단적인 반응이겠지요. 나는 하나님께서 내가 할 수 있는 일의 범위를 충분히 알고 계시며 따라서 어떤 목적을 가지고 나를 여기에 데리고 오셨다는 것을 알게 되었지요. 그래서 나는 그저 내 힘이 닿는 범위 안에서 최선으로 일을 하지요. 나의 가는 모든 길을 하나님께 전적으로 맡기고 또한 내가 하는 일의 결과적인 통계도 하나님께 맡겨 놓는 것입니다."

빌은 친구의 말을 한참동안 깊이 생각했다. 그리고 약간 침울한 표정으로 말했다.

"나도 여기에 와서 전에 내가 생각했던 것보다 훨씬 내가 부족하다는 것을 깨달았어요. 그래서 나도 모든 문제와 일을 하나님께 맡길 수밖에 없었어요. 우리는 우리의 의지와 감정을 적절히 조절해 나가야 하겠네요. 그런데 그렇게 안 되는 경우가 더 많아요. 지금 우리 선교사들이 그런 면에서 시험대에 올라 있는 것 같습니다."

빌은 중칭이 새로운 도시가 되기 바로 직전에 보았던 것이다. 6개월 뒤에 중칭은 자유 중국의 중심이 되었으며 도시는 4배로 커졌다.

빌은 중칭을 떠나서 쳉투로 갔다. 쳉투에는 큰 대학교가 있는데, 그곳은 얼마 안가서 중국 대학 교육의 가장 중심지가 될 도시였다. 그는 여기서 동양과 서양의 대조되는 장면을 봤다. 거리에는 최신 유행의 양장을 한 여자들도 있고 또 그 옆에는 어릴 때부터 중국의 전통을 따라 작은 신발을 신고 다녀 걸음걸이가 불편해 보이는 여자들도 있었다.

빌은 여기서 대학교와 병원들을 방문하면서 일주일을 보냈다. 그 지역에 있는 선교사들을 만나고 외과 수술에 대한 새로운 지식도 얻었다. 이때 여기 중국 병원들이 개발한 수술방법은 독특한 의술이었으며 세계 어느 나라에서도 시험하지 않은 것이었다.

빌은 본래 좀 무뚝뚝하고 말이 적은 편이지만 사람들을 만나며 그들에게서 많은 것을 배우는 데 뛰어난 재주가 있었다. 빌을 만나는 사람들은 빌과 대화하고 나서 '자기들은 말을 많이 하는데 빌은 말을 적게 하는 사람이구나' 라고 생각하기도 했다.

일주일 후에 빌은 쳉투에서 만난 친구와 작별하고 강물이 넘치는 양쯔 강에서 아름답게 채색한 배를 타고 한코우로 향했다. 일본군이 이미 춘계 작전을 개시하여 우초우를 공격했다. 일본군의 다음 목표는 한코우로 알려졌다. 그때에 빌은 이미 배표를 샀고 황하로부터 올라오는 홍수 때문에 일본군의 공격이 늦추어지는 틈을 타서 이때다 싶어 놀랍게 발전한 공업 도시 한코우를 가보고 싶었다. 한코우에서 후난 성을 거쳐 광시로 돌아오는 데 두 주일이 걸렸다.

이렇게 배낭여행을 하는데 정신을 판 빌은 우초우에 있는 사람들과 연락하는 것을 잊어버리고 있었다. 그래서 베도우 원장은 다섯 주일이나 지나도록 빌의 소식이 없어 걱정이 되었다. 베도우 원장은 빌의 여행을 불안하게 생각하면서 메드리 박사에게 편지를 보냈었는데 그때 그는 빌의 여행 의지를 막을 수가 없었다고 했었다. 빌 왈레스의 유쾌하면서도 강한 고집은 베도우 원장에게 오히려 종종 걱정거리가 되곤 했다.

두 사람은 물론 서로 인격을 존경하고 있는 터였지만 그래도 아직 서로 충분히 이해하지 못하는 면이 있는 것 같았다. 빌은 사귐성이 좀 없는 편이어서 그럴지도 모르겠지만, 윗사람들에게 말을 많이 하지 않는 편이었다. 그러나 그의 생활에서 주목할 만한 것은 베도우 원장을 점점 자기에게로 끌어들이고 있다는 것이었다. 베도우 원장은 몇 년 동안 같이 지내면서 이 동료 선교사가 젊은 사람치고는 인격적으로 놀랄 만큼 남다르게 훌륭한 특성을 가지고 있다는 것을 알게 되었다.

빌 왈레스는 휴가를 마치고 5월 중순에 재충전된 상태로 우초우로 돌아왔다. 휴가에서 돌아온 그는 중국에 온 이래 어느 때보다 더 마음이 안정되었다. 빌이 휴가에서 돌아온 지 두 주일 후에 일본군은 우초우 시에 세 번째 폭격을 가했다. 그리고 또 한 주 뒤에는 홍콩-중칭 간을 왕래하며 정기적으로 우초우에 내리던 여객기가 일본군 폭격기의 포격으로 바로 우초우 남쪽에서 격추되어 탑승객이 모두 사망했다.

그때까지 스타우트 기념병원 직원들은 '일본군이 그래도 인도적인 차원에서 병원은 폭격하지 않겠지' 하고 생각했다. 병원 지붕에 그들은 커다랗게 미국 국기와 그 양쪽 옆에는 크게 십자가를 그려 놓았다.

그런데 1938년 9월 17일에 그런 기대와 희망이 다 무너졌다. 빌 왈레스가 매우 집중해서 아주 위험한 복부 수술을 하고 있는 아침나절에 갑자기 공습 사이렌이 요란하게 울렸다. 아우성치듯 울부짖는 소리가 수술실에 있는 그들의 귀에 들려오고 모두 일순간 정신을 잃었다가 다음 순간 일제히 빌을 쳐다보았다.

빌은 마스크를 끼고 있어서 말이 잘 들리지 않았지만 그 태도는 침착하고 위엄이 있었다.

"룩 양과 륭 선생은 나와 함께 여기 있고 나머지 분들은 다른 직원들과 함께 환자들을 지하실로 옮겨요. 그다음에 두 분도 그리로 가도록 해요."

"하지만, 와이상, 일본군이…"

누군가가 말하다가 멈췄다.

"내가 하라는 대로 해요. 여기 일이 아직 끝나지 않았는데 지금 멈출 수는 없잖아요?"

빌이 말했다.

빌은 보통 별로 땀을 흘리지 않는 편인데 이 날은 이마에 땀방울이 정말 구슬처럼 맺혔다. 룩 양이 수건으로 그 이마의 땀을 닦아 주었고 빌은 수술을 계속했다. 비행기 소리가 처음에는 벨 소리처럼 울리더니 다음 순간 공포의 교향악단 현악기들의 협주처럼 요란하게 들려왔다. 다행히도 그때 수술이 거의 끝나갔다.

폭탄이 떨어져 폭발하는 소리가 요란하게 들렸다. 순간 빌은 어떤 위험을 예상했는지 무의식적으로 발을 벌리고 대비 동작 자세를 취했다. 그는 환자의 수술 부위를 꿰매고 있었다. 최대한 신속하게 그러나 정확하게 꿰매고 있었다. 빌은 고개를 들었다. 그리고 미스 룩 간호사에게 말했다.

"이젠 당신도 가요. 저쪽에서 당신이 필요할거요."

"그럼 선생님은 어떡하시려고요?"

"나는 이 환자를 저쪽 복도 끝에 있는 병실로 옮길 거에요. 깨진 유리를 아직 갈아끼우진 못했지만 그래도 그곳이 좀 덜 위험할 거에요."

그의 말이 채 끝나기 전에 또 몇 개의 폭탄이 요란한 소리를 내며 폭발했다. 폭탄은 좀 떨어진 곳에서도 터지고 아주 가까운 곳에서도 터졌다.

"가요! 빨리 가요!"

다급하게 명령조로 말했다.

밖에서는 사람들이 공포와 혼란에 휩싸여 떨고 있었다. 거리마다 골목마다 남자, 여자, 아이들 할 것 없이 수많은 사람들이 타오르는 불길에 타 죽어가고 있었다. 위편의 넓은 거리에서는 예광탄(붉은 불꽃을 내는 탄환)이 마치 죽음의 춤이라도 추듯 계속 날고 있고 그것이 지나가고 나면 사람들의 시체가 생겼다. 몇 군데 방공호에서 살아남은 사람들은 죽은 사람들의 시체를 보면서 넋을 잃고 공포에 떨고 있었다. 병원 안마당에는 수백 명의 중국인들이 모여들었는데 그들은 병원 옥상에 그려진 미국 국기와 적십자 표시를 보고 일본군이 폭격을 하지 않기를 바라는 마음으로 온 것이었다.

한 차례 여러 개의 폭탄이 떨어진 뒤 조금 지나서 빌은 수술한 환자를 제일 위층에 있는 병실로 옮겼다. 그렇게 한 이유는 환자를 아래층으로 옮길 수가 없었으며 그 위층은 유리가 모두 깨져서 임시 대용 유리로 막아서 오히려 더 안전할 거라고 생각했기 때문이었다. 환자의 의식이 돌아오자 빌은 환자를 부축하여 침대에 누워있게 하고 그의 테네시 억양의 중국어로 환자를 안심시키려고 애썼다.

바로 그때 일본군의 폭격기들이 병원 쪽을 향해 날아왔다. 자선 기관이고 중립지대로 되어 있는 병원 구내에 열아홉 개의 폭탄이 떨어졌다. 병원 건물이 마치 다 허물어지듯 흔들렸다.

폭탄 한 개가 빌이 환자를 옮기고 있는 병실 바로 위 지붕에 떨어졌다. 폭탄이 터지면서 지붕의 시멘트가 깨져 그 조각들이 여기저기로 날리고 그 지붕에는 큰 구멍이 났다. 의자, 병상, 빌, 환자들이 마구 바닥에 날려 떨어졌다. 그런데 참으로 하나님의 보호하심으로 의사도 환자도 크게 다치지 않았다. 이렇게 폭격을 하고 일본군 비행기는 날아갔지만 우초우시는 비통한 피범벅의 도시로 변했다.

그 비행기들이 사라지자 지하실로 대피했던 병원 직원들은 옥상으로 올라갔다. 거기에는 빌과 환자가 먼저 올라와 기도하고 있었다. 그들의 기도가 유창한 기도는 아니었지만 그러나 마음속에서 우러나오는 기도였다. 직원들은 빌과 환자가 안전한 것을 보고 모두 두 사람을 얼싸 안고 환호하면서 함께 무릎 꿇고 감사기도를 드렸다.

그들은 마치 전투에서 공을 세워 명예훈장을 타는 군인들처럼 용감했다. 하나님은 이런 용감한 사람들에게 이 세상에서 의식을 갖추어 표창하지는 않으신다. 그러나 '그 언젠가 때가 될 때 하나님의 나라에서 상급이 있다' 고 분명히 믿는다.

빌 왈레스의 전설은 이렇게 이루어지고 있었다.

부상당한 환자들이 쏟아져 들어왔다. 환자들을 부서진 문짝이나 검게 탄 판자 또는 광주리에 담아서 언덕을 올라오고 있었다. 빌 왈레스와 병원 직원들에게 그날의 사건은 도저히 지울 수 없는 악몽이었다. 찢겨지고 조각난 살덩어리가 너덜거리는 부상자들의 몸을 자르고 붙들어 매어 사람 모양이 되게 꿰매었다. 분통에 떨리는 그들의 손에서 한 생명이 견디지 못하고 목숨이 끊어질 때에는 비통한 울분을 터뜨리며 한숨을 내 쉬어야 했고 다행히 치료되어 구사일생으로 한 생명이 되살아나는 것을 볼 때에는 기쁨을 감출 수가 없었다.

병원 대합실은 흡사 푸줏간 같았다. 부러진 사람, 터진 사람, 찢겨진 사람 그리고 온통 피를 흘리고 있는 남자, 여자, 아이들로 꽉 차 있었다. 병실마다 부상자들로 가득 찼다. 병실만 아니라 각 층 복도에도 정신을 잃고 신음하며 죽어가는 사람들로 가득했다. 빌은 레이 목사님에게 대합실의 환자들을 좀 지켜달라고 부탁하고 의사와 간호사들에게는 우선 가장 심한 중상자들부터 치료하자고 했다. 레이 목사님은 차가운 시멘트 바닥에 누워있는 한 어린 소녀를 안으려고 엎드렸다. 폭탄의 파편이 죄 없는 그 어린 소녀의 얼굴을 마구 찢어 놓았다. 레이 목사님이 그 아이를 들어 안았을 때 그 아이에게서 계속 흘러내리는 피는 복도를 붉게 적셨고 얼굴은 몹시 창백해서 목숨이 끊어진 것 같았다.

몹시 지치고 눈이 안으로 꺼져 들어간 빌 왈레스는 피 묻은 가운을 입은 채 밖으로 나와 우초우 시를 바라보았다. 우초우 시의 3분의 1이 파괴된 것 같았고, 수천수만의 사람이 집을 잃었으며 굶주렸고, 그리고 죽었다. 빌은 중칭에서 만났던 그 친구 선교사의 충고를 다시 생각했다.

'당신이 할 수 있는 데까지 최선을 다하고 결과는 주님께 맡겨요.'

다음날 아침에 선교사들은 병원 진료실 앞에 죽 쓰는 가마솥을 걸어놓고 야채를 넣어 쌀죽을 만들어 환자들에게 급식했다.

그렇게 폭격당한 사실은 즉시 미국 영사관에 타전되었고 영사는 일본 동경에 강력한 외교적 항의 전문을 보냈다. 그러나 별 반응이 없었다. 빌 의사의 삶은 불 시련이 되어가고 있었다.

광둥 사건

　유진 힐(Eugene Hill) 선교사는 광둥 항구 부두에 서서 서 강을 왕래하는 여객선에서 내려 뭍으로 올라오는 승객들을 하나하나 살피며, 기다리던 사람을 찾았다. 키가 크고 미소 지으며 열대성 특유의 흰 색 옷을 입은 빌 왈레스였다. 그는 부두로 뛰어 내려 둘은 다정하게 인사를 나누었다. 유진 힐은 빌이 몇 달 전에 보았을 때보다 많이 변한 것을 느꼈다. 빌의 눈은 더욱 빛났고 젊음의 패기 찬 모습은 훨씬 더 성숙해 보였다. 빌에게는 불로 연단한 칼날과 같은 정신적인 강인함이 더 돋보였다.
　"아이고, 왈레스 선생, 나는 선생이 그 좋은 휴가지이면서 안전한 피난처인 광시에 더 머물러 있을 거라고 생각했는데요, 여기는 알다시피 전쟁터입니다."

"아니요, 그곳은 지루하고 싫증이 나서 죽을 지경이었어요. 그래서 내게는 약간의 흥분제가 필요한 것 같아요."

이 젊은 테네시인은 한숨을 쉬면서 유진 힐의 농담조의 말에 역시 농담조로 응답하면서 반가워했다.

유진도 웃으며 말했다.

"사실, 지난주에 일본군이 바이아스 만에 상륙했을 때 나는 베도우 원장이 당신을 여기 실행위원회 모임에 보내지 않을 거라고 생각했어요."

"그랬어요? 사실 그는 내가 여기에 오는 것을 달갑게 여기지 않았지요."

빌은 웃으면서 유진의 말에 공감했다.

유진은 다시 말했다.

"그는 당신이 얼마나 고집이 센 외과 의사인지 알고 있기 때문에 아마 그리스도인의 은혜로 봐 줘서 스스로 체념하고 말았을 거예요."

유진은 웃으면서 빌의 등을 다정하게 쳤다.

"어쨌든 여기 실행위원회 모임에 온다는 것은 큰 영광스러운 일이 아닌가요? 내가 일본군 때문에 여기에 안 올 수는 없어요."

빌이 말했다.

"영광이라고요? 무슨 뜻이에요? 폭격을 하고 야단이 났는데 이런 회의에 참석하러 모여드는 우리를 바보로 생각하고 우리를 위원으로 선출한 거 아닐까요."

두 사람이 웃으면서 함께 인력거를 타고 빌이 묵게 될 유진의 집으로 가면서 유진은 그 지역의 정세를 설명했다.

"빌, 나는 오늘 당신에게 여기에 오지 말라고 전보를 치려고 했어요. 아무런 문제가 없다면 우리 회의를 다 마치고 당신이 돌아갈 시간이 충분해요. 그러나 지금 사정으로 봐서는 잘 모르겠어요. 장 총통의 전략이 전혀 일본군에게 먹혀들고 있지 않는 것 같아요. 장 총통이 진주 강 연안에 방어진을 쳤지만 일본군 앞에서는 그 방어진도 별 거 아닌 것 같아요. 중국군이 내일과 모레 이틀 동안에 강력한 병력을 재편성하지 못한다면 이 주말에 일본군이 쳐들어오는 것을 막지 못할 것입니다."

빌이 말했다.

"나는 일본군이 그렇게 빨리 여기를 침공해 들어오리라고 생각하지 못했어요. 일본군이 비록 우리가 듣던 것보다 더 강한 군대일지라도 여기까지 공격하려면 한 열흘은 걸릴 거라고 생각했어요."

잠시 말을 멈추었다가 물었다.

"그런데 부인 루이스는 어떻게 됐어요? 산월이 가까웠잖아요?"

유진은 약간 진지해졌다.

"그래요, 나는 우리 집사람에게 홍콩으로 가라고 하는데 우리 집사람은 내가 알고 있는 어느 의사보다 더 고집이 세거든요."

"부인은 당신과 떨어지는 것을 싫어하고 있는 거겠지요. 부인은 자기가 없으면 당신이 아무것도 하지 못할 것을 알고 있는가 봐요."

빌은 농담조로 말했다.

"빌, 그건 정말 사실이요!"

유진은 큰 소리로 말했다. 그리고 또 말했다.

"그러나 내게는 계획이 있어요. 샤 메인에 아파트를 하나 전세로 얻었는데 거기서 헤이스 의사가 우리 집사람을 돌봐주기로 했어요. 그래서 거기 있으면 안전할 거예요."

"그랬군요."

빌은 고개를 끄덕이며 말했다. 샤 메인은 원래 광둥 시 맞은편에 있는 외국인 거주 지역이었다. 그때까지 일본군은 중립성 지역인 그곳을 공격하지 않았다. 일본군은 다른 곳에 있는 중립성 외국인 거주 지역들도 존중해 왔기 때문에 선교사들은 샤 메인도 그 중립성을 존중하리라고 생각했다.

"아, 그래요? 잘 생각했네요. 거기라면 부인에게 더 좋겠네요."

빌이 말했다.

"그런데 선생은 신학교를 어떻게 할 거예요?"

유진은 광둥의 한쪽 변방 언덕 위에 있는 그레이스 신학교의 교수였다. 유진이 말했다.

"수요일에 이번 학기를 마칠 건데 중국인 교수들과 학생들은 곧 여기를 떠날 거예요. 만일 중국 군인들이 이 도시에서도 저항하게 되면 신학교도 안전하기는 어렵지요. 그렇게 되면 병원도 문을 닫고 환자들도 퇴원하든지 강 상류 쪽으로 피해서 올라가야 할 거예요. 그리고 병원 직원들도 대다수 피해서 오지로 들어가든지 아니면 홍콩으로 갈 거예요."

빌이 말했다.

"나는 아직도 거리에 많은 사람들과 차들이 다니고 있는 것이 놀랍네요. 폭격 때문에 이곳이 모두 조용할 거라고 생각했었는데 말입니다."

유진이 말했다.

"불행한 일이지만 곧 조용하게 될 것입니다. 오늘 이른 아침에도 소규모의 공습이 있었어요. 저기 아직 연기 나고 있는 거 보이지요. 오늘 아침 폭탄은 대부분 그쪽에 떨어졌어요. 정부 건물들이 있는 곳이지요."

빌도 퍽 언짢은 말투로 말했다.

"이번 회의가 중국 남부 선교부 역사상 가장 짧게 이뤄진 실행위원회 모임이 되겠지요."

"아마 그럴 거예요."

유진도 말했다.

그런데 정말 그러했다. 다음날 오후까지 일정이었던 실행위원회의 모든 안건이 긴급사항으로 그날로 다 처리하고 이어서 많은 서신들, 전보 등을 발송하기로 했다. 그런데 회의가 아직 끝나지 않았는데 일본의 대규모의 폭격기 편대가 광둥을 폭격했다. 실행위원회가 모이는 여기 샤 메인의 헤이스 의사 사무실은 폭격을 당하지 않았지만 가까이서 터진 폭탄 소리와 요란하게 울리는 기관총 소리는 사무실에 있는 사람들을 몹시 당황하게 했다.

이제 멀리 내륙에서 여기 회의에 온 위원들은 어서 여기를 떠나야 했다. 위원회의 한 회원인 알렉 헤링(Alec Herring) 선교사는 마침 홍콩으로 가는 스탠더드 석유회사의 차가 있어서 그 차로 갈 수 있게 됐다. 빌은 배를 타고 가기로 했는데 다음날 이른 아침까지 기다려야 했다.

다음날 빌은 수많은 사람들로 북적거리는 거리를 지나 광둥 시외로 통하는 주요 교량을 지나 가까스로 부두 선창에 도착했다. 마치 달나라에라도 가는 것만큼이나 힘들었다. 그런데 목선 한 척도 잡을 수가 없었다. 정기 여객선은 운항이 취소되고 외국군의 군함들은 모두 안전지대로 대피했다.

빌은 이렇게 혼잡한 상황에서 어떻게 다시 우초우 병원으로 돌아갈 수 있을까 생각하고 있는데 또 공습경보 사이렌 소리가 아침 공기를 찢기라도 하듯이 울려서 사람들이 숨을 곳을 찾아 이리 뛰고 저리 뛰면서 우왕좌왕하기 시작했다. 그렇게 난장판이 된 혼란 속에서 빌은 흉악한 일본 비행기들이 항구 일대를 폭격하는 것을 바라보고 있었다. 붉은 빛의 선을 그으며 날아오는 폭탄이 배 한 척 한 척을 때렸고 배들은 화염에 휩싸였다. 아차 하고 정신을 차린 빌은 일본 비행기의 불똥이 이제 자기를 향해 날아올 것을 직감했다. 급히 뛰어 근처에 있는 화물 상자들 틈에 몸을 숨기자마자 바로 빌이 서 있던 그 부두 선창, 그 자리가 기관총 사격을 받아 부서졌다. 빌은 이런 상황에서 굳이 서둘러 우초우로 돌아갈 필요가 없다고 생각하고 몸을 낮추어 마구 달려서 유진 힐 선교사 집으로 도로 갔다.

유진 힐 내외가 안전하게 보존해야 할 서류들을 챙겨가지고 신학교에서 돌아와서 침대에 정신없이 누워있는 빌을 봤다. 빌은 상반신을 겨우 일으켜 앉아 빙그레 웃으며 말했다.

"이거 봐요, 저기, 선창가에서 한 사람이 죽을 뻔 했어요."

유진이 말했다.

"오늘 뉴스에 보면 일본군이 여기서 불과 16킬로미터 밖까지 왔대요. 그러면 아마 내일쯤은 여기까지 올 거라는 말이지요. 그렇게 되면 선생은 영영 여기에 있어야 할 거요. 일본군에 붙잡혀서 말이요."

언제나 쾌활하고 좀 수다스런 루이스 힐(유진의 부인)이 서둘러 점심을 차려왔다. 유진과 빌은 점심을 맛있게 먹었다. 내일 일은 어떻게 될지 모르지만 우선 배가 부르니 좋았다. 유진은 오후에 바로 부인을 샤 메인으로 보내는 것이 좋겠다고 생각했다. 그래서 병원차를 빌려서 부인을 그곳 아파트로 옮겼다.

요란한 대포 소리와 계속 윙윙거리는 비행기 소리 때문에 빌과 유진은 다음날 아침이 밝기 전에 깼다. 두 사람은 샤 메인으로 차를 몰고 가서 유진의 부인을 들여다보고, 그리고 빌이 우초우로 갈 수 있는 길이 있는가 알아봤다. 그러나 부두 선창은 모두 폐허가 되었고 강 어디에도 배는 보이지 않았다. 그리고 빌은 갑자기 속이 불편해서 아무데도 갈 수가 없겠다고 했다.

멀리 서북쪽에서 들리던 포성이 점점 더 가까이 들리고 드디어는 이따금 포탄 터지는 것이 보였고 전투가 도시 안으로 번져 들어오고 있는 것도 보였다. 이런 광경을 잠시 동안 바라보고 있던 빌은 체념의 한숨을 쉬면서 유진에게 말했다.

"이제 상황이 명백해졌어요. 그만 돌아갑시다. 병원에 환자들이 우리를 많이 기다리고 있을 거예요."

그들은 병원으로 돌아왔다. 시내에서 전투가 벌어지면 그래도 병원이 가장 안전한 곳들 중의 하나가 될 거라고 생각했다. 지하실은 폭탄을 피할 수 있을 테고 또한 병원 안에 있으면 그래도 비교적 안전할 수 있었다. 하지만 신속하게 행동해야만 했다.

지하실에 약 50명을 수용할 수 있도록 준비하고 유진과 빌 그리고 실행위원회에 참석했던 우드워드 박사는 그 지역의 중국 교인들을 찾아다니면서 사람들에게 집에 있는 양식과 옷가지를 가지고 빨리 병원으로 오도록 부탁했다.

그러자 마치 전보라도 받은 듯 중국 교인들은 자기 나라 군대의 전선이 무너져 일본군이 곧 이 도시에 몰려들어올 것을 직감했다. 모두 공포에 휩싸였다. 그리고 수천 명의 시민들이 불타고 있는 도시를 벗어나 밖으로 탈출하기 시작했다. 이렇게 혼잡하게 탈출하는 사람들로 길이 꽉 막혀서 선교사들은 보도 한쪽으로 피해서 그 많은 사람들이 다 지나가기를 기다렸다.

그들은 여기서 지금까지 겪은 사태 가운데 가장 비참하고 무시무시한 광경을 보았다. 공포에 질린 사람들이 폭탄과 기관총탄을 피해 달아나면서 넘어지기도 하고 서로 짓밟고 지나가기도 했다. 여기저기 넘어진 사람들이 온통 피범벅이 되고 뼈가 부러지고 살점이 떨어져 나갔다.

얼마 지나서 소란이 좀 가라앉자 빌과 유진은 자동차를 다시 몰려고 했다. 그러나 아직도 사람들 때문에 차를 몰수가 없었다. 그 순간 또 일본 비행기가 날아와 기관포 사격을 해서 거리를 쓸어버리다시피 했다. 빌은 간신히 차를 몰아 그곳을 빠져나왔다. 그들이 차를 몰고 겨우 병원에 돌아왔다. 그야말로 머리끝이 오싹해지는 무서운 경험이었다. 그들은 차를 좀 떨어진 곳, 눈에 잘 띠지 않는 곳에 세워두었다. 차는 일본군의 공격 목표가 되기 때문이다.

한시가 급했다. 그들은 필요한 물건들을 가지러 유진 선교사 집으로 향했다. 신학교를 지나면서 보니 신학교가 전투 요새가 되어 있고 이제

막 전투가 벌어질 것 같았다. 중국 군인들은 공격해 들어올 일본군을 저지하려고 전투태세를 갖추고 있었다. 그런데 그 순간 일본군이 이 신학교 건물에 포격해서 중국 방위군 몇 명이 쓰러지는 것을 선교사들이 보았다.

빌과 유진은 재빨리 신학교 울타리를 따라 돌아서 눈에 잘 띄지 않는 아랫길로 돌아서 유진의 집으로 들어갔다. 통조림 식품 등 숨겨둔 것들이 그대로 있었다. 그들은 통조림을 침대이불에 싸서 네 광주리에 가득 담고 모든 짐을 챙겨서 병원으로 향했다. 몸무게가 90킬로그램 되는 유진은 그 짐들을 메고 거리를 내려가는 것이 그리 힘들지 않았지만 체중이 겨우 60킬로그램 조금 넘는 빌은 얼마 못가서 짊어진 짐을 감당 못해 반이나 내버려야만 했다. 일본군이 이제는 철수했기를 바라면서 그들은 거리를 달려 내려갔다.

그렇게 두 선교사가 무거운 짐을 지고 종종걸음으로 신학교 아랫길을 내려오면서 보니 중국군 부대는 이미 그들의 방위 진지를 포기하고 다 떠난 상태였다. 두 선교사가 확 트인 광장으로 나와 그 광장을 가로 질러 병원으로 가려고 하는데 아직도 많은 사람들이 피할 곳을 찾아 우왕좌왕하고 있었다. 아직도 일본군의 전차소리가 들렸다. 공포에 떨면서 이리 뛰고 저리 뛰는 사람들의 비명소리, 날아가는 총탄 소리 그리고 머리 위를 나르는 비행기들 소리가 모두 엉켜서 어지럽게 들려왔다.

그 상황에서 한 중국인이 두 선교사를 향해 광장을 가로질러 오면서 유진 힐의 이름을 불렀다.

"힐 목사님, 힐 목사님, 나 좀 살려주세요."

그렇게 소리 지르고는 바로 몇 발자국 앞에서 비틀거리면서 쓰러지더니 결국 죽고 말았다.

이어서 순식간에 12명의 중국인이 비명을 지르면서 그들 앞에서 쓰러졌다. 또 무슨 일이 일어날까 걱정하면서 그들은 광장 모퉁이에 섰다. 그리고는 이쪽으로 돌진해 오는 일본군의 전차를 피했다. 이젠 병원으로 갈 수도 없었다. 빌은 유진에게 말했다.

"이젠 돌아갑시다. 이러다간 우리도 죽겠소."

그들은 발길을 돌리면서 애써 공포감을 떨쳐 버리려는 듯 농담을 했다.

"당신은 천국에 가고 싶지 않소?"

유진이 말했다. 그러자 빌이 숨을 헐떡이면서 대답했다.

"가고 싶지요, 그러나 오늘은 아니에요."

그들이 유진의 집에 도착하자 지고 온 짐을 마룻바닥에 내려놓고는 2층 층층대 뒤쪽 구석진 곳에 기어들어가 될 수 있는 대로 몸을 낮추어 마룻바닥에 엎드렸다. 그런데 그들이 엎드리기가 무섭게 일본군 전차가 드르렁거리며 거리를 지나가면서 유진의 집을 향하여 기관총을 쏘아댔다. 그렇게 전차에서 쏘아대는 총탄과 비행기에서 떨어지는 폭탄에 맞아 허물어져 날아온 벽의 횟가루가 마룻바닥에 엎드려 있는 두 선교사를 마구 덮쳤다.

얼마동안 엎드려 있다가 빌이 먼저 머리를 들고 속삭였다.

"유진 목사님, 괜찮아요? 아무래도 우리가 병원에 가는 것이 위태롭지 않겠소?"

"모르겠소. 밖을 내다보는 것도 두렵소."

"내가 나가 볼게요."

빌이 말했다.

그리고 마룻바닥을 기어서 집 입구 쪽으로 가서 부서진 문을 살며시 당기고 바깥을 내다보았다. 아직도 전차 한 대가 드르렁거리며 불을 내뿜고 있었다. 겨우 기어서 아까 있던 자리로 채 들어가기도 전에 또 한 발의 총탄이 집안에 날아 들어왔다. 빌과 유진은 꼼짝 못하고 말없이 15분 동안이나 엎드려 있었다. 며칠 뒤에 다 둘러보니 모두 38발의 총탄이 이 집에 구멍을 냈다.

유진은 조심조심 문 쪽으로 다가갔다. 밖을 내다보니 거리는 온통 폐허되고 조용했다. 그는 빌에게 속삭였다.

"우리가 병원에 가려면 지금이 좋을 것 같소."

또 다시 그들은 짐을 어깨에 메고 거리로 나왔다. 그때 또 전차 한 대가 굴러오고 있었다. 그 전차 소리를 들은 그들은 너무나 놀라서 도저히 더 갈 수가 없었다. 어깨에 메었던 짐을 내던지고 달아날 수밖에 없었다.

"어서 뜁시다. 각자 알아서 뜁시다."

빌이 말했다.

유진과 빌은 나중에 자기들이 유진의 집에서 병원까지 400미터를 뛰어오는 데 몇 분이나 걸렸나 생각해 봤다. 광장을 달려 횡단한 유진은 병원 바로 앞 모퉁이를 돌고 나서 잠시 멈춰 서서 뒤를 돌아보았다. 빌이 보이지 않았다. 유진은 빌에게 무슨 문제가 생긴 것은 아닌가 걱정이 되었다. 그는 정말 빌이 일본군의 총탄에 맞지나 않았나 몹시 걱정하면서 뒤돌아서는데 그때 빌이 모퉁이를 돌아 뛰어 오면서 마치 도리깨질 하듯 손을 마구 흔들어댔다. 그 순간 또 포탄이 그의 뒤에서 터졌다. 그러나 그는 다행히 겨우 위기를 면했다.

　두 사람이 병원에 와서 보니 268명의 난민들이 지하실에 꽉 차 있었다. 그리고 부상당한 시민과 군인들이 밀려 들어왔다. 어떤 사람들은 자기 발로 걸어서 오고 어떤 사람들은 친구나 다른 군인들의 부축을 받아서 왔는데 군인들은 모두가 군복을 벗고 속옷 바람이었다. 일본군이 중국 군복 입은 사람을 보면 먼저 총질을 할까봐서 그랬던 것이다. 병원에는 온통 피로 얼룩지고 찢기고 터진 상처에서 흘러나온 피비린내로 숨이 막힐 지경이었다.

　빌은 숨을 돌리고 곧 부상자들을 돌보기 시작했다. 부상자가 너무 많아 약품이 모자랐다. 대개가 파편에 맞아 부상당한 사람들이었다. 정말 피비린내로 가득한 끔찍스런 장면이었다. 밖에서는 아직도 일본군이 전차를 몰고 다니면서 광둥어로 이래라 저래라 경고 방송을 하고 있었다. 주민들에게 밖에 나오지 말라는 말이었다. 거리에 나오는 사람은 누구를 막론하고 발포한다는 것이었다.

　빌은 그가 치료하고 있는 환자에게서 눈을 떼지 못하고 말했다.

　"저 소리 두 번 다시 듣고 싶지 않네요."

　그때 유진 힐 목사가 나타났다.

　"어디 있었어요?"

　빌이 물었다.

　"전화 좀 하려고 2층에 갔었어요."

　빌은 저이가 머리가 돈 것이 아닌가 하고 쳐다보았다.

　"전화선이 아직 끊어지지 않은 틈을 타서 미국 통신사(United Press

Office)에 전화를 걸었어요."

"그래, 그쪽에서 뭐라고 합디까?"

"여기는 어떠냐고 물었어요. 일본군 전차들이 드르렁거리며 거리를 휘젓고 있다고 했더니 그쪽에서 '그렇다면 이제 다 끝났습니다. 광둥이 함락된 것입니다'라고 대답하더군요."

1938년 10월 21일 금요일 오후 3시 8분의 일이었다.

밖에는 아직 꺼지지 않은 불길이 밤하늘을 붉게 물들이고 있었고, 안에서는 빌이 손전등 불빛으로 더 많은 환자들을 치료하느라고 애쓰고 있었다. 다음날 아침이 밝으면 빌은 한 젊은 여인을 수술해야 할 거라고 생각했다. 유진 힐은 어둠 속을 더듬어 2층 수술실에 가서 수술기구 한 벌을 찾아가지고 왔지만 날이 밝을 때까지 기다려야만 했다. 그랬는데 안타깝게도 그 여인은 날이 밝기 전에 죽었다. 빌은 실망과 슬픔에 잠겨 머리를 들지 못하고 흐느꼈다.

두 사람은 토요일과 주일을 병원 지하실에서 그대로 보냈다. 그리고 월요일에 밖으로 나와 보니 죽은 사람들의 시체에서 나는 지독한 냄새가 코를 찔렀다. 시체들은 치워지지 않고 그대로 있었다. 마음을 굳게 먹고 빌과 유진은 일본 군인들에게 가서 신분증을 내보이고 통과 허락을 받았다. 다음날 빌은 미국 영사관에 가서 수요일에 우초우로 가는 영국 군함에 탑승할 표를 구했다. 다음 이틀 동안은 더 좋은 진료를 위한 준비 작업을 했다.

수요일에 빌이 HMS 로빈호에 오르자 한 시간 뒤에 시내에 통행금지령이 내려져 하마터면 빌이 거기를 떠나지 못할 뻔했다.

로빈호가 광둥 항구를 떠나자 빌은 크게 한숨을 내쉬었다. 일주일 가까이 빌은 광둥에서 우초우나 녹스빌이나 그 무엇도 생각할 겨를이 없이 순간순간 닥치는 위기에만 신경을 써야 했다. 심지어 자기가 무사하다는 소식을 우초우 병원에 전해야겠다는 생각도 못하고 지냈다. 베도우 원장은 빌의 사정을 모르고 있었다. 베도우 원장은 버지니아 주 리치먼드에 있는 외국선교부에 다음과 같이 편지를 써 보냈다.

"우초우에 있는 우리는 왈레스 의사가 무사한가 걱정하고 있습니다. 그가 18일에 광둥에서 열리는 회의에 참석하러 16일에 여기를 출발했습니다. 그런데 아직 우초우로 돌아오지 않고 있습니다. 광둥에서 오는 배가 두 척이 여기에 도착했는데 한 척은 21일에 출발한 것이고 또 한 척은 22일에 그곳을 떠난 배입니다. 두 척이 다 영국 배인데 중국 피난민들을 가득 태우고 왔습니다. 라디오 방송에는 일본군이 20일에 광둥을 점령했다고 합니다. 빌 왈레스 선생이 왜 아무 연락이 없는지 모르겠습니다. 또 광둥에서 오는 연락선 몇 척이 폭격을 받아 침몰했다고 합니다. 우리는 어떻게 전혀 알 길이 없습니다."

광둥이 함락된 직후에 와이상에게 아무런 소식이 오지 않아서 스타우트 기념병원 전 직원들은 몹시 걱정했다. 그들 직원들은 사랑하는 동료 와이상의 안전을 위해서 병원 예배실에 모여 간절히 기도하고 있었다. 그리고 한 시간 뒤에 베도우 원장은 소식을 받았다.

 내일 영국 군함 로빈호로 도착 예정.

　　　　　　　　　　　　왈레스

첫째 요건

    빌 왈레스는 이른 새벽 병원 난간에 서서 커피를 한 모금씩 마시면서 거미줄 같이 엉킨 피곤한 마음을 달래고 있었다. 좀 실컷 잤으면 좋겠는데 며칠 동안은 그럴 여유가 있을 것 같지 않았다. 병상이란 병상은 환자들로 다 차 있고 지하실에 마련된 비상 병상도 초만원이었다.
    빌은 진료실에서 나오는 베도우 원장을 보았다. 한 손에는 청진기, 다른 손에는 불룩한 환자 진료 기록부를 들고 있었다. 소매는 팔꿈치까지 걷어 올리고 옷깃은 구겨져 있었다. 빌은 그렇게 아무렇게나 차려 입은 베도우 원장을 처음 보았다. 빌이 가까이서 베도우 원장을 보니 원장의 이마에는 깊은 주름살이 파였고 눈 밑에는 거무스레한 둥근 반점이 있었다.
    "내가 다시 웃을 때가 있을까 모르겠구먼."

원장은 멍한 표정으로 말하면서 축축한 손수건으로 옷깃 밑 목에 흐르는 땀을 훔치면서 말했다.

"난민들이 쉴 사이 없이 들이닥치고 있어요. 광둥이 함락되고 나서 아마 만 명은 더 여기에 오지 않았나 싶어요."

"그들 대다수가 우리 병원에 있는 것 같군요."

빌이 말했다.

"정말 그런 것 같군."

베도우 원장이 대답했다. 그리고 나서 환자 진료 기록부를 빌에게 주면서 또 말했다.

"아직도 최소한 열 사람을 수용할 방을 더 확보해야 되겠어요. 그들은 빨리 치료를 받아야만 살 수 있는 응급환자들이에요. 상처가 가벼운 환자들은 가급적 입원은 시키지 말고 치료만 해서 보내야 되겠어요."

"예, 병상을 열 개 마련해 보도록 하겠습니다. 그런데 자리가 되겠나 모르겠네요."

빌은 환자 진료 기록부를 받으면서 말했다. 커피를 다 마시고 나서 빌은 병실로 돌아가다가 발걸음을 멈추고 말했다.

"우리가 마지막 일반 환자를 본 것이 언제였지요?"

베도우 원장은 '글쎄요'라는 뜻으로 어깨를 으쓱하면서 말했다.

"꽤 오래 된 것 같군요."

그리고 저 아래 혼잡한 진료실에서 다급하게 손짓하면서 부르고 있는 간호사를 보면서 또 말했다.

"우리가 지금 보는 이 모든 참혹한 일들은 앞으로 두고두고 하나의 악몽이 될 거요."

빌이 광둥에서 돌아온 후 얼마 안 되어 베도우 원장은 직원들을 한데 모아놓고 비상 대책 회의를 했다. 일본군의 침략 전쟁은 이제 피할 수 없는 위기의 현실이었다. 빌이 광둥에서 본 상황을 그들에게 다 이야기하고 베도우 원장은 직원들이 위험을 느껴 병원을 떠나더라도 탓하지 않겠다고 말했다. 그러자 직원들은 모두 병원을 떠나지 않겠다고 서약이라도 하듯 말했다. 원로급 선교사인 베도우 원장은 직원들이 그렇게 말할 때 가슴이 메었다. 직원들은 또한 그렇게 베도우 원장의 이례적인 감정표현에 모두 깊은 감동을 받았다.

그러나 여기 병원에 남는다는 것은 그들이 지금까지 겪었던 어떤 경우보다 더 위험할 수 있는 상황이었다. 전에 있었던 위기들도 물론 어려운 사건들이긴 했지만 좀 지나면서 그래도 견딜 수 있었다. 그러나 이렇게 엄청 많은 난민들이 쏟아지는 이번 경우는 그 끝이 보이지 않는 위기처럼 보였다.

이렇게 홍수처럼 밀려오는 많은 난민들을 다 일일이 정확하게 기록할 수가 없었다. 빌 왈레스가 밤낮없이 며칠 동안 몇 명이나 수술했는지 그 누구도 기억할 수 없었다. 빌도 몹시 피곤했다. 체중도 빠졌다. 밤에도 희미한 불빛 아래서 수술하는 빌의 흰 가운은 피범벅이 되었다. 빌은 그 많은 환자들 가운데서 급한 중환자를 먼저 수술하고 그리고 낮에 수술한 환자들을 돌보며 또 다음 수술할 환자들을 찾았다.

빌과 베도우 원장과 간호사들은 이렇게 많은 환자들에게 항균제 약과 붕대를 가지고 예수 그리스도의 복음을 전하고 있었다. 병원 전도사들은 날마다 예배를 드리며 거기서 치료받는 환자들의 얼굴에 핏기가 돌아오고 건강이 회복되는 것을 보는 것도 기쁘지만 그 환자들이 복음을 받아들이고 마음에 평화를 경험하는 것을 보면서 더 기뻐했다.

빌 왈레스는 의사였다. 따라서 그의 기본 직무는 병을 치료하는 일이었다. 그러나 그는 무엇보다도 먼저 중국에서 예수 그리스도의 좋은 소식, 곧 하나님의 말씀에 담겨 있는 사랑과 용서와 영원한 생명의 기쁜 소식을 전파하는 선교사였다. 때로는 그의 좀 서툴고 더듬는 듯한 말로 전하는 말 한마디가 웅변적인 설교자의 설교보다 더 사람들을 감동시켰다.

병원 창고에 남아있는 의료품과 또 그들의 체력이 이렇게 몰려오는 환자들을 얼마나 더 감당할 수 있을까 하는 문제를 놓고 베도우 원장과 빌이 걱정할 때 직원들은 상황이 긴박하게 돌아가고 있다는 것을 깨달았다. 다행히 일본군이 광둥에서 여기로 더 진격해 올 기세는 보이지 않았다. 전략적 요새인 광둥 일대를 손에 넣어서 그것으로 만족하는 것 같았다. 일본군은 중국의 공업 중심지들과 주요 항구들 그리고 주요 상업 도시들을 모두 장악한 셈이었다. 외국인들의 경제와 상업 무역의 중심이 되는 세 지역이 일본군의 수중에 들어갔다. 특히 큰 강들의 교통망은 이제 거의 100만 명에 달하는 일본군이 모두 장악했다. 하지만 중국은 포기하지 않고 항전을 계속했다.

전쟁의 끔찍한 상처를 너무나 가슴 아픈 일로 생각하면서 빌 왈레스의 관심은 오직 바로 코앞에 닥친 환자들을 치료하는 것이었다. 그 일이 너무 힘이 들 때에는 다 집어치우고 싶은 생각도 들기도 했다. 베도우 원장 부부는 우초우에서 6년을 지나는 동안 휴가 한 번 가지 못하고 일만

했다. 이제 그들에게는 안식이 필요했다. 그래서 빌이 1년 동안(1940년) 병원장의 일을 맡아야만 했다.

베도우 원장은 병원이 어려울 때 부임해서, 세밀하고 유능한 행정 철학과 한결같은 마음으로 꾸준히 노력하여 이 병원을 현재와 같은 정상 궤도에 올려놓았다. 그리고 역시 유능한 젊은 이 빌 왈레스는 중국 남부 지역에서 인정받는 외과 의사로 일하고 있었다. 빌에게 감사할 일은 전에는 이 병원을 멸시하고 '서양 귀신들'이라고 침 뱉던 사람들이 빌이 와서 일한 후로 이제는 사람들이 모두 자기네 고장에 있는 기독교 병원으로 자랑스럽게 존경하게 되었다는 것이다. 그들은 이 병원을 '중국의 생명줄'이라고 불렀다.

베도우 원장이 빌 왈레스의 행정력에 관하여 품고 있던 의구심은 그 자신이 처음 와서 병원이 어려웠던 그때 힘들었던 기억이 났기 때문이었다. 그는 병원이 행정적으로 어려움 없이 원만하게 운영될 수 있게 하기 위하여 온갖 노력을 기울였다. 그는 사무직원들의 체계를 확립하고 견습 간호사제도를 폐기했다. 간호학교를 졸업한 정식 간호사들로 간호부를 재정비하고 몇 달 동안 쓸 의료품을 주문하여 준비하고 자기의 안식년 동안 행정직을 맡게 될 빌 왈레스가 불편하지 않도록 최대한의 대비책을 세우려고 애썼다.

이제 베도우 원장 부부는 우초우에 남아있는 남침례회 선교사인 빌 왈레스와 렉스 레이에게 작별 인사를 하고 홍콩으로 그리고 그들의 고향인 미국 텍사스로 떠났다. 빌은 그의 심정을 겉으로 나타내지는 않았지만 베도우 원장이 없는 1년 동안 퍽 힘들 거라고 생각했다. 이제 빌은 힘겨운 외과 수술 일정표 계획에 따라 수술하면서 직원들을 통솔하며 병원 사역 전반을 책임지고 운영하는 사령탑인 병원장의 짐을 지게 되었다.

빌은 지금까지 그런 책임자로서 일한 경험이 없었다. 그러나 얼마 지나면서 직원들은 빌의 행동에 놀랐다. 왜냐하면 파이프 수리 공사나 문짝의 돌쩌귀나 또는 복잡한 방사선 기계 수리 같은 작업을 자가가 직접 다 하고 남에게 시킬 줄을 몰랐기 때문이었다. 사실 빌은 그런 일 하기를 좋아했다. 기계 다루는 재주가 있었기 때문이다. 행정 훈련도 받은 적이 없고 베도우 원장보다 여러 가지 거래도 서툴고 계산서 작성도 잘 못했지만 그래도 병원은 오히려 원만하게 운영되었다.

어느 날 한 간호사가 시체 처리하는 문제로 병원 잡일을 하는 두 보조원과 말다툼을 하고 있었다. 그 보조원들은 극히 미신에 사로 잡혀 시체를 만지거나 운반하는 것을 꺼려했다. 그때 빌이 나타나서 상황을 파악하고는 자기가 그 시체를 들고 그들 앞을 지나 시체실로 내려갔다. 그때 그들은 입을 딱 벌리며 놀랐다.

이 일이 있은 후에는 스타우트 기념병원에서 잡일을 하는 보조원들이 시체 운반을 꺼려하는 일이 없어졌다. '미국 의사 선생님이 그런 일을 하는데 하물며 우리야!' 하는 것이었다. 이렇게 빌 왈레스의 쾌활하면서도 겸손하게 헌신하는 데 중국인 직원들은 감동을 받고 빌을 따르게 되었다. 병원은 다 잘 되어갔다.

빌은 자기에게 맡겨진 모든 일을 그 해(1940년) 한 해 동안 열심히 해 나갔다. 누군가가 빌이 우초우에서 하는 일이 너무 과중해서 육체적으로나 정신적으로 좀 과로 상태라고 리치먼드에 있는 메드리 박사에게 편지를 써 보냈다. 우초우를 다녀간 어느 사람이 빌이 몹시 수척해 졌는데도 계속해서 이리 뛰고 저리 뛰면서 일하는 것을 보고 놀랐는지 아니면 빌이 너무 몸을 돌보지 않고 일하는 것을 보고 너무 무리하다고 생각했는지 또는 어떤 사람이 단순히 별 생각 없이 쓴 편지인지는 모르지만 어쨌든 메드리 박사는 걱정이 되어 강연하러 플로리다에 가 있는 베도우 원장에게 어떻게 해서든지 빌의 형편을 좀 알아보고 될 수 있는 대로 빨리 중국으로 돌아갈 준비를 하라고 전보를 보냈다.

두 주일 후, 베도우 원장은 빌 왈레스에게 지금까지 받은 편지 중에서 가장 긴 편지를 받았다.

…우초우에서는 모든 일이 순조롭게 잘 진행되고 있습니다. 원장님께서 이 편지를 받으실 때면 여기로 돌아오실 짐을 꾸리시리라 믿습니다. 원장님이 정말 계셔야 하겠습니다. 저는 행정이나 재정 관리 사무에 너무 부족합니다. 제가 적은 의약품 목록이 썩 마음에 안 드실지 모르겠습니다만 앞으로 1년간 쓸 약품을 미리 정하는 것도 무척 어려웠습니다. 하지만 원장님께 보내드린 목록은 우리가 이 한 해에 쓴 양 만큼의 분량입니다. 고무장갑, 온수용 병, 담요 등도 함께 가져오시면 좋겠습니다. 이렇게 부탁드리면서 이처럼 기분 좋고 기쁘기는 지금까지 제 생애에 처음인 것 같습니다.

다른 직원들과 렉스 레이 선교사도 편지를 보냈는데 그 편지들을 보고 베도우 원장은 왈레스가 책임을 잘 감당하고 있으며 오히려 병원을 더 많이 번창케 하고 있다는 것을 알 수 있었다. 빌 왈레스는 사람들이 필요하다고 하는 일이면 기꺼이 즉시 처리해 주었고 무엇이든 해야 할 일이 있으면 미루지 않고 신속히 처리해 나갔다. 아무리 일이 많고 바쁘더라도 자기가 맡은 일은 반드시 그때그때 처리해 나갔다. 중국에 와서 지금까지 지나는 5년 동안에 이 1년이 가장 짐이 무거웠고 고단했지만 그래도 빌에게는 매우 보람을 느끼는 만족한 한 해였다.

베도우 원장이 이 1년간의 안식년을 마치고 1940년 7월 우초우로 돌아왔다. 와 보니 병원이 더 번창하고 있었다. 일본군의 통제로 물자 공급이 어려웠지만 그래도 병원은 망망대해에 우뚝 서 있는 망대처럼 강하고 견고했다. 이 노련한 선교사의 정확한 눈으로 봐도 그렇게 행정력이 약할 거라고 생각했던 젊은 빌이 원장일을 아주 훌륭히 수행한 것이 나타났다.

이제는 빌이 귀중한 안식년 휴가를 얻어 미국으로 갈 차례가 되었다. 병원 직원들은 빌이 할 일이 많은 때에 가는 것을 달갑지 않게 생각했지만 그러나 미국에 가서 외과 연구를 1년간 더 하고 온다면 스타우트 기념병원에서 그가 훨씬 더 값지게 쓰일 수 있다는 것을 알았다.

빌이 안식년 휴가를 위해 미국으로 떠난 직후 그의 동료들 중 몇이 선교 본부에 빌에 대한 칭찬을 담아 편지를 보냈다. 그 편지들을 받고 본부에서는 이 젊은 선교사 빌이 중국에서 그 동안 얼마나 수고하고 고생을 했는지 알 수 있었다. 그 편지들에는 다음과 같은 말들이 적혀 있었다.

📜 빌 윌레스 의사가 한 일을 어떻게 다 평가할 수가 없고, 무슨 말로도 다 칭찬할 수 없습니다.

📜 빌 윌레스 의사는 참으로 중국에서 그 미래가 기대됩니다. 그의 이름은 중국 전 지역으로 퍼질 것이며 그런 명성을 미국에서는 얻기 어려울 것입니다.

📜 그는 '침묵의 밤'이라고 불리고 있습니다. 말을 별로 많이 하지 않는 편이고 그저 행동하는 사람이기 때문입니다. 말은 쉽게 사라져 버리지만 행동은 결코 없어지지 않겠지요. 이것이야말로 세상을 구원하신 예수님의 십자가와도 같은 것일 겁니다.

📜 빌 윌레스 의사가 중국에서 봉사한 첫 기간에, 그야말로 시련의 기간 중에 이룩한 일은 두고두고 열매로 나타날 것입니다.

📜 의사로서 빌은 제가 아는 그 어떤 사람보다도 훨씬 더 세상에서 부귀영화를 누릴 수 있는 사람이지만 그런 것을 다 버리고 오직 천국의 상급을 바라보고 헌신하겠다는 정신을 지니고 있습니다.

빌을 찾으려면 병원에서 가장 중한 환자가 있는 곳을 찾아가면 됩니다. 거기에 반드시 그가 있거든요.

빌 왈레스는 이런 칭찬의 글들이 자기보다 먼저 가 있으리라는 것을 생각도 못했다. 빌은 자기 나라 미국을 향했다. 태평양의 푸른 물결을 보며 배 위에서 밤을 맞이하면서 이제 그의 마음은 제2의 조국인 중국에서 자기가 태어난 조국, 미국으로 가 있었다. 녹스빌과 친구들과 테네시의 산들이 하나하나 머리에 떠올랐다. 그는 일 년 동안 공부할 것은 물론이고 친구들과 만날 것도 무척 기대했다. 그가 중국에서 겪은 고난은 그저 과거의 일이고 이제 다음과 같이 자기가 한 일을 요약해서 마음속에 그려 보았다.

'내가 이제 고국으로 돌아가서 일 년 동안 일을 어떻게 해 나가야 할지 모르겠다. 그동안 미국에 있었더라면 항상 선배 의사들에게 수술 방법을 물으며 배웠으리라. 하지만 중국에서는 외과 의사라고는 나뿐이었다. 정말 최신 의술에 대해서는 많이 뒤쳐져 있을지도 모르겠다. 그러나 이렇게는 말할 수 있겠다. "나는 5년 전보다 예수 그리스도를 더 알게 되었노라"고 말이다.'

칼날

    동쪽을 향해 달리는 기차를 타고 가면서 창문 밖을 보니 시골 풍경이 한 편의 영화처럼 스쳐 지나갔다. 넓은 사막, 아름다운 계곡, 드넓은 평야, 울창한 숲들이 차례차례 무대 위에 나타났다가 사라졌다. 빌은 이제 고국의 그 아름다운 경치에 정신없이 흠뻑 빠졌다.

    옆의 손님들을 보니 자기 옷 모양새가 좀 구식인 것처럼 보였고 심지어 옆 사람들과 대화를 해도 어딘가 모르게 뒤쳐진 사람처럼 어색한 것 같았다. 일상용어조차도 변해버렸던 것이다. 대중가요에 나오는 가사를 듣고도 귀에 익지 않아 큰 소리로 웃어야 했다. 모든 것이 눈에 익긴 하지만 다 새로워 보였다. 빌은 옆 사람들과 말을 주고받았다.

    "아, 당신은 중국에 선교사로 가셨었군요. 중국에선 일하기가 무척 힘들다고들 하던데요."

"그럴 때도 있습니다. 그러나 중국도 요즘은 많이 좋아지고 있습니다."

"그래요, 문제는 독일이겠지요. 그 일본 놈들이야 그저 고철 장사꾼에 지나지 않을 거니까요. 그쪽에 대해선 걱정할 거 없겠지요."

빌은 광둥을 생각하며 혼자 웃었다. 옆의 사람에게 광둥 상황을 이야기 해 봐야 별 느낌이 없을 것이기 때문이었다. 하기야 빌 자신도 지금 여기서는 지난 주간의 일이 실감이 안 났다. 그도 그저 현재에 머물렀기 때문이다. 물론 베도우 원장, 륭 의사, 룩 간호사 등 우초우 병원이 생각나긴 하지만 그래도 지금 여기는 미국이었다. 샌프란시스코에서 출발하는 기차를 타고 가는 동안 홍콩이라든가 상하이 그리고 일본 군인들이 기관총을 쏴대는 가운데서도 숨을 생각도 하지 않고 일을 해야만 했던 우울한 상황은 이제 지난날의 추억일 뿐이었다. 녹스빌과 브로드웨이 거리, 옛날 집, 룻 린과 시드가 머리에 떠올랐다. 중국에 있을 때에는 그런 고향 생각을 할 겨를도 없었다. 이제 고향 생각이 하나하나 떠올랐다.

"무엇 때문에 의사로서 그 중국에서 일생을 보냅니까?"

옆에서 함께 점심을 먹던 사람이 물었다. 빌은 잠시 지난날을 회상했다.

"오해는 마십시오. 그런 곳에 가서 일하는 당신이 존경스럽기만 합니다. 그저 물어본 말입니다."

빌은 미소를 띠며 대답했다.

"사람의 생각이 어떤 면에서는 각각 다르겠지요. 내 생각은 그저 단순했습니다. 내 일생을 바쳐서 무엇을 할까 망설이고 있을 때 하나님께서 내가 의사가 되어 선교사로 가기를 원하고 계시다는 믿음을 제가 가지게 되었지요. 그래서 중국에 갔는데 막상 가서 일을 해 보니 바로 거기가 내가 일할 곳이라는 확신이 서서 더할 나위 없이 행복해요. 그래서 다시 갈 겁니다."

빌의 말을 듣고 있던 사람의 감탄하는 표정이 역력했다. 빌은 잠시 말을 멈췄다가 다시 말했다.

"내가 영웅심 때문에 다시 가려는 건 아닙니다. 사실 저는 부족한 사람입니다. 그러나 말씀드렸듯이 거기가 내가 있어야 할 곳이기에 다시 가려는 것입니다."

돈을 잘 벌고 있는 사업가인 그 남자는 조용히 무엇인가 생각에 잠기는 것 같았다. 그러다가 그 사람은 진지한 눈빛을 하고 있는 빌 선교사를 쳐다보며 말했다.

"당신 말을 들으니 내가 공연히 무엇인가 실수나 하지 않았나 하는 생각이 듭니다."

"녹스빌입니다. 녹스빌입니다."

귀에 익은 차장의 안내방송이 나왔다. 그러나 빌에게는 이런 안내방송이 필요 없었다. 두 시간 전부터 빌은 테네시 동부의 풍경을 보고 있었기 때문이다. 계속해서 눈앞에 나타나는 한 장면 한 장면이 반가웠다. 그 모든 장면에 옛 추억이 서려 있었다.

드디어 고향에 도착했다. 룩 린과 시드니 스테갈이 마중 나왔다. 그들은 얼마동안 서로 무엇부터 말을 해야 할지 몰랐다. 그러나 보는 것만으로도 마냥 기쁘고 좋아서 웃음꽃을 피웠다.

집으로 가는 길에 빌이 직접 차를 몰면서 어렸을 때 거닐던 시내가 그동안 얼마나 변했나 보고 싶어 녹스빌 거리를 이리저리 좀 둘렀다. 우선 거리의 차들을 보고 눈이 휘둥그레졌다. 잡지를 보아왔기 때문에 그동안 이렇게 발전한 것을 알긴 했지만 그래도 막상 와서 보니 자동차나 모든 것이 놀랄 만큼 번쩍번쩍했다.

그들은 차를 몰아 브로드웨이 실버 거리 모퉁이에 있는 옛 집에 도착해서 길 건너편에 차를 세웠다. 빌은 모든 것이 반가워 그저 한참동안 쳐다보았다. 여러 가지 옛 추억이 일시에 떠올랐다. 환자들이 아래층 입구로 들어오던 것이라든지 또는 수척한 아버지가 청진기를 목에 걸고 아들에게 줄 사탕을 들고 오시던 그 모습을 잠깐만이라도 볼 수 있으면 하는 생각이 못 견딜 만큼 치밀어 올랐다. 이렇게 고향에 대한 그리움도 컸지만 5년 전에 자기가 떠난 후 세월이 이렇게 많이 흘렀나 하는 생각이 들었다.

빌의 자형은 녹스빌 북쪽에 집을 새로 지었다. 이제 그 집이 빌의 본적지가 되었다. 빌은 큰 나무들이 있고 넓고 좀 경사진 잔디 정원이 있는 그 집이 마음에 들었다. 고기를 구워 먹을 수 있는 벽돌 단도 있는 정원은 감탄이 저절로 날만큼 환상적이었다. 바람이 잘 통하는 곳을 자기의 침실로 사용하기로 했다. 그날 저녁 그들은 큰 나무 밑에 자리 잡고 앉아서 이야기를 나누었다.

룻 린과 시드니가 먼저 서둘러 빌에게 이것저것 캐물었다. 그런데 자기들도 모르는 사이 이야기가 너무 빌에게만 치우치고 있었다. 그래서 빌은 그렇게 되는 것을 원치 않아 자연스럽게 화제를 돌렸다.

이틀 후에 빌은 게틀린버그 근처에 있는 스모키 산줄기 숲이 우거진 언덕을 산책하고 있었다. 그는 그 정든 언덕을 걸으면서 깊은 생각에 잠겼다.

'세월이 지나면 지난 일들은 다 잊어버리게 되지만 그래도 앞으로 다가올 미래를 위해서 더 많이 충전해야지!'

그 언덕의 아지랑이, 잘 자란 호두나무들, 월계수과 식물들, 당당한 소나무들, 아름다운 단풍나무들로 꽉 찬 스모키 산은 참으로 아름다웠다. 바위를 찰싹찰싹 치면서 흘러내리는 맑은 물줄기도 정겹고 시원하게 보였다.

빌이 왔다는 소식을 듣고 모두 빌을 보고 싶어 했다. 친구들과 친척들은 빌을 초대해서 식사를 같이 하며 중국 이야기, 전쟁 이야기를 듣고 싶어 했지만 빌은 좀처럼 중국 이야기를 하지 않았다. 그저 지난 5년 동안 미국의 이야기들을 듣고 싶어 했다.

빌은 안식년을 보내면서 사람들에게 계속 중국 이야기를 해 주는 것도 피곤할 지경이었다. 사람들은 자기가 경험한 일들을 재미있게 다 말해 주기를 바라고 있다는 것을 알고 있었지만 빌은 그런 비참한 상황들을 말하고 싶지가 않았다. 여기에 와서까지 피범벅, 폭탄, 파괴, 그리고 중국인들의 고통을 생각하고 싶지 않았다. 빌은 지난 일에 붙잡혀 살고 싶지 않았다. 물론 중국의 고통을 위해 기도는 해야 하겠지만 그래도 여기에 와서는 이제 좀 그런 일들을 생각에서 떨쳐 버리고 지내고 싶었다.

빌은 공식적으로 단 두 번 선교보고를 했다. 첫 번은 그해 여름 여선교회에서 했다. 그 모임 전날 룻 린이 창문으로 내다보니 빌이 잔디 정원을 거닐면서 내일 무슨 말을 할까 생각하는 것 같았다. 가끔 나무에 기대기도 하고 또는 손짓을 하면서 중얼거리면서 연습하는 모습이 오히려 부담스러워 하는 것 같았다. 빌은 하나님께서 사람마다 각각 은사를 주셨겠지만 많은 사람들이 모인 곳에서 말을 잘하는 은사는 자기에게 주지 않았다고 생각했다. 빌은 여러 번 선교보고를 부탁받았지만 거의 정중히 사양하고 그저 개인적인 대화에서 조금씩 이야기할 뿐이었다.

빌은 중국에서 그저 일에만 빠져 지내느라고 거의 가져보지 못했던 이성 교제도 이 안식년 동안 좀더 많이 해보고 싶었다. 딱히 결혼할 목적으로 귀국한 것은 아니지만 그래도 전혀 결혼에 대해 관심이 없는 것은 아니라는 것을 중국에 있는 가까운 친구들은 눈치 채고 있었다. 일주일도 안 되어서 몇몇 여자 친구들을 만나 드라이브도 하고 식사도 같이 했다. 그렇게 교제하면서 즐거운 시간을 보냈다.

안식년은 재충전을 위한 휴가라는 것을 빌은 알고 있었지만 더 나아가서 자기는 외과 의사로서 최신 의술을 더 많이 터득할 수 있는 하나님이 주신 기회라고 생각했다. 중국에서 많은 환자들을 치료한다고 열심히 일을 했지만 실제로 자기 개인적인 의술은 오히려 낙후되었다고 생각했다. 그래서 더 새로운 의술로 보충하고 싶었다.

사실 빌은 유럽에 있는 유명 의학 연구소에 가서 공부하겠다고 계획했었다. 그러나 나치 독일의 도발 때문에 그 계획은 이루지 못했다. 빌은 중국에 있을 때에도 최신 의학 잡지는 구할 수 있는 대로 많이 구해서 읽었다. 그 잡지들을 읽으면서 특히 펜실베이니아 대학 외과학 연구반(대학원)에 가면 좋겠다고 생각하고 미국으로 돌아오기 전에 이미 시드니에게 등록을 부탁해 두었었다. 펜실베이니아 대학에서 일정 기간 연구하고 그 다음 3개월 동안 하버드 대학에서 방사선과 분야를 연구할 수 있기를 원했다.

이런 계획으로 돌아온 그는 며칠 지나지 않아서 빨리 공부를 하고 싶었다. 그러는 중 빌은 8월 말에 리치먼드 외국선교부에서, 북캐롤라이나 주 리치크레스트 수양관에서 모이는 침례교 대회에 와서 선교보고 간증을 해 달라는 부탁을 받았다. 필라델피아로 가는 길에 들릴 수 있다고 그들은 말했다. 대중 앞에서 말하는 것이 부담스럽기는 했지만 블루릿지 산맥 중심부에 자리 잡고 있는 아름다운 곳, 리지크레스트에 가보고 싶은 마음이 들었다. 그래서 가겠다고 답을 보냈다. 그런데 거기에 가서 미처 생각하지 못했던 아주 멋진 젊은 여성을 만나서 결과적으로 오기를 잘했다는 생각을 했다.

그녀는 외국선교부에서 일하는 직원이었기 때문에 빌이 중국에서 외과 의사 선교사로서 전설적인 인물이라는 것을 오래 전부터 잘 알고 있었다. 그리고 빌이 1935년 선교사로 임명되기 직전 어느 회의에 참석했을 때 그녀도 거기에 갔었기 때문에 서로 인사를 나누기도 했었다. 그녀가 그 때 빌을 보고 느낀 인상은 키가 늘씬하고 눈빛이 영롱한 단정한 젊은이였다. 그날 빌이 데리고 함께 온 여자 친구도 소개되었다. 그때 다른 사람들도 그렇게 생각했지만 특히 그 선교부 직원 여성은 빌이 함께 데리고 온 젊은 여자가 빌의 결혼 상대자일 거라고 생각했다. 그런데 후에 보니 그 젊은 여자와 결혼하지 않았다는 말을 듣고 한편으로는 좋아했다.

그런데 이번에는 빌이 아무도 같이 오지 않았고 그 선교부 여직원과 빌, 두 사람은 자연스럽게 다시 서로 만나게 되었다. 이 두 젊은이는 같이 옆에 앉기도 하고 정원을 함께 거닐기도 했다. 그래서 사람들은 이 두 사람을 놓고 수군거리기까지 했다. 혹 젊은 여자들이 빌에게 사인이라도 요구하면 그녀는 질투하는 것 같기도 했다. 또 이들은 중국에 관한 이야기도 했다. 그녀의 부모도 중국에서 선교사로 사역한 적이 있고 더욱이 그녀가 중국에서 태어났기 때문에 서로 통하는 점이 있을 수 있었다.

빌이 거기 모인 대중에게 선교보고하는 날 저녁, 그녀는 조용히 회의장 뒷좌석에 앉아서 빌이 말하는 선교보고를 들으면서 마음이 좀 불안했다. 빌이 말을 잘 못해서가 아니다. 그녀는 빌이 중국에서 엄청난 고생을 많이 했다는 것을 벌써 알고 있었다. 그렇게 믿기 어려울 만큼 고통을 겪으면서 사역한 중국에서의 모든 상황에 대해서 청중들에게 생생하고 실감나게 아주 감동하도록 들려주기를 기대했는데 빌은 그저 담담하게 별 감동 없이 평범하게 이야기했다.

빌은 청중의 주의를 자기 자신에게 집중시키는 기술이 좀 부족했다. 그녀는 청중이 모두 감동받고 뜨거운 박수를 보내기를 기대했다. 빌이 말을 많이 하지는 않지만 그래도 정말 하나님께서 택하신 한 사도의 말을 그들이 듣고 있다는 것을 생각했기 때문이다. 청중들은 빌의 선교보고가 중요하다는 것을 이해하고 고맙게 여기고 있다는 것은 느낄 수 있었다. 그러나 빌을 훌륭한 연사로 생각할 사람이 몇이나 되겠나 하는 의문이 들 만큼 감동적이지는 못했다.

"또 뵙기를 바랍니다."

거기서 그 주간을 다 보내고 헤어질 때 빌은 그녀에게 인사를 했다.

그러자 그녀는 윙크를 보내면서 대답했다.

"리치먼드에 꼭 들르셔요. 거기가 본부니까요."

"그래요. 제가 본부에 한 번 가긴 해야 합니다."

빌은 대답했다.

9월에 빌은 펜실베이니아 대학원에서 외과 연구 과정을 열심히 공부하고 있었다. 깨끗하고 치밀한 연구 분위기를 즐기면서 또 그 대학원 연구 생활에 아주 만족해하면서 적응해 나갔다. 연구에 욕심이 끝없는 사람처럼 공부에 열중했다. 시간을 내서 친구들도 만나고 가까운 곳으로 여행도 했다. 정해진 시간표에 매이지 않고 자유롭게 연구했다. 수술을 지켜보기도 하고 최신 의학 논문을 읽기도 하고 강의를 듣기도 하고 전문가들과 토론을 하기도 했다. 그렇게 강의를 들으면서도, 수술을 지켜보면서도 몇 번이고 중국 생각이 났다. 지금도 중국에는 자기의 도움이 필요한 환자가 있을 것을 생각하니 자기에게 이렇게 인도해 주신 하나님께 감사한 마음이 저절로 났다.

크리스마스를 며칠 앞두고 빌은 외국선교부 총재인 찰스 메드리 박사에게서 크리스마스 휴가 중 리치먼드에 오라는 초대편지를 받았다. 그 초대는 두 가지 이유에서 빌에게 행운의 선물이었다. 하나는 메드리 박사가 텍사스 주 여선교회 회원들이 보낸 선교헌금 중 1,000 달러를 빌에게 전해 준 것이다. 그때 빌은 아주 사정이 딱할 정도로 돈이 필요했었다. 돈을 그 가을에 다 써서 통장에 잔고가 하나도 없었다. 물론 통장에 돈이 없어도 '겨울, 봄, 여름 동안 어떻게 살게 될지' 하고 크게 염려는 하지 않앉지만 그래도 이렇게 돈을 받고 보니 '이 돈을 받지 못했다면 어떻게 지낼 수 있을까' 하는 생각도 들었고, 그리고 꼭 필요할 때 또 하나님이 주신 선물로 알고 감사했다.

그 초대가 행운의 선물이 되는 또 하나의 이유는 두말 할 것 없이 리지크레스트에서 만났던 그 젊은 여자와 만나 우정을 다시 나눌 수 있는 기회가 될듯싶었기 때문이다. 메드리 박사가 너무 쉽게 빌에게 1,000 달러를 준 데 대해서는 동료들이 약간의 의문을 가졌지만 이 젊은 두 사람의 사랑을 맺어주는 큐피드 역할을 했다고 비난하는 사람은 없었다.

빌은 그 여자 친구의 가족을 만났고 그 여자의 집에서 식사도 몇 번 같이 했다. 식사를 하고는 벽난로 앞에 같이 둘러 앉아 중국 이야기도 했다. 빌은 자기의 제2의 조국인 중국에서 그들이 자기보다 앞서 경험한 여러 가지 체험담을 이야기할 때 그 말들을 관심 깊게 들었다. 그리고는 빌이 또 최근에 중국에서 일어나는 사태에 대해 자세히 들려주었다. 그렇다고 해서 아직 그들이 한 가족이 된 것은 아니었다.

이 두 젊은이는 역사 깊은 도시 리치먼드 시내를 함께 거닐며 구경했다. 이렇게 해서 둘 사이에 우정이 꽤 깊어졌을 때 빌은 필라델피아로 돌아가게 되었다.

빌은 세 가지 고민이 있었다. 첫째는 리치먼드에 있는 그 젊은 여자 친구와 계속 편지를 주고받는데 그의 편지가 점점 더 많아지고 있다는 것이고, 둘째는 그 대학원에서 공부하는 데 집중하다 보니 자기에게 더 중요한 영성생활이 약해지는 것 같이 느껴지는 것이다. 그리고 셋째는 미국과 일본의 관계가 악화되고 있어서 중국으로 다시 갈 수 있을까 하는 걱정이었다. 게다가 세계정세가 불안하고 위기상황으로 치달아서 미국 정부는 의사들을 더 많이 군의관으로 징집하기 시작했기 때문이다.

한편 중국에서 베도우 원장도 본국에서 새로 제정된 징병제도와 의무관으로 갈 의사가 부족하다는 소식을 들었다. 그래서 베도우 원장은 혹시나 해서 외국선교부 메드리 박사에게 빌 왈레스 의사는 여기 우초우에서 꼭 필요한 사람이니 어떤 수단을 써서라도 의무관으로 차출되지 않고 우초우로 돌아오게 해 달라고 편지를 보냈다. 그 편지를 받은 메드리 박사는 베도우 원장이 걱정하지 않도록 다음과 같이 답장을 써 보냈다.

우리나라 정부가 그물을 쳐서 싹쓸이해야 하는 상황이면 모르겠지만, 단 한 사람의 선교사라도 중국에서 특별한 임무가 있고 선교지에 꼭 필요한 사람이라고 하면 선교지로 보내는 규정이 있음으로 빌 왈레스에 대한 사정을 국무부에 알리기만 하면 빌이 안식년 끝나는 대로 중국으로 가는 데 별 문제가 없을 겁니다.

베도우 원장은 그 편지를 받고 마치 병원에서 꼭 필요한 약을 보내주겠다는 소식을 받은 것처럼 기뻐하며 안심했다. 빌은 늦은 봄 필라델피아에서 수업을 끝내고 녹스빌에 잠시 들렸다가 기차 편으로 보스턴을 거쳐 하버드 대학 병원에 가서 방사선학을 연구하기 시작했다. 이렇게 다시 최고 명문대학원에서 유명한 학자들에게서 배우게 되어 더 없이 기뻤다.

"항상 최고의 의술을 배워야 한다"고 했던 옛 친구 듀이 피터의 말이 기억났다. 안식년 동안 이렇게 연구할 수 있었던 기회가 주어져서 다시 우초우로 돌아가면 전보다 더 좋은 의술을 발휘할 수 있을 거라는 생각으로 빌은 가슴이 부풀었다.

7월 초 빌이 하버드에서 공부하고 있을 때 룻 린과 시드니가 뉴욕에서 주말 휴가를 보내자고 연락이 왔다. 빌은 리치먼드에 있는 그 여자 친구도 초대해 달라는 조건을 걸고 그러자고 했다. 그들은 드디어 빌이 결혼을 하게 되나보다 하고 생각했다.

시드니가 빌을 놀리며 다음과 같이 말하기도 했다.

"동양에 있는 여자 선교사들이 그토록 빌 너에게 마음을 주고 싶어 했는데 이렇게 네가 리치먼드 본부에 있는 직원에게 쉽게 마음을 주는 것은 좀 너무하지 않니?"

모두 뉴욕에서 만나 주말 휴가를 즐겁게 보냈다. 그들은 〈파나마 하티〉라는 뮤지컬을 보면서 재미를 만끽했고 코니 섬과 스테이트 섬에서 나룻배도 타고 엠파이어 스테이트 빌딩에도 가보고 뉴욕의 명소들을 두루 관광했다. 브로드웨이에서 좀 떨어진 한 피자집 앞에서 빌은 그 안에 있는 점원들에게 몸짓으로 피자 주문을 해서 모두가 웃었다.

"이제 보니 빌이 꽤 장난끼가 있는데."

룻 린이 시드니에게 속삭이듯 말했다.

주말 휴가를 좀더 즐기고 싶어 시간을 아끼려고 했지만 시간이 너무 빨리 지나가버렸다. 뉴욕 주말 휴가를 마치고 모두 떠나는 날 아침에 빌은 다 같이 자동차로 뉴저지까지 가서 거기서 보스턴행 기차를 타는 것이 좋겠다고 생각했다.

그러나 그들은 빌이 차를 운전하면서 정거장에 이를 때마다 다음과 같이 말했다.

"그렇게 하면 사람들이 너무 많아 복잡한 뉴욕 정거장에서 고생을 안 해도 된단 말이야. 나는 사람들이 붐비는 복잡한 건 싫어."

"여기는 좀 작아 보이는데."

그렇게 그들은 16킬로미터 정도 계속 차를 몰았다. 그러고도 빌은 계속해서 말했다.

"저 정거장엔 좋은 잡지가 있을 거 같지 않은데."

"저 정거장은 너무 더러워 보인다."

이렇게 말하면서 계속 차를 몰았다. 그래도 누구 하나 싫어하는 이가 없었다. 그렇게 하는 것이 그저 재미있어서 그런 것은 아니었다. 빌은 그들과 헤어지기가 싫어서 그랬다. 그러나 얼마 더 가서는 결국 기차로 옮겨 탔다.

결혼 이야기는 한 마디도 없었다. 빌은 그 여자를 그저 친한 친구로 지내는 것으로 만족하는 건가.

빌은 하버드에서 연구를 마치고 이제 중국으로 돌아갈 때가 되었다. 녹스빌에서 며칠 지내고 비자가 나오고 배표가 오는 대로 샌프란시스코로 가기로 계획을 세웠다. 뉴욕에서 녹스빌로 가는 길에 리치먼드에 잠깐 들렸다가 가기로 생각하고 남쪽으로 가는 기차를 탔다.

리치먼드 중심가 역에서 그 선교부 여직원에게 전화를 걸어보니 그녀가 바로 전날 가족과 함께 그 주의 서부, 로아노크로 휴가를 갔다는 사실을 알고 섭섭했다. 그러나 이미 마음을 정한 빌은 기차 시간표를 서둘러 알아보고 로아노크에 들리더라도 녹스빌에서 짐 챙길 시간 여유가 있을 거라고 계산했다. 다시 전화 수화기를 들고 장거리 전화를 좀 길게 했다. 뒤에 시드니가 이 전화요금 때문에 마구 놀려댈 만큼 요금이 많이 나왔다. 그래도 빌은 그녀와 통화를 했고 로아노크에서 만나기로 했다.

결국 몇 시간 뒤 그녀는 빌을 자기 차에 태우고 블루리지 산맥을 지나 자신의 가족 휴양지로 향해 달렸다. 그들은 즐겁게 사흘을 함께 보냈다. 이곳저곳 거닐면서 아름다운 풀과 꽃들로 덮인 오솔길, 주렁주렁 알차게 달린 포도넝쿨, 여름 동안 싱싱하게 자란 준 열대성 식물들을 감상하면서 이야기를 나누었다. 얼마나 지났는지 알 수 없는 오래 전에 이 숲속에서 죽은 사슴의 뼈 같은 것이 하나 보였다. 빌은 무슨 생각이라도 난 듯 말했다.

"이젠 이것도 아름다운 볼거리가 되었네요."

계속 걸으면서 빌은 앞으로 중국에 가서 일할 선교 문제를 이야기했다. 빌은 말을 하면서 가끔씩 이 이상한 뼈를 가지고 재미난 몸짓을 했다. 그런 빌의 몸짓을 보고 그녀는 전혀 생각지도 못했다는 듯 웃으며 즐거워했다.

"이번에 내가 중국으로 다시 가는 일이 별로 달갑지 않아요. 왜 그런지 알아요?"

빌이 물었다. 그리고 또 말했다.

"일본의 침략 전쟁 때문도 아니고 태평양 전쟁이 일어날 것 같아서도 아니에요. 그런 상황들이 걸려서가 아닙니다. 내가 가기가 싫은 것은 베도우 원장이 곧 은퇴하게 되는데 그가 은퇴하면 외국선교부에서 나더러 그 후임 원장이 되라고 할 것이기 때문이에요. 지금 그 일을 생각하면 벌써부터 골치가 아파요. 나는 레몬주스 가게 정도도 운영할 재간이 없어요. 나는 이 뼈와 마찬가지로 관리 은사가 없어요."

이 말을 하면서 빌은 그 뼈를 들어올렸다.

"도대체 나더러 어떻게 그런 기관을 운영하라는 건지 모르겠어요."

빌은 말을 계속했다.

"정말이지 행정가의 자질을 갖고 태어난 베도우 원장 같은 분이 있기는 하지만 대다수의 의사들은 나처럼 그런 일엔 적합하지가 않거든요. 나는 그저 의사로서 일을 더 잘 하고 싶을 뿐입니다. 무슨 말인지 알겠어요? 항상 준비하고 있다가 새로운 의술이 나오면 즉각 실험해서 전에 몰랐던 새로운 방법으로 치료하는 일에 헌신하고 싶을 뿐이에요. 그리고 동료 의사들이 더 좋은 의술을 개발하고자 하면 언제나 실험을 같이 하고 그 연구 과정을 기록하는 등 의학에 전념하고 싶을 뿐입니다."

그 여자 친구는 자기가 빌을 매우 심각하게 쳐다보고 있다는 것을 알아차리고 얼른 표정을 바꾸며 미소를 지었다. 그러나 말은 한 마디도 하지 않았다.

"의사가 병원물자 취급, 병원의 모든 잡일 처리, 기계 수리, 직원들의 상벌 문제 처리, 직원 고용과 해고 등에 관한 일들에 신경 쓰면서 시간을 빼앗긴다면 도대체 어떻게 의술을 새롭게 개발할 수 있겠어요? 스타우트 기념병원엔 그런 모든 일을 도맡아 볼 전문 행정 관리자가 꼭 필요합니다."

빌은 말을 멈추고 그녀를 쳐다보았다. 이렇게 말을 하면서 걷다보니 어느새 예쁜 산딸기나무와 단풍나무, 그리고 여기저기 널려있는 호두나무와 당당하게 우뚝 솟아있는 소나무들로 꽉 차 있는 경사진 초원까지 왔다.

그들 앞에 있는 세난도 강 언덕은 햇볕을 받아서 열을 뿜는지 아지랑이가 아른거리고 있었다. 그런데도 빌은 그 주위의 그처럼 아름다운 경관에는 전혀 관심이 없는 듯 말을 계속했고 그 여자 친구는 귀를 기울이고 열심히 들었다.

"그렇다고 내가 외국선교부 책임자가 아니잖아요. 당신이 외국선교부에서 일하고 있으니 하는 말인데, 목사가 할 수 없는 일을 할 수 있는 평신도들을 더 많이 임명해야 하지 않겠어요? 성실한 그리스도인들 중 그 분야에서 훈련받고 경험이 있는 유능한 실무자를 찾아내서 우초우 같은 곳으로 보내면 좋을 건데 말입니다. 때로는 그런 사람이 의사보다 더 필요하지요. 이런 말을 한다는 것이 그저 하나의 불평으로 들릴지는 모르겠지만요. 그리고 건축가들도 필요합니다. 선교는 여러 사람이 힘을 합해서 하는 일이지요. 나도 역시 작은 한 분야에서 일을 하는 의사일 뿐입니다. 설교를 하고 교회를 세워야 하는 책임이 있는 목사에게 그 밖의 여러 가지 일을 닥치는 대로 하라고 요구하는 격이지요."

그 여자의 얼굴 표정을 보고 빌은 말을 멈추고 혼자 웃으며 말했다.

"내가 쓸데없는 말을 했네요."

그러자 그녀가 말했다.

"선생님 말씀이 옳습니다. 선생님이 그런 일들을 그렇게 깊이 생각하고 계실 줄은 미처 몰랐어요. 제가 볼 때 선생님 말씀이 다 옳습니다. 그러나 저도 외국선교부 책임자는 아닌걸요."

빌은 또 입을 열었다.

"그렇지만 외국선교부 관계자들에게 내가 하는 말을 좀 전해 줘요. 하버드에 있을 때 남침례교인인 훌륭한 의사를 한 분 만났는데 선교사가 되고 싶어 했어요. 우리 외국선교부가 그 사람을 임명하지 않는 것 같아요. 임명하지 않는다면 아마 다른 선교부에서 그 친구를 임명할 것 같은데, 왜 우리 선교부에서 그를 임명하지 않는지 모르겠어요."

그녀는 이번에도 아무 말을 하지 않았다.

빌은 살짝 미소를 띠고 다시 말했다.

"글쎄요, 그 친구가 어떨는지 모르겠지만 저로서는 그 친구가 우리 있는 곳으로 올 수 있으면 좋겠어요."

빌은 쥐고 있던 그 뼈를 초원 위로 멀리 던졌다. 그 뼈가 멀리 던져진 것처럼 선교 사업에 대한 빌의 복잡한 생각도 이 순간만큼은 모두 날려 보내고 싶었다.

그렇게 몇 시간 같이 거닐면서 이야기를 많이 했지만 결혼에 대한 이야기는 조금도 비치지 않았다. 빌이 자기 누나에게 그녀를 좋아한다고 이렇게 말한 적이 있었다.

"그녀와 결혼을 하고 싶은데 왜 그런지 잘 안 되네. 그러나 전에도 말했지만 중국의 현재 상황으로 봐서 지금 중국으로 데려갈 수 없단 말이야. 전쟁이 벌어지고 있으니 말이야."

사실이 그러했다. 빌은 기차역에서 그녀와 헤어지면서 편지하라고, 그리고 몇 년 후에 다시 만나자고 말하고 기차에 올랐다.

기차가 달리니 버지니아의 시골풍경이 뒤로 사라졌고 빌은 지난 며칠 동안의 일을 잊어버리기로 했다. 빌은 앞의 일을 생각하기로 했다. 그의 앞길은 이미 정해졌고 이제 오직 중국을 위해 온 힘을 쏟아 부울 것을 결심하고 힘차게 나아가고 있었다.

지도자의 책임

로버트 베도우 원장은 책상에 앉아 타자기에 손을 얹고 빠르게 타자를 치기 시작했다. 그는 걱정거리가 있을 때마다 편지에 그 문제들을 담았다. 그런 때 쓰는 편지는 때로는 내용이 좀 헷갈리기도 하지만 그래도 그렇게 편지를 쓰면 걱정거리를 잊을 수가 있었다.

갑자기 타자를 멈추고 다 낡은 중국 남부 지도를 펴놓고 미국에서 돌아오는 빌의 여행경로를 훑어보았다. 빌 왈레스는 8월 14일 샌프란시스코를 떠나 9월 3일 홍콩에 도착했고 베도우 원장은 빌이 홍콩에서 비행기 편으로 9월 16일 슈콴으로 올 거라는 전보를 받았던 것이다. 슈콴에서 루이초우로 오는 것은 큰 문제가 없을 것이고 루이초우에서 우초우까지는 보통 사흘 길인데 오늘이 29일이니 예정보다 13일이나 지난 것이다.

베도우 원장은 빌이 무슨 사고가 나서 늦어지는 건 아닌가 싶어 이런 저런 생각을 하면서 걱정스러워 서류들을 옆으로 밀쳐놓고 깊은 생각에 잠겼다. 일본군이 18일 슈콴에 폭격을 했다지만 그때 빌이 거기에 없었을 거고 그러면 혹시 일본군 비행기가 빌이 루이초우로 가고 있는 길을 폭격해서 길이 끊겼는가, 생각하면 할수록 머리가 복잡해져서 타자를 칠 수가 없었다.

'왈레스가 북쪽 산간지방에서 헤매고 있는 건 아닌가, 빌은 원래 말이 적은 사람이지만 그래도 자기가 어디 있다는 것조차도 알리지 않고 있단 말인가, 빨리 와야 하는데…'

나흘 후인 10월 3일까지도 빌이 도착하지 않았지만 슈콴을 무사히 떠났다는 연락이 왔다.

"참, 남들이 걱정할 것도 좀 생각을 해 줘야 할 게 아니야!"

베도우 원장은 혼자 투덜거렸다.

10월 6일 아침 예배 시간에 모두 와이상을 위해 간절히 기도했다. 빌의 도착이 늦어지자 모든 직원들이 걱정을 했다. 한 간호사는 "그가 죽은 건 아닐까요? 죽으면 안 되는데!"라고 말하기도 했다. 그렇지 않아도 불안하고 초조한데 그 간호사의 말을 들은 직원들은 더 우울해졌다.

그러던 다음날 먼지를 잔뜩 뒤집어쓴 그야말로 녹초가 된 한 미국인이 인력거에 실려 와서 진찰실 앞에 힘들게 내렸다. 인력거꾼이 그를 내려놓고 돌아가자 그는 진찰실과 병원 여기저기를 둘러보았다. 빌은 '다시 볼 수 없을 거라고 생각했던 곳에 내가 이렇게 왔구나' 하는 듯이 멍한 표정을 지었다. 조금 지난 후 다 낡아빠진 가방을 들고 계단을 올라가는데 순간 병원은 온통 마치 설날 잔치처럼 축제 분위기에 휩싸였다.

"와이상이 돌아왔어요!"

누군가가 고함친 소리가 병원 마당을 지나 순식간에 병원 5층 건물 안에 그리고 모든 병실에 전해졌다.

베도우 원장은 그 소식을 듣자 먼저 엎드려 감사 기도를 드렸다. 그리고 소식이 없고 중간 중간 소식을 전해주지도 않아 걱정하고 답답했던 심정을 안고 뛰어나가 빌을 맞았다. 후리후리한 몸집의 이 친구가 환호하며 떠들어대는 직원들에게 둘러싸여 웃고 있는 것을 보자 베도우 원장은 정말 감사했다. 이제 마음이 놓였다. 빌도 반갑게 자기를 맞아주는 원장이 고마웠다.

그날 저녁 식사 때 빌은 슈콴에서부터 빙빙 돌아서 올 수밖에 없었던 힘들면서도 기적과 같은 여행담을 실감나게 들려주었다. 일본군 비행기 때문에 모든 교통수단이 끊어졌는데 그중에서도 특히 철도가 마비되어 기차가 밤에만 운행했다. 우초우에 돌아오는 길에 빌은 버스, 기차, 트럭을 몇 번이나 갈아타야 했고 그리고 걸어야 할 때도 있었다. 여러 차례 중국 하늘에서 죽음의 폭격을 내뿜는 일본 비행기들을 피해 숨기도 했다. 숨을 곳으로 들어가기 위해 진흙탕과 물이 가득 차 있는 도랑 속에 구덩이를 만들려고 정신없이 흙을 파내기도 했다고 말했다.

한번은 자기가 탄 기차가 일본군 비행기의 폭격을 피해 온종일 터널 속에 있기도 했고 또 한번은 일본 군인들이 길을 막고 오가는 중국 사람들을 닥치는 대로 죽여서 자기와 함께 버스를 타고 가던 사람들이 버스를 버리고 숨을 곳을 찾아 헤매기도 했다고 했다. 빌은 죽을 고비를 몇 번이나 넘어 정말 구사일생으로 이렇게 살아 돌아온 아슬아슬한 이야기를 하면서 치를 떠는데 듣는 직원들은 모두 재미있다는 듯이 웃으면서 들었다.

"빌, 우리는 선생이 미국에서 누군가를 데리고 올 거라고 생각했어요. 선생을 만나본 사람들이 아주 재미있는 편지를 여러 차례 보내 주었거든요."

베도우 원장 부인이 말하자 빌은 얼굴이 붉어졌다. 그리고 다음과 같이 말했다.

"그렇게 해도 좋았겠지요. 그러나 이런 위험한 상황에서 여자를 중국으로 데리고 온다는 것이 불안했고요. 또 나를 좋아하는 여자도 없었어요."

"빌, 선생이 그들을 피하지만 않고 받아만 준다면 선생을 따라올 여자가 꽤 여럿 있을 건데요."

베도우 원장 부인이 웃으며 말했다.

며칠을 지나면서 빌은 어느새 언제 자기가 우초우를 떠났었던가 하리만큼 그날그날 일에 열중했고 중국 생활이 과거보다 더 안정되고 편해졌다. 이곳이 바로 그의 제2의 고국이었던 것이다.

빌이 없는 동안에도 그의 이름은 병원에서 외과 의사로 잊힌 적이 없었다. 돌아오자마자 다시 힘겨운 하루하루의 일과가 시작되었다. 거의 매일 아침 6시 30분부터 시작해서 아침식사 시간이 지날 때까지 수술이 계속 있었다. 그리고는 수술실에서 병실로 그리고 진찰실로 바삐 다녔기 때문에 자주 빵과 우유 한 잔으로 아침식사를 때우곤 했다. 잠시도 쉴 틈이 없이 여기저기서 호출당했고 밤중에도 몇 차례씩 병실 환자들에게 가 보았다. 그는 참으로 환자를 잘 보살폈고 특별히 규정에 어긋나지 않으면 환자의 요구를 다 들어주었다. 모든 환자에게 '좋은 치료'를 해 주려고 온 정성을 기울였다.

한편 일본은 중국을 더욱 궁지에 몰아넣고 동남아 여러 나라까지 침략하더니 더 오만해져서 드디어 하와이 진주만을 공격하기에 이르렀다. 미국도 필리핀을 중심으로 태평양에 있는 여러 섬의 군사기지를 가지고 방어태세를 강화하려 했지만 군사력을 실전 배치하기 전에 일본군이 기습 공격을 감행했다. 일본군의 전략은, 우선은 성공적으로 보였다. 홍콩, 마닐라, 싱가포르 등이 하나하나 차례로 일본군 손아귀에 넘어갔다.

상황이 그렇게 되자 우초우에 미친 영향은 참으로 엄청났다. 즉 중국에서 자유 우방국으로 갈 수 있는 길이 거의 모두 막힌 셈이었다. 그나마 홍콩을 경유하면 가장 쉽게 자유세계로 갈 수 있었는데 홍콩마저 일본군의 손에 넘어가 버린 것이다. 인도차이나 여러 나라도 일본군 수중에 넘어갔고 미얀마 쪽의 육로가 남아 있었지만 그 길도 너무 위험한 길이었다.

홍콩이 일본군의 손에 떨어지자 우선 보급문제가 심각해졌다. 식량과 의약품 구하기가 그야말로 하늘에서 별 따기였다. 다행히 텍사스 주 출신 렉스 레이 선교사님이 이름 그대로 '불굴의 카우보이 선교사'로 담대하게 일본군의 봉쇄를 뚫고 다니며 종종 필수 의약품을 구해오곤 했다. 그런 일이 결코 쉬운 일이 아니었다. 어떤 때는 생각만 해도 아찔한 위험이 있었고 또 어떤 때는 재미있는 모험도 하면서 레이 선교사는 활약을 했다.

금융통화 팽창(인플레이션)까지 일어나서 선교사들의 생활도 어려워졌다. 빌이 한번은 렉스 레이 선교사님에게 돈을 좀 많이 주고라도 설파제를 구해달라고 부탁을 했다. 그랬더니 렉스 레이 선교사님이 1,000정 든 한 병을 홍콩 돈으로 3,250달러라는 엄청나게 비싼 값에 사 와서 미안하게 생각하며 빌에게 주자 빌이 말했다.

"어쩌겠어요. 돈이 문젠가요? 이 약으로 사람의 생명을 구할 수 있는데 생명을 돈으로 환산할 수는 없잖아요?"

일본군의 폭격은 매일 계속되었다. 하루는 모두 폭격을 피해 방공호로 가면서 한 여자 선교사가 빌에게 말했다.

"신경과민증에 걸리겠어요. 어떻게 해야 할지 통 모르겠어요."

빌은 쓴 웃음을 지으며 답했다.

"하나님께서 인도하시는 대로 할 뿐이지요. 설사 무슨 일이 일어나더라도 어떻게 하겠습니까. 다만 우리가 하나님의 뜻을 따라 일하고 있다는 것이 자랑스러울 뿐이지요."

서양세계와 교통이 대부분 차단되어 물자공급을 받지 못하게 된 이 상황에서 중국 선교 사업을 계속 수행하기가 어렵게 되었다. 외국선교부는 베도우 원장이 중국 전 지역을 책임지고 최대한 난국을 극복해 주기를 바라고 있었다. 그리고 베도우 원장은 퀘일린에 있는 병원도 책임지고 있었기 때문에 일이 너무 많아 우초우 병원 일은 빌 왈레스에게 넘겨주어야겠다고 생각하고 자기는 사무실을 퀘일린으로 옮기고자 했다. 그런데 빌 왈레스는 그런 문제에 대해서는 아예 이야기를 하려고 하지 않았다. 베도우 원장이 그런 이야기를 꺼낼 때마다 빌은 이렇게 말했다.

"저는 이 병원의 관리 책임을 맡지 않겠습니다. 정말입니다."

베도우 원장은 빌의 그런 태도가 마음에 들지 않았다.

빌 왈레스와 로버트 베도우 원장 두 사람을 대신할 만한 다른 사람을 찾기는 어려운 일이었다. 베도우 원장은 타고난 행정관리 은사가 있는 사람으로 장기간 동안 병원 관리를 원만하게 관리해 왔다. 그에 비해 빌 왈레스는 아직 선교 지역에서의 경험이 많지가 않았다. 그래서 빌은 베도우 원장 부부를 깊이 존경하여 마치 부모를 대하듯 대했다. 베도우 원장 부인과도 아주 편하게 대화를 하고 또 베도우 원장 부인은 빌을 아들처럼 보살펴 주면서 가정부에게 시켜서 빌의 내복을 꿰매주기도 하고 양말을 기워주기도 하고 옷을 수선해 주는 등 개인적인 일을 도와주었다.

그런데 빌이 베도우 원장과 병원 일로 이야기를 할 때는 마음이 편치 못했다. 둘은 서로 상대방을 이해하며 말하기보다는 좀 감정에 치우치게 되는 때가 많았다. 그래서 대화를 하다가 논쟁을 벌일 때가 종종 있었다. 이번에도 이런 식으로 베도우 원장은 빌에게 자기는 퀘일린에 가서 일할 테니, 우초우 병원을 책임 맡아 달라고 부탁했다. 그러나 빌은 베도우 원장의 부탁을 한마디로 거절했다. 그러자 노(老)선교사 베도우 원장은 섭섭했다. 더군다나 렉스 레이 선교사가 슈초우로 옮겨가게 되면서 빌더러 회계 업무까지 맡으라고 해서 빌의 마음은 더 복잡해졌다. 빌은 아주 완강하게 이를 다 거절했다. 그러나 베도우 원장은 선교사라면 누구나 이런 책임을 져야 한다고 말했다.

1943년 초가을에 들어서자, 늘 건강했던 빌이 좀 약해지기 시작했다.

처음엔 이가 아팠는데 차츰 온 몸이 쇠약해졌다. 쉴 새 없이 환자를 돌봐야 하는데 그렇게 일할 체력 보강에 필요한 휴식이 부족했던 것이다. 과로해서 피로가 겹친 것이다. 빌이 몸이 약해지면 큰일이다. 그래서 베도우 원장은 어쩔 수 없이 자기의 생각을 포기하고 우초우에서 계속 일하기로 했다.

다행히 빌의 건강은 차차 회복되었다. 그러자 베도우 원장은 또 빌에게 병원 일을 맡기기로 마음먹었다. 어느 날 아침 빌이 수술실에서 나오면서 보니까 베도우 원장이 직원들을 시켜서 사무실의 짐을 집으로 옮기고 있었다. 빌은 이상하게 여겨 물었다.

"무슨 일이에요? 원장님."

"오늘로서 나는 이 병원과 이별이요. 이제부터 나는 집에서 다른 일을 하겠소."

베도우 원장은 서류 뭉치를 들고 밖으로 나갔다. 그리고 그는 덧붙여 말했다.

"빌, 당신이 이 병원을 맡든지 말든지 맘대로 해요. 나는 정말 내 할 일이나 할거요."

잠시 후 현관에서 베도우 원장이 보니 빌이 수심이 꽉 찬 얼굴로 병원 윗길을 거닐고 있었다. 그러다가 방으로 들어와서 베도우 원장에게 한마디로 이렇게 말했다.

"원장님께서 중국에 계시는 동안은 저는 이 병원의 책임을 절대로 맡지 않겠습니다."

베도우 원장은 다시 한 번 놀랐다. 빌에게 이런 면이 있으리라고는 생

지도자의 책임 133

각 못했었다. 그렇게 당돌하게 말대꾸하는 빌의 태도를 보고 베도우 원장은 빌에게 어떤 심경의 변화라도 일어났나 생각했다.

"빌, 정말 당신을 이해하지 못하겠소. 나와 함께 일하기 싫은거요? 왜 그렇게 생각해요? 말 좀 해봐요."

"원장님, 이렇게 말해도 될지 모르겠습니다만, 이 병원은 원장님의 병원입니다. 원장님께서 이 병원을 지으셨고, 그 동안 경제적으로 어렵고 여러 가지 복잡한 상황에서도 원장님이 이 병원을 운영해 오셨습니다. 원장님은 이곳에서 전 생애를 바치셨습니다. 누구나 다 원장님을 존경합니다. 이 병원이 지금처럼 운영되는 것도 다 원장님께서 책임을 지고 끌어오셨기 때문입니다. 그런데 그 누가 이 병원을 빼앗아 갈 수 있겠습니까?"

베도우 원장은 또 한 번 놀랐다. 빌이 이렇게도 전체 상황을 이해하지 못한단 말인가. 빌은 외국선교부가 베도우 원장에게 원하지 않는 다른 일을 맡겨 이 병원에서 손을 떼게 하는 것으로 생각했던 것이다. 그리고 빌, 자기가 병원 책임 맡기를 거절하면 선교부도 도리 없이 베도우 원장에게 계속 이 병원을 책임지게 할 수밖에 없을 거라고 생각했다. 빌은 결국 베도우 원장만 생각하고 있었던 것이다.

"미안해요. 내가 너무 둔해서 당신이 내가 떠나는 것을 왜 원치 않았나 하는 것을 미처 몰랐어요. 빌, 선교부가 이 병원을 내게서 뺏으려는 것이 아니고 나에게 새로 맡기려는 일이 내가 원해서 지금까지 특별히 준비해 온 일이기 때문이에요. 나는 지금의 비상사태가 지나가면 이 병원으로 다시 돌아와서 은퇴할 때까지 여기서 일할 작정이요. 그러니 우리가 요청해서 선교 본부가 허락한다면 선생이 임시로 이 병원을 좀 책임져 줘요."

빌의 얼굴이 좀 밝아졌다.

"그래요? 알겠습니다. 그러시다면 임시로 제가 맡아볼게요. 원장님의 지난 안식년 때처럼 원장님이 책임자시고 저는 다만 원장님 밑에서 임시 대리 원장으로 일하는 겁니다."

베도우 원장은 부인에게 빌과 나눈 이야기를 들려주면서 오히려 감격했다. 빌이 자기에게 그처럼 지극 정성으로 충성한다는 것을 미처 몰랐다. 언제나 강직하기만 하던 노 선교사가 눈물이 글썽이기까지 했다.

빌 왈레스는 그렇게 해서 좀 두렵고 떨리지만 이 복잡한 병원의 책임을 맡았다. 1939년, 1년 동안 책임 맡았던 경험이 있지만 그래도 병원 운영 책임은 엄청 힘겨운 일이었다. 전쟁 때문에 전반 상황이 복잡해서 병원 관리하는 데 엄청나게 신경을 써야 했고 시간도 많이 빼앗겼다. 관리 행정과 환자들 치료에 정신없이 뛰어다녀야 했다. 그러나 행정사무와 환자 진료 업무의 구별은 언제나 분명했다. 그렇다고 모든 상황이 쉬워진 것은 아니었다. 며칠 후 베도우 원장은 리치먼드 선교 본부 총무에게 다음과 같은 편지를 써 보냈다.

왈레스가 힘겨워합니다. 혼자서 이것저것 다 하느라고 무척 애를 먹습니다. 아무래도 의사가 아닌 분이 와서 병원 관리행정을 맡아줘야 하겠습니다.

베도우 원장은 그 뒤 퀘일린으로 갔다.

병원의 문젯거리가 이만저만이 아니었다. 병원에서 받는 긴장을 해소하기 위해서 견습 간호사들이 야간 무도회에 가기도 했다. 베도우 원장이 떠남으로 병원의 기강이 너무 해이해지는 것 같아 원목실 직원들은 속상해하며 불평이 쌓여만 갔다. 과거에 베도우 원장이 관리할 때는 어떤 일이 일어나면 신속 정확하게 처리했는데 빌은 문제가 생겨도 그저 아무 일도 없는 것처럼 너무 태연했다. 그래서 모두 좀 불안하게 생각했다.

몇 주 후에 베도우 원장은 우초우에서 온 전보를 받았다. 그 전보 내용은 이 지역 교회들 마저 걱정을 하고 있으니 원장님이 어서 돌아와서 이 지역 침례교 소속 기관들이 더 무너져 내리기 전에 돌봐줘야 한다는 것이었다. 그 전보를 받고 베도우 원장은 빌이 헤어나든지 못하든지 양단 간에 하나를 택해야 한다고 생각하고 다음과 같이 회신전보를 쳤다.

 이제는 이 모든 일이 빌에게 책임이 있습니다.

빌의 짐이 너무 무거웠다. 병원에 대한 책임도 어려운 일인데 생각도 못했던 우초우 전 지역의 책임까지 져야 했던 것이다. 빌은 노 선교사 베도우 원장만한 수완도 없었고 그래서 베도우 원장처럼 일할 수가 없었다. 이젠 주위 사람들이 그저 빌에게 큰 기대를 하지 않는 것만이 오히려 그를 편하게 해 주는 것 같았다.

선교사로서 일생을 바쳐 일하는 동안 이 때가 그에게 가장 힘들고 어려운 고비였다. 그러나 빌은 그 나름대로 꿋꿋하게 책임을 지고 나갔다. 그는 자기 방식대로 일을 해 나갔다. 그 결과 1944년 초에는 그의 지도력이 확고부동하게 자리를 잡았다. 그래서 그 지역이 안정되었다. 따라서 의사들, 간호사들이 모두 열정적으로 충성스럽게 일했고 다른 직원들도 생각이 달라지기 시작했다. 원목실 직원들도 이제는 빌 왈레스의 지도력을 인정하지 않을 수 없었다. 빌 왈레스의 방식은 오직 스스로 모범이 되고 헌신하는 것이어서 권위를 가지고 일하는 사람보다는 좀 시간이 걸리는 편이었다.

1944년 초에는 전쟁을 겪는 중에서도 이 병원이 가장 효과적으로 선교 사업을 했다. 빌이 집사로 섬기는 우초우 교회 교인들은 빌이 유능한 의사이면서 진실한 신자임을 알게 되었다. 그래서 교인들 스스로 빌의 지도력에 잘 따라 주어서 모두 놀라운 성과를 거두게 되었다. 그 전에는 어떤 문제가 생기면 으레 선배 선교사들이 해결해 주겠거니 했었다.

한때는 책임지기를 몹시 싫어했던 그 의사에게 이제는 총 책임자의 짐이 지워졌으며 우리 주님 예수 그리스도의 능력을 힘입어 빌은 하루하루를 힘차게 그리고 넉넉히 이끌어 나갔다.

빌이 그렇게 책임을 맡고 나서 거두게 된 큰 성과들 중의 하나는 그가 그 지역사회에 더 많이 참여하게 된 것이다. 전에는 그 지역사회의 문제들은 모두 노 선교사들이 처리하고 빌은 그저 자기가 맡은 일에만 몰두했었다. 그러나 그는 이제 차츰 그 지역사회에 참여하게 되면서 우초우 로터리클럽에서도 중진급 인물이 되었고 우초우 지역 저명인사들과 만나며 우초우 시 고문역으로 시정에도 참여하게 되었다. 이렇게 새로운 지도력이 그에게 나타나기 시작했고 그의 지도력은 의사로서의 전문적 기술처럼 일반 사회에서도 높이 인정되었다.

또한 자연스럽게 그 지역의 다른 선교단체들과 교제도 많아졌다. 푸 강과 서 강 사이에 있는 반도 한쪽 언덕위에 기독교선교연맹 사무실이 있는데, 거기에 책임자는 유능한 선교사, 윌리엄 씨 뉴번(Dr. William C. Newbern) 박사였다. 빌은 우초우에 남아있는 단 한 사람의 침례교 선교사였기 때문에 종종 주일 오찬에 초대를 받아 그 언덕, 선교연맹 사무실로 가곤 했는데 그런 만남이 얼마 후에는 정기적인 행사처럼 되었다. 빌은 주일에도 예배가 끝나면 병원을 부지런히 돌아보았다. 그리고는 우초우 시내로 나가 닭 한 마리를 사 가지고 기분 좋게 휘파람을 불며 친구들을 만나러 그 언덕으로 가곤 했다.

이웃에 있는 천주교 선교단체인 메리놀(Maryknoll) 선교회는 환자가 있으면 대다수 이 스타우트 기념병원에서 치료를 받았지만, 개신교 선교사들과 특별히 친밀한 관계를 맺지는 않아 늘 서먹했다. 그러나 빌이 책임을 맡은 후로는 빌이 천주교 선교사들을 더 친절하게 치료해주면서 그런 서먹한 관계가 없어졌다. 빌은 그들을 치료해주고 그들이 치료비를 내려고 해도 받지 않았다.

그 결과 빌은 그 지역의 '모든 선교사들의 빌'이 되었다. 교파적인 차이는 있었지만 그런 장벽도 허물어 버리는 그리스도 안에서 한 형제자매들이라는 분위기가 이루어졌다. 빌이 있는 곳에는 종파의 다름이 문제가 되지 않았다.

빌은 분명 놀랍게 위대한 일을 하기 위하여 하나님이 준비하신 사람이었다.

불기둥

　빌 왈레스는 매일 라디오에서 일본군의 공격소식을 들으며 낡은 중국 지도를 펴놓고 일본군의 점령지역을 더듬어 보았다.

　일본군은 1944년 늦은 봄에 남태평양 전투에서 참패를 하면서도 전세를 역전시켜 보려고 모든 전선에서 필사적 반격을 시도했다. 중국에서는 점차적으로 미군이 제공권을 장악하고 미얀마에서는 스틸웰 장군이 진격을 하고 일본군은 전쟁물자 보급이 차단되는데도 악착같이 발악하여 중국의 후방 지역까지도 점령할 태세였다.

　빌은 지도를 보면서 상황이 불리하게 전개되고 있지 않나 걱정을 했다. 일본군은 한코우(현재명: 우한) 근처 양쯔 강 유역 전투에서 식량이 떨어져 굶주리고 있는 후난 성을 향해 맹공격을 가하고 있었다. 일본군은

30만 명의 중국군을 무찌르고 철도 중심지인 헹양을 향해 남진하기 시작했다는 소식이 들려왔다. 상황은 뻔한 일이었다. 일본군이 공격을 멈추지 않는다면 우초우도 머지않아 일본군에게 점령될 것이었다.

그런데 두 주가 지나서 보니 빌의 예상과 전혀 다르게 상황이 전개되었다. 일본군은 광둥에서 곧장 서 강을 타고 우초우 쪽을 향해 공격해 왔다. 그때는 중국군의 주력부대는 일본군의 공격 목표가 되는 미군 비행장을 지키기 위해 북부 전선으로 이미 이동해 간 때였다. 동쪽에서 공격해 오는 일본군에 대항하려고 남은 중국군은 그저 일본군의 공격 속도나 지연시켜 주기를 바랄 뿐, 일본군의 진격을 막을 수 있는 전력이 아니었다. 빌은 우초우에 남아있는 단 한 사람의 침례교 선교사로 병원 책임자였고 그 지역 선교사역 전체를 책임지고 있었기 때문에 일본군이 그 도시를 점령할 때 거기에 그냥 남아 있느냐 아니면 피난을 가느냐를 스스로 결정해야 했다. 빌은 지혜를 달라고 하나님께 기도했다.

퀘일린에서도 로버트 베도우 선교사는 그 지역 선교부의 책임자로서 역시 일본군의 공격이 심상치 않음을 알고 있었다. 그래서 메드리 박사의 뒤를 이어 총무가 된 데론 랜킨 박사(Dr. M. Theron Rankin)에게 이곳 상황을 알리는 다음과 같은 내용의 전보를 보냈다.

 모든 선교사, 선교부 직원 철수함. 6월 21일

그래서 랜킨 박사는 베도우 선교사에게 전보로 통보했다.

 선교사들 모두 수송편이 되는 대로 미국으로 돌아오세요.

수송편을 얻지 못한 사람들은 즉각 서쪽으로 이동해야 했다. 왈레스도 우초우를 떠날 수밖에 없었다.

빌은 베도우 원장에게 책임을 물려받을 때 처음으로 그의 책임이 얼마나 무겁고 중요한 것인가를 깨닫게 되었다. 광둥에서 일본군이 공격을 재개하자 피난 오는 수많은 사람들로 우초우는 붐비기 시작했다. 병원도 발 들여 놓을 틈이 없이 환자들로 북적거렸고 직원들은 24시간 계속 근무해야 했다. 매일 일본군 비행기들이 폭격을 가했다. 하늘을 찢는 듯 요란한 비행기 소리, 귀가 터질 듯한 폭탄 터지는 소리, 온통 타는 화염, 하늘을 밝히는 예광탄 등 이런 것들이 하루도 쉬지 않고 매일 벌어지고 있었다.

빌이 우초우를 떠난다면 병원은 그야말로 위험한 상황에 처하게 될 것이다. 그렇다고 이렇게 매일 전쟁의 위험이 벌어지는데 마냥 머물러 있다면 어떻게 되겠는가. 일본군이 병원을 점령할 거라고 생각만 해도 불쾌하다. 빌은 일본군이 광둥에서 저지른 만행을 잘 알고 있었다. 부녀자 직원들이 폭행당하게 내버려 둘 수도 없는 것이고 이 나라에 없어서는 안 될 이 병원의 비품들이 파손되는 것도 두고 볼 수 없는 일이었다. 빌은 가능한 한 끝까지 남아 있다가 최악의 마지막 순간에 어떻게 빠져 나갈 수 있을까를 생각하며, 병원 비품들은 어떻게 옮길 수 있을 것인가에 대해 병원 직원들을 모아놓고 이 위급한 상황에서 자기가 생각한 바를 낱낱이 설명했다. 위험을 무릅쓰고 각자 맡은 일을 책임져 달라고 지시했다. 그러자 모든 직원들이 이 스타우트 기념병원을 전쟁터에 내버릴 수 없다고 다 함께 지키자고 의견을 모았다. 그래서 빌은 기쁘고 감사했다.

직원들은 하나님께서 자기들을 부르신 뜻에 따라 사역할 수 있다면 일본군이 점령하더라도 모두 빌과 함께 병원에 머물겠다고 다짐했다. 이런 상황에서 보통 사람 같았으면 영웅심으로 극적인 발언을 하면서 떠들썩하게 만들 수도 있겠지만 빌은 담담하게 간단히 몇 자 적어 베도우 선교사에게 보내면서 당분간 병원을 지키겠다고 전했다.

베도우 선교사는 왈레스의 그런 결정에 좀 당황하긴 했지만 빌이 그렇게 할 거라고 예상하고 있었다. 베도우 선교사는 랜킨 박사에게 선교사들의 계획을 알리고 다음 말을 덧붙였다.

"빌 왈레스 원장은 일본군이 우초우를 점령할지라도 그대로 남아 있을 것으로 믿습니다. 내가 하는 무슨 말이나 어떤 방법으로도 그의 생각이나 행동에 영향을 끼칠 수 없을 것입니다."

환자들은 계속해서 늘어나고 있었다. 그리고 이 병원의 중요한 사역들 중 하나가 간호사 훈련인데 지금은 지도 간호사도 없었다. 베도우 선교사가 퀘일린으로 옮겨가기 한 달 전에 외국선교부에 간호사 선교사를 보내달라고 간곡히 요청했었다. 그리고 전쟁의 위험 때문에 다른 지역으로 가겠다는 간호사가 있다는 말을 들을 때마다 빌은 그 간호사들에게 이 병원에 있어달라고 요청했다. 그러던 중에 미국에서 선교에 관심을 갖고 있는 한 간호사가 있다는 소식이 왔다. 빌은 즉시 그 간호사에게 하루 빨리 우초우로 오라고 편지를 보냈다.

빌의 간절한 기도가 응답을 받게 되었다. 1940년 일본군에게 쫓겨나기까지 20년 동안을 북동 중국 산둥성에서 봉사한 루시 라이트(Lucy Wright) 간호사가 우초우로 가겠다고 지원했다.

루시 라이트 간호사는 북경 표준어를 배워 남부 중국어는 잘 못하지만 중국인을 이해하고 사랑하는 그의 인격과 성품이 언어의 어려움을 보충하고도 남을 것이라고 선교 본부는 인정했다.

루시 라이트가 우초우를 향해 미국을 떠났다는 소식을 받고 빌은 춤이라도 출 듯이 기뻤다. 그런데 빌은 세계가 전쟁 중이라는 것을 계산하지 않았다.

"중국으로 가는 배는 느리다"는 속담이 있어서 그런지 루시 라이트는 장장 8개월이나 걸려서 그것도 중국이 아닌 인도에 도착하게 되었다. 루시는 여자로서 모든 수단을 다해서 하루빨리 우초우에 가기를 시도했지만 상황이 여의치 못했다. 군용기로 히말라야 산맥을 넘어 간신히 퀘이초우에 도착했다. 거기서 더 나아갈 수가 없었다. 그래서 오도 가도 못하게 된 몇몇 선교사들과 함께 철수해버린 선교사 주택에 들게 되었다. 일본군의 공격전투 때문에 우초우로 갈 수 없게 되었기 때문이다.

그런데 주중 미국 영사는 결국 모든 편의를 강구해 주겠다고 하면서 빌에게 병원 문을 일시적으로 닫고 철수하라고 통보했다. 최후통첩을 받은 빌은 직원회의를 소집하고 다시 이 문제를 논의했다. 어떻게 해야 할까? 고심했다. 결론은 그대로 남아있는 것이었다. 우초우 시민들은, 모든 외국인들이 우초우를 떠나는 데 와이상만은 떠나지 않고 남아서 병원을 돌보기로 한 것을 알게 되었다! 그래서 시민들은 "침례병원이 열려 있는 한 위험할 리가 없을거요"라고 서로 격려했다.

1943년 가을에 저명인사인 광시 성 지사 H. 왕 씨가 맹장염으로 스타우트 기념병원에 입원하게 되었다. 맹장염이 복막염으로 악화되어 너무 위독한 상태여서 더는 손을 쓸 수가 없어 보였다. 원래 왕 지사는 정부가 경영하는 병원에서 치료를 받고 있었는데 그처럼 고위 관리가 치료중에 죽게 되면 그 병원 의사들이 질책을 당할 것이 두려워 왈레스 의사에게 의뢰하게 되어 이 병원에 오게 된 것이다. 빌은 그를 특실로 입원시키고, 자기 침대도 그 병실로 옮겨 놓고 그를 살리기 위해 있는 힘을 다했다.

빌의 수고로 건강을 회복한 왕 지사는 빌에게 값진 선물을 보내고 우초우 시를 통하여 공식적으로 보상하려고 했다. 그러나 빌은 모든 것을 사양하며, 자기가 할 일을 했을 뿐이라고 말하고 지사의 완쾌를 보는 것으로 보상은 충분히 받았다고 말했다. 그 지사는 이 후리후리한 젊은 의사를 결코 잊을 수가 없었다.

7월에 우초우 시민들은 곧 일본군의 무자비한 공격이 있을 것이 분명했기 때문에 피난을 가기 시작했다. 왕 지사는 그런 상황을 알고 큰 배 세 척과 모터보트 한 척을 우초우 부두에 보내면서 빌 왈레스 의사와 병원 직원들이 거기서 철수하도록 권유해 왔다. 그러나 빌은 여전히 병원을 떠나지 않겠다고 했다. 그러자 왕 지사는 선원들에게 일본군이 우초우 시로 공격해 올 때까지 의사 일행을 위해서 기다리라고 했다. 그러나 선원들이 참고 기다려도 빌을 데려가지는 못했다.

이제 빌은 힘들지만 다시 한 번 자기가 하고 있는 일을 평가해야 했다. 일본군 비행기들이 미친 듯이 폭격을 가하고 있는 그야말로 시시각각으로 죽음의 위험이 다가오고 있는 상황에서 직원들도 과로에 지쳐 병까지 나는 것을 보면서 몇 번이고 자문하지 않을 수 없었다. '내 생각, 내가 하고 있는 일이 잘못된 것은 아닌가?' 그러면서 미국 선교 본부의 랜킨 박사에게 조언을 부탁하는 전보를 쳤다. 빌이 얼마나 고민하고 있는지를 짐작하고 있는 랜킨 박사는 즉시 회답을 보내왔다.

우리는 조언을 할 수가 없네요. 철수하든 사수하든 당신이 결정하세요. 우리는 최선의 길이 있기를 기도하겠습니다.

9월 초에 전투는 더 치열해졌고 긴장 고조는 극도에 달했다. 피난민의 행렬이 끝이 없이 길어져 갔다. 우초우 시도 계속되는 폭격에 많이 파괴되었다. 대다수의 주민들은 비참한 상태로 서쪽으로 피난을 가고 있었다. 이제 병원은 군인들도 치료해야 했다. 매일같이 군인들이 쏟아져 들어왔다. 그러나 9월 10일 경에는 군인들조차 오지 않았다. 전투 지역이 우초우를 훨씬 지나가 버렸기 때문이다. 전쟁 동안 굶주리고 부상당하고 무장도 제대로 못한 군인들이 많이 지나가는데 누가 봐도 그들은 패잔병임을 알 수 있었다.

빌은 아직도 병원에 남아 있었고 병원 직원들도 그대로 빌을 믿고 따르고 있었다. 환자가 가득 찬 병원을 버리고 떠날 수가 없었다. 입원환자 수를 가급적 줄이려고 빨리빨리 치료를 해서 퇴원시켰다. 9월 12일까지는 중환자들만 제외하고 나머지 환자들을 모두 퇴원시킬 수 있었다.

9월 12일에 빌은 우초우 시의 원로들에게 시 당국 전체가 철수한다는 통고를 받았다. 빌은 이제 결심했다. 이젠 어쩔 수 없이 떠나야겠다고. 더는 여기 머물러 있어봐야 병원 일을 할 수 없겠고, 그리고 참혹한 형편으로 서쪽으로 피난 가는 사람들을 따라가면 그들을 위해 일할 수 있겠다는 생각이 들었다. 9월 12일 밤, 빌은 병원 직원들을 모아놓고 자기의 이런 생각을 설명했다.

최대한 비품들을 많이 챙겨 피난민들을 따라가서 안전한 곳에서 사람들을 치료하는 일을 해야 할 판이었다. 장소를 옮겨서라도 환자를 계속 치료하는 일이 스타우트 기념병원이 할 일이라고 생각했다. 교회가 건물만을 뜻하는 것이 아닌 것처럼 병원도 건물만은 아니다. 병원은 한 사람 한 사람의 직원들로 이루어졌으며 예수 그리스도의 이름으로 봉사하는 정신을 가진 기관이다. 그래서 이제 이 병원을 일시 장소를 옮기려고 생각한다는 것이었다.

빌은 그의 이 같은 생각을 간단하게 설명했고 직원들은 그의 새로운 희망, 즉 의사 선교사가 마음에 간직한 꿈을 듣고 모두 마음을 가다듬고 새로운 각오로 준비를 했다. 필요한 모든 장비를 분해 작업하여 배에 싣는데 나흘이나 걸렸다. 일본군의 비행기들이 중국 국부군의 후퇴를 차단해서 모든 이동은 밤에만 가능했다. 빌은 우선 필요한 진료일은 수련의들에게 맡기고 이동하는 작업을 철저히 감독했다. 직원들은 빌이 부피가 큰 기계들은 분해해서 부피가 작게 만들어 상자에 넣어 아직도 우초우 부두에서 기다리고 있는 배에 싣는 일 처리를 보고 모두 한결같이 감탄했다.

이렇게 이동할 준비를 마치고 9월 16일 밤, 마지막으로 점검하고 나서 직원들은 각자의 짐을 챙겨들고 모두 쑥대밭이 된 거리를 걸어 나갔다. 전쟁의 상처를 입었지만 여전히 우뚝 서 있는 자랑스러운 병원 건물을 몇 번씩이나 뒤돌아보았다. 이 병원은 그들이 지금까지 일해 온 삶의 터전이었고 또한 중국 국민들에게는 어떤 말로 다 표현하기가 어려운 중요한 기관, 곧 '중국의 생명줄' 이었다.

빌은 우초우 거리를 걸어가면서 일본군의 폭격으로 엄청나게 파괴된 도시를 보고 마음이 아팠다. 아직도 타고 있는 여기저기 작은 화염들은 피난 가는 직원들의 모습을 야릇하게 비추고 있었다. 빌의 지시에 따라 직원들은 그들의 흰 가운은 다 보따리에 개여 넣었다. 흰 옷이 아니라도 강에서는 쉽게 적기의 공격 목표가 될 수 있었다.

빌과 직원들이 배를 타자 그들을 안전한 곳으로 데리고 갈 작은 군함은 밧줄을 잡아당기기 시작하더니 겉으로는 평온해 보이지만 실상은 그렇지 못해 서럽고 안타까운 한을 품은 채 불빛에 반짝이는 넓은 서 강으로 서서히 움직이기 시작했다. 광야의 여행이 시작되었다.

다음날 새벽, 그들은 우초우에서 꽤 멀리 와 있었다. 그들은 피난처가 될 만한 강가 대나무 숲 아래로 내려가 자리를 잡았다. 다음날도 밤 여행을 계속해서 비교적 잘 알려지지 않은 영-유엔 마을로 가는 조그만 강어귀까지 갔다. 영-유엔은 좀 외진 곳이기 때문에 그곳으로 가면 비교적 안전할 거라는 생각이 들었다. 그리고 그곳에도 피난민들이 많이 몰려와 있을지도 모른다. 일본군의 주요 공격 목표는 더 큰 도시일 것이다. 빌은 여기 강에서 이렇게 얼마 동안이나 안전하게 있을 수 있는지 알 수가 없어서 어떻게 할까 망설이다가 모터보트를 강 지류로 운전해서 영-유엔으로 가자고 했다.

그렇게 해서 그들이 강을 타고 가는데 고통스러울 정도로 그 속도가 느려 시간이 많이 걸렸다. 물살을 거슬러 올라가는 데 물살이 예상보다 훨씬 거셌기 때문이다. 그런데 이틀 후에 일본군 비행기가 그들 위에 나타났다. 그들은 모두 배에서 뛰어내려 강가에 있는 대피소로 피해야만 했다.

그날 저녁 빌이 직원들이 짐을 다시 배에 싣는 것을 지휘하고 있는데 누군가가 큰 소리로 부르는 소리가 들렸다.

"와이상! 와이상! 이리 좀 빨리 와 보세요."

강가의 굽은 길에서 왕 의사가 빌을 부르고 있었다. 그의 곁에는 중국 농부 한 사람이 피난 보따리를 지고 서 있었다.

"웬일입니까? 왕 선생님?"

빌은 그에게로 걸어가며 물었다.

"이 사람은 방금 영-유엔에서 오는 길인데 일본군이 벌써 그 마을을 점령하고 툰-유엔으로 공격해 오고 있답니다. 그러니까 일본군이 여기서 16킬로미터도 떨어져 있지 않는 겁니다."

"우리가 여기 대피소에서 멈추게 된 것은 하나님의 섭리입니다. 자, 이제 출발합시다."

그들은 모터보트로 달려가서 짐들을 정리하고 즉시 서 강을 향하여 뱃머리를 돌렸다.

이번에는 강물이 흐르는 방향으로 배가 진행해서 훨씬 빨리 갈 수 있었다. 그러나 빌에게는 또 하나 새로운 걱정거리가 생겼다. 일본군이 16킬로미터 뒤에서 쫓아오고 있다고 하는데 언제 여기까지 진격해 올지 확실히 알 수가 없었다. 그날 아침 빌은 일찍이 라디오를 통해 우초우가 일본군에게 함락되었음을 알았다. 날자는 발표되지 않아서 그들이 우초우를 떠나고 나서 얼마나 있다가 함락되었는지는 알 수 없었다. 그러나 분명한 사실은 일본군이 계속 강을 따라 북상 진격하고 있다는 것이었다. 일본군 군함들이 자기들보다 앞섰을지도 모르는 일이었다. 그런데 칠흑같이 캄캄한 밤에 아무리 둘러봐도 마땅히 갈 만한 곳이 없었다. 언덕을 따라갔지만 적당한 곳을 찾을 수가 없었다. 빌은 조용히 기도하면서 날이 밝기를 기다렸다.

동이 트자 그들은 곧 툰-유엔에 도착했다. 강을 거슬러 올라갈 때에 비해 내려오는 시간은 3분의 1밖에 걸리지 않았다. 다행히도 그곳에는 일본군이 아직 나타나지 않았다.

다시 한 번 넓은 서 강에 들어서서 계속 서쪽을 바라보고 나아갔다. 그래서 다음에 도착한 마을은 퀘이펭이었는데 거기서 또 두 갈래 길이 생겨 어느 한쪽을 택해야만 했다. 중미 연합군이 대치하고 있는 막강한 군사 도시로 알려진 루이초우로 향해 북쪽으로 가느냐 아니면 난닝으로 향하여 서쪽으로 가느냐 하는 갈림길이었다.

빌은 직원들을 다 불러 그들 앞에 지도를 펴놓고 제반 정세를 검토해 봤다. 루이초우 쪽을 택하면 얼마까지는 보트를 타고 가다가 그다음에는 육상 교통수단을 이용해야만 하고, 난닝을 향해 강을 따라가면 비용이 훨씬 적게 들 것이었다. 그러나 일본군이 인도차이나에서 그쪽으로 진격해 오고 있는데 그 동안 어디까지 진격해 왔는지도 알 수가 없었다. 또 어느 의사가 지적했듯이 일본군이 루이초우로 향해 어디까지 왔는지도 알 길이 없었다. 결국 빌은 난닝을 향해 가기로 결정을 내렸다. 난닝으로 가면 그래도 배를 타고 갈 수 있을 거고 짐을 버리게 될 우려는 없을 것 같았다.

그런데 또 다른 문제가 그들에게 닥쳐왔다. 퀘이펭 서부에서 배를 끌고 온 군함이 이 지역 전투에 참가해야 하기 때문에 더는 빌의 일행과 같이 갈 수가 없게 된 것이다. 그래서 그 대책으로 빌은 중국 표준어를 아는 의사 한 사람을 데리고 퀘이펭으로 가서 모터보트를 가지고 있는 사람을 찾아보기로 했다. 결국 엄청난 돈을 주고 배를 빌려 난닝까지 데려다 줄 사람을 찾았다. 이 폭리배들은 돈을 준다고 하면 아무리 위험한 상황에서도 쾌히 나선다.

또 식량을 구하기가 더 어려워졌다. 그들이 가지고 온 식량이 바닥이 나자 빌과 직원들은 아주 비싸게 많은 돈을 주고 양식을 조금씩 사서 연명해야만 했다.

다음 며칠간은 기나긴 악몽과도 같은 힘난한 길이었다. 우선 모터보트로도 배를 끌고 가기가 힘들 만큼 강의 급류가 거셌다. 빌은 지칠 대로 지친 직원들을 독려하여 급류를 벗어날 때까지 힘을 내서 무거운 밧줄을 끌어당기도록 했다. 몇 시간 동안 힘을 썼더니 모두 지쳐 쓰러졌다. 설상가상으로 그들이 다시 배에 올랐을 때에는 직원 전체의 반 이상이 설사와 열병에 걸렸다.

빌은 마음씨 착한 아버지처럼 배에 있는 환자들을 한 명 한 명 돌아보며 비상용으로 간직해 두었던 약을 주기도 하고 열이 나서 펄펄 끓는 것 같은 이마를 만져주기도 하면서 격려했다. 그렇게 일단 할 일을 다 마치고는 그들 한 가운데 있는 돗자리에 쓰러져 그 동안 못 잤던 잠을 세상모르고 몇 시간 잤다.

중국인들은 외국인이면 선교사들이라도 자기들과 숙소도 달리 하며 식사도 달리 하는 것으로 생각해 왔었다. 식민주의 시대를 거치면서 동양에서 백인들의 생활이 보통 그러했기 때문에 그것이 당연한 것이고 으레 그럴 것으로 알고 있었다. 그런데 빌 왈레스는 달랐다. 중국인들과 함께 잠을 자고 그들과 똑같이 식사했으며, 때로는 자기 음식을 옆 사람들에게 나누어 주기도 했다. 그래서 누군가가 이렇게 말했다.

"그는 정말 우리 가운데서 예수 그리스도의 삶을 산 분이었다."

빌은, 이 평범하지 않은 일행 대열은 난닝 주둔군의 눈에 쉽게 띌 수 있기 때문에 거기 머무는 것이 안전하지 못할 거라는 말을 들었다. 사람들은 포세라는 작은 마을로 가는 것이 좋을 거라고 말했다. 일본군이 곧 난닝도 점령할 수 있으니 오히려 포세에 가서 짐을 풀고 일을 하는 것이 좋겠다는 것이었다.

비용이 엄청나게 많이 들어 부담스러웠지만 그래도 교통수단이 되어 주었던 중국인들의 모터보트도 사용기간이 다 끝나버렸다. 이젠 짐을 겨우 실을 볼품없는 작은 배들만 남아 있을 뿐이어서 어디로 더는 이동할 힘이 없었다. 빌과 직원들은 있는 지혜를 다 모아 온종일 걸려, 보기에는 우습지만 그런대로 제법 쓸모 있는 돛을 각 배에 달았다. 그리고는 밧줄과 긴 삿대를 이용해서 포세를 향하여 배를 몰아갔다. 다행히 바람이 불어주어서 조금씩 움직여 나아갈 수 있었다. 바람이 불지 않을 때는 강가 얕은 곳을 따라 삿대질을 해서 조금씩 움직여 나아가기도 했다. 뒤에서 따라오는 무자비한 살육의 행렬에게 잡히지 않기 위해 있는 힘을 다했다.

난닝을 떠난 첫날밤에 빌은 맨 뒷배 후미에 있는 궤짝에 연필과 종이를 들고 앉아서 랜킨 박사에게 모두 무사히 피했다는 소식을 전하기 위해 몇 마디 쓰고 있었다. 그 동안 며칠이나 지났는 지 빌은 생각이 나지 않았다. 그러나 사랑하는 직원들이 무척 고생하고 불안해하고 있다는 것은 분명히 기억하고 있었다.

그는 의학도로서 누가 봐도 금방 그의 글씨를 알아볼 수 있도록 큼직하게 썼다.

일본군이 들어오기 직전, 9월 16일, 우리는 우초우를 떠났습니다. '우리'라 함은 병원 간호사, 직원 모두 55명 그리고 병원 장비들을 포함한 말입니다. 난닝에 자리 잡으려고 했었는데 광시 성 남부에 있는 포세로 가라는 제안을 받았습니다. 그곳에 도착하려면 적어도 10일은 걸릴 것 같습니다. 이동 비용이 말할 수 없이 많이 들었습니다. 이제 곧 추운 겨울이 다가옵니다. 그러나 스타우트 기념병원을 조금이라도 상처 없이 보존하기 위하여 최선을 다하고 있습니다. 병원이 없어지지 않는 것이 우리의 소원입니다. 이렇게 전쟁 상황에서도 그 동안 모든 직원들은 있는 힘을 다해 충성스럽게 봉사해 왔습니다. 어서 속히 정말 우리가 다시 기쁨으로 우초우로 돌아갈 수 있기를 기원하고 있습니다. 그런데 그때까지 살아남을는지 모르겠습니다. 살아남도록 최선을 다해 노력하겠습니다. 노력하다가 실패하더라도 최선을 다하겠다는 떳떳한 신념을 갖겠습니다. 그럼 안녕히 계십시오.

빌 왈레스 올림

편지를 다 쓰고 보니 왕 의사가 옆에 서 있었다. 둘은 함께 조용히 저물어가는 황혼을 지켜보았다. 난닝을 떠난 이래 그들이 거기에서 뻗쳐오르는 큰 불기둥의 연기를 보게 되었는데 이것은 모든 것을 태워버리는 국부군의 작전이었다. 밤이 되자 그 연기기둥은 붉은 화염으로 변해 멀리까지 비추었다.

한 중국인 기독교신자가 말했다.

"우리도 광야에 있었던 이스라엘 민족 같습니다. 낮에는 구름기둥, 밤에는 불기둥이 우리를 떠나지 않으니…."

광야 병원

  미국 수송기가 구름을 뚫고 목적지를 향해 급강하로 내려오고 있었다. 루시 라이트 간호사가 창에 얼굴을 대고 밖을 내다보니 포세가 한 눈에 들어왔다. 그런데 조정사가 잘못 계산했는지 비행기가 구름을 지나 중국 남부의 시골로 착륙하는 듯싶었으나, 나지막한 회색 집들 앞에 있는 포세 비행장의 활주로가 보였다. 루시 라이트 간호사는 거기에 스타우트 기념병원 직원들이 꼭 있기를 바랐다.

  루시 라이트 간호사는 일본군의 공격이 끝나기를 바라면서 기다리던 곳에서 여기 포세까지 태워다 준 짧은 머리의 조지아 출신 청년 조종사에게 감사했다. 비행기에서 내린 루시는 짐 가방을 들고 목적지로 생각되는 원통형의 임시 막사를 향해 빠른 걸음으로 걸어갔다. 그런데 거기에 있기를 바랐던 사람들은 없었다. 중국인 병원 직원들을 한 미국인 선교사가 이끌고 어디론가 이미 떠난 것을 알고 무척 당황했다.

한 미군이 루시 라이트 간호사에게 말했다.

"그들이 여기에 한 주간 머물러 있었어요. 왈레스 선생은 중미 연합병원을 운영하며 군인들과 민간인들을 모두 치료했지요."

루시 라이트 간호사가 물었다.

"그들은 일본군에서 다시 탈환한 난닝으로 갔나요?"

군인은 진지하게 다시 말했다.

"그렇습니다. 빌 왈레스 선생은 우초우로 돌아가야 한다고 말하더군요. 승리가 목전에 있다고 그분은 생각하더군요. 내가 본 사람들 가운데 스타우트 기념병원 팀은 가장 많은 일을 하는 분들이었어요. 저도 몹시 아팠을 때 왈레스 선생이 치료해 주었지요."

그 군인은 자기가 십이지장 궤양으로 고생할 때 왈레스 의사가 아주 친절하게 치료해 주었다고 루시 라이트 간호사에게 이야기했다. 그리고 자기는 텍사스 주 출신이고 침례교인이라고 했다.

그 군인이 또 말했다.

"저쪽 들판 건너편으로 가시면 아마 트럭들이 있을 거예요. 난닝으로 간다고 하던데 잘 말하면 탈 수 있을 겁니다."

루시 라이트 간호사는 용기를 내서 그 구호품을 실은 차를 타고 운전사에게 물었다.

"난닝에 가보신 적이 있으세요?"

"예, 선생님, 저는 그곳에 주둔하고 있습니다. 그런데 선생님이 거기에 가보신 일이 없으시면 미리 각오를 하셔야 할 겁니다. 아주 작은 도시거든요."

"괜찮습니다. 그런데 혹시 왈레스 선생이 어디 있는지 아세요?"

"왈레스 선생이요? 잘 모르겠는데요. 난닝에는 중국 각처에서 모여든 사람들로 들끓고 있습니다. 거기서 그분을 만나기 어려울 겁니다."

루시는 크게 당황했다. 그들이 또 다른 곳으로 이동하지나 않았을까 걱정이 되었다. 루시 라이트 간호사는 1943년 가을에 그들과 합류하여 같이 일하기로 하고 출발한 것인데 이렇게 오는데 너무 오래 걸려 맥이 다 빠져 기진맥진한 상태였다. 지금은 1945년 6월이었다.

"가만, 혹시 약 50명의 중국인들과 함께 다니는 키가 후리후리하고 좀 야윈 미국 선교사 말입니까?"

운전기사가 물었다.

"그렇습니다. 그분이 바로 빌 왈레스 선생입니다."

루시의 얼굴에 웃음이 돌았다.

"그럼 바로 그분이 있는 곳으로 모셔다 드리겠습니다. 그분 이름은 모르지만 그분을 모르는 사람은 없습니다. 그분들은 이 지방에서 전설적인 영웅이지요. 그들이 서 강을 따라 왔다고 말들 하던데요. 그때 그 지역은 일본군이 점령해서 장악하고 있었지요. 중국 사람들은 천사들이 그들을 지켜줬다고 생각하고 있답니다."

루시는 말했다.

"그들은 우초우에서 왔답니다. 나는 그들을 만나려고 1년 넘게 애써 왔습니다."

"자, 이제 다 왔습니다."

그 순간 먼지투성이가 된 육군 군복차림의 루시는 빌 왈레스 일행에게로 달려갔다. 루시를 알아보자 모두들 축제를 벌이듯 루시를 대 환영했다. 그런데 여느 때는 통 말이 없던 왈레스가 놀랍게도 이번에는 장장 45분간이나 연설을 했다.

북경 표준어로 말하는 루시 라이트는 테네시 억양의 광둥어를 쓰는 빌의 말을 전부 다 알아들을 수는 없었으나 거기 모인 사람들의 표정을 보고 눈치로 빌이 무슨 말을 하는지 알 수 있었다.

빌이 천천히 그리고 또박또박, 때로는 좀 더듬으면서 말하는 것을 보면서 이 작은 단체가 생사를 같이 하는 하나의 확고한 그리스도인 가족 공동체라는 것을 루시 라이트 간호사는 알게 되었다. 루시는 마치 군인이 자랑스럽고 명예로운 그 부대의 일원이 되는 것을 기뻐하고 영광으로 여기는 것과 같은 그런 느낌을 가지게 되었다. 그리고 이 직원들이 그렇게 한 가족 공동체로 지내온 그들의 지난 일들이 부럽기까지 했다.

"이제 우리는 곧 돌아가게 될 겁니다."

루시는 빌이 앞으로의 모든 일을 잘 이끌어 갈 거라고 생각하고 있었다.

"우리 우초우로 돌아가서 병원을 다시 세웁시다. 그래서 오랜 역사를 가진 우리 병원이 결코 역사에서 사라지지 않게 합시다. 이 일을 위해서 하나님이 우리의 생명을 지금까지 지켜 주신 걸로 믿습니다."

빌의 말이 능변은 아니었다. 그러나 루시 라이트는 그의 결연한 마음을 털어놓는 거라고 생각했다.

며칠 후 루시는 방을 함께 쓰게 된 영어를 좀 아는 한 간호사에게 그

동안 그들이 겪은 고난의 행군 이야기를 들었다. 그래서 루시도 그들이 포세까지 어떻게 오게 되었는지 알게 되었다. 그러나 전부 다 알 수는 없었다.

루시가 물었다.

"포세에서는 어떻게 지내셨어요, 거처할 데가 있던가요? 오늘 아침에 그곳을 거쳐 왔는데 별로 큰 도시가 아니던데요."

그러자 중국인 간호사가 대답했다.

"맞아요, 그리 큰 도시가 아닙니다. 왈레스 선생님이 당국을 찾아가서 우리의 사정을 이야기하고 거기에 병원을 차리고 환자들을 치료해 주겠다고 했더니 포세의 유지들이 좋게 생각해서 낡은 건물이지만 서당과 비어 있는 학교 건물을 쓰도록 주선해 주었어요. 사실 그것도 우리에게 배를 빌려준 광시 성 지사가 힘써주었을 거예요. 우리는 그분들의 호의가 아주 고마웠어요. 그런데 그 건물들은 누구도 사용하지 않는 건물이어서 우리에게 빌려준 거래요. 그곳 사람들은 그 건물에 귀신이 산다고 생각한대요. 그래서 우리가 그 건물들을 쓰게 되자 우리는 그 지역에서 영웅이 된 거예요. 빌 왈레스 선생님이 그 귀신들을 다 내쫓고 집을 깨끗이 했다고 생각들 한 거예요."

루시는 웃으며 말했다.

"빌 왈레스 선생님이 귀신 내쫓는 일을 했으니 의학회에서 그에게 표창이라도 해야겠네요."

그러자 그 중국인 간호사가 또 말했다.

"그렇지요, 어쨌든 빌 왈레스 선생님의 지도하에 그 귀신이 나올 것 같은 빈 집에서 병원 일을 하게 되었지요. 그분이 임기응변으로 그렇게 할 줄 누가 생각이나 했겠습니까. 그리고 선생님이 솜씨도 있어서 전기를 끌어오고 상하수도도 설치하고 우리 모두 함께 대나무 커튼과 잠자리를 만들기도 했어요. 또 어디선지 화학약품을 구해다가 그동안 여기저기 헤매면서 더러워진 우리 제복을 세탁해서 아주 하얗게 해 주기도 했답니다. 그분은 우리 한 사람 한 사람이 곧 병원이므로 병원답게 항상 공적으로 바르게 행동하기를 원했지요."

루시는 가만히 듣고 있었다. 간호사는 자기 이야기에 흥분해서 계속 말했다.

"포세에는 그때 악성 학질이 유행했어요. 콜레라와 여러 가지 다른 질병도 만연하고 있어서 그곳 인구의 4분의 3이 병에 걸려있는 것 같았어요. 우리도 예외일 수가 없었지요. 우리 직원들 거의 반이 학질에 걸렸지요. 이리저리 피난길도 힘들었고 식사도 제대로 못해서 모두 몸이 약해져 유행병에 걸렸다 하면 바로 쓰러졌어요. 한 간호사는 끔찍한 말라리아에 걸려 아주 위독한 중증 정신장애도 나타났었어요. 그런 환자를 보신 적이 있으세요?"

루시는 심한 고열로 정신을 잃고 밤새도록 소리소리 지르는 심각한 환자들을 상기하면서 고개를 끄덕였다. 그러자 그 간호사는 또 말을 이었다.

"그때 빌 왈레스 선생님이 그 환자를 돌보는 걸 보셨으면 좋았을 텐데요. 그 여자 환자는 꼭 사나운 짐승 같았어요. 그런데 왈레스 선생님은 무슨 신통력이라도 가지고 있는 것 같았어요. 아무도 그 환자에게 손을 댈 수 없었는데 왈레스 선생님은 그 환자를 진정시켰거든요. 그가 그 환자

곁을 떠나지 않고, 48시간 동안 치료를 해서 위기를 넘기게 되었지요. 그때까지는 우리 가운데서 한 사람도 희생자가 없었는데 포세에서 그만…. 아시겠지만 일본군은 포세를 위협하고 있었어요. 우리는 상황을 모르고 그저 안전한 줄로 생각하고 있었는데 미군은 일본군이 난닝을 지나 포세에서 32킬로미터 안 되는 곳까지 온 것을 탐지했답니다. 그 소식을 듣고 모두 낙담을 했지요. 이젠 어떻게 할 도리가 없다고 생각하고 될 대로 되라지 하고 있는데 빌 왈레스 선생님이 다시 우리에게 힘을 내어 일어서게 하고 우리에게 다시 짐을 꾸리도록 용기를 주었어요. 우리는 짐을 어떻게 운반할까 걱정하고 있는데 왈레스 선생님이 어디서 구급차 한 대를 몰고 왔지 뭡니까. 우리는 지금까지도 그가 어디서 그 구급차를 구해 왔는지 모른답니다. 그래서 우리는 짐을 그 구급차에 싣고 배가 있는 강으로 막 떠나려 하는데 복조관 중국의사가 복통이 심하게 나서 중태인 거예요. 왈레스 선생님이 그의 복통을 치료했지만 그동안 너무나 안 좋은 식사를 해서 그런지 병이 점점 더 악화되었지요. 우리가 출발하려고 하는 바로 그때에 피를 토하기 시작했고, 그리고 또 그때 전쟁 포성이 가까운 곳에서 들려왔어요. 그런데 그 와중에도 왈레스 선생님은 복 의사를 안정시키고 온갖 수단을 다 동원해서 돌봤어요. 우리는 어떻게 할 도리가 없었지요. 그날 밤은 영원히 잊을 수가 없어요. 일본군 비행기들이 포세를 폭격하는 걸 본 적이 있기 때문에 우리는 불도 켤 수 없었고 답답하게 지낼 수밖에 없었어요. 잠을 잘 수도 없었지요. 포성은 점점 더 가까워졌고 위급한 상황이었지요. 왈레스 선생님은 우리보고 동이 트기 전에 모두 배를 타고 떠나라고 했는데, 이번엔 우리가 우겼지요. 우리만 갈 수 없다고 했어요.

그랬더니 왈레스 선생님도 우리를 고마워하는 것 같았어요. 왈레스 선생님이 백방으로 애를 썼지만 복 의사는 동이 트자 끝내 숨을 거두었지요. 그런 끔찍한 일이 다시 생기지 않기를 바랄 뿐입니다. 솔직히 말해서 우리는 복 의사가 회복되어 같이 이동할 수 있기를 바랐지만 만약 안 되면 먼저 하늘나라로 가서 편히 쉬게 해 달라고 기도드렸습니다. 이런 말이 매정하게 들릴지 모르지만 생각해 보세요. 포성은 자꾸 가까워지는데, 한 사람 때문에 우리 모두가 죽을지도 모른다고 생각하니 너무 불안해서 어쩔 도리가 없더라고요."

루시도 그 말을 들으니, 그때의 상황을 이해할 수 있었다. 그러나 실제로 체험한 사람이 아니어서 그때 현장의 그 끔찍한 상황을 다 알 수는 없었다. 그 간호사는 다시 말을 이었다.

"와이상과 같이 있으면서 그렇게 불안해지기는 그때가 처음이었어요. 왈레스 선생님은 그때 어떻게 해서라도 관을 구해서 복 의사의 장례를 기독교식으로 치르려고 했어요. 그런데 그곳 주민들이 거의 다 피난을 갔기 때문에 가게들이 모두 문을 닫았지 뭡니까. 그런데 왈레스와 전도사 한 분이 사방을 돌아다녀 마침 아직 피난가지 않은 장의사를 찾아내서 관을 샀는데 장의사는 그 관을 갖다 주려고 하지 않았답니다. 그래서 하는 수 없이 왈레스 선생님이 그 관을 분해해서 오랜 사원이 있는 뒷산에 가지고 가서 다시 그것을 짜 맞추었답니다. 그렇게 해서 복 의사의 시체를 그곳으로 운반해서 장례를 치렀어요. 그땐 포성이 하도 크게 들려서 마치 천둥소리 같았어요. 그런데 장례예배를 드리려고 하는데 갑자기 비가 쏟아지는 거예요. 누군가가 이렇게 말했어요. '하늘도 우리와 함께 울고 있구나.' 왈레스 선생님이 작은 휴대용 성경을 꺼내 몇 구절 읽고 기도를 드렸지요. 우리는 진흙을 한 삽씩 던져 넣었어요. 무덤 구덩이에 흙을 가득하게 채우고 정리하고 우리는 산을 내려와 강으로 달려가서 배를 탔답니다."

이 중국인 간호사의 볼에는 눈물이 흘렀다. 조그마한 손수건으로 눈물을 훔치느라 잠시 말을 멈추었다가 다시 말을 했다.

"어떻게 보면 그때가 가장 슬픈 때였겠지만 그렇다고 가장 어려운 때는 아니었어요. 우리는 노를 젓기도 하고 배를 끌기도 하면서 폭-룩이라는 작은 마을에 이르게 되었습니다. 그곳도 상황이 끔찍했습니다. 피난민들이 가득했고 길거리마다 시체가 뒹굴고 있었지만 어느 한 사람 그것을 치우는 이가 없었어요. 거리에는 야생돼지들이 죽은 사람들을 뜯어 먹었어요. 그런데 그것도 모자랐는지, 아니면 돼지들도 제정신이 아닌지 산 사람에게도 덤벼드는 거 있지요. 사람들은 모두 기진맥진해서 그 돼지들을 쫓아버릴 힘도 없었어요. 정말 끔찍했어요. 일본군이 인도차이나에서 북상해서 난닝을 점령하고 있는 부대와 합류하려고 했어요. 우리는 그 사이에서 오도 가도 못하게 되었지요. 폭-룩 마을 밖에서 야영을 하며 일본군이 폭격을 할 때마다 근처에 파놓은 대피소 굴속으로 피해야만 했어요. 그런데 그런 대피소 굴 안에도 사체가 있어서, 부패한 시체의 악취가 가득한 거예요. 지금도 그 냄새가 나는 것 같아요. 그리고 그날의 그 두려움은 지금도 잊을 수가 없어요. 그 두려움이 상상이 되세요?

내 생각에 그때가 가장 위험한 때였어요. 우리는 식량을 구해보려고 각자 흩어져 나가려고 했지만 왈레스 선생님은 우리에게 한 사람이라도 흩어지지 말고 있으라고 했어요. 그리고 우리에게 용기를 북돋워 주었지요. 기도도 해 주었어요. 그리고 그가 매일 어딘가에 가서 식량을 구해왔어요.

폭-룩에 있을 때 왈레스 선생님이 자기 음식을 먹지 않고 열병으로 몹시 괴로워하는 간호사에게 주는 걸 봤어요. 우리는 대다수 설사나 열병에 걸려 있었지요. 한번은 보니까 우리가 거처하는 천막 뒤에서 왈레스 선생님이 너무 배가 고파서 음식쓰레기통에 버린 누룽지를 먹고 있지 뭐예요. 내가 보는 것을 알고는 무척 당황해 하더라고요.

물론 그것을 먹는다고 부끄러워하는 것은 아니었어요. 배가 고프면 누군들 먹지 않겠어요. 왈레스 선생님은 그만큼 배가 고프다는 사실을 남이 알게 된 것을 부끄럽게 생각했나 봐요.

그분은 너무나 여위셔서 바람이라도 세게 불면 날아갈 것 같았어요. 그런데 묘하게도 그분은 건강해요. 우리가 얻어온 아주 적은 닭 뼈를 먹는 방법과 우리에게 필요한 비타민을 섭취하는 방법을 가르쳐 주기도 했어요. 그와 같은 비상수단 방법으로 우리는 생명을 부지했어요. 왈레스 선생님은 정말 착해서 우리 한 사람 한 사람을 일일이 돌봐주시며 위로해 주시고, 또 환자도 계속 돌봐주셨어요. 그분은 우리를 위해서라면 못 하는 것이 없었어요.

화내지 마세요, 라이트 선생님. 미국인이나 유럽인들이 그런 일을 하는 것을 우리 중국인들은 별로 못 보았거든요. 모든 선교사들이 우리를 사랑합니다. 그러나 그분에게는 언제나 다른 점이 있어요. 그들(선교사들)은 그들대로 우리는 우리대로 살았지요. 그런데 왈레스 선생님은 우리와 전혀 다를 바가 없었어요. 그는 우리 중의 한 사람처럼 모든 것을 우리와 똑같이 했어요."

이 간호사의 말을 듣고 루시 라이트 간호사가 물었다.

"당신네들이 왈레스 선생님을 그렇게 좋아하는 이유를 알겠어요. 포세로 돌아오기까지 그곳에서 얼마나 머물러 있었어요?"

"그때는 돌아올 꿈도 못 꾸었지요. 우리가 그곳에 도착한 지 일주일가량 지나서 일본군이 폭-룩 교외에서 여러 명의 중국 군인들을 죽였어요. 그래서 우리는 밤중에 도망을 하지 않으면 안 되었지요. 모든 장비를 그대로 놔둔 채 말이에요. 다행히 뒤에 되찾긴 했습니다만."

그 간호사는 말을 이었다.

"이번에는 걸어서 텅링이라는 조그마한 마을로 갔어요. 다른 때도 그랬지만 그때는 왈레스 선생님이 더 안쓰럽게 보였어요. 난닝에서부터 배를 끌면서 강둑으로 죽 걸어서 오니까 한 켤레밖에 없는 운동화가 다 달아버렸어요. 그래서 운동화 밑창에 종이를 대고 걸었답니다. 그러다가 하루는 왈레스 선생님이 강가에서 졸도를 했어요. 심장마비인 줄 알았어요. 마침 그 전날 한 미군이 말 두 마리를 우리에게 주었는데 왈레스 선생님을 그 말에 태우고 이동했지요. 조금 가다가 의식을 회복하고 사태를 파악하고는 당장 말에서 내리고는 간호사를 태우라고 했어요. 우리가 아니라고 해도 그는 간호사를 태우라고 우겼어요. 그동안 우리가 어떻게 살아왔는지 정말 꿈만 같아요. 어쨌든 텅링에 도착했어요. 그러던 중 어느 날 미군이 와서 포세를 다시 탈환했다는 소식을 전해줘서 우리 모두 함성을 질렀지요."

루시가 물었다.

"그때까지 낙오된 사람은 없었나요?"

"예, 없어요. 정말 다행이지요."

간호사는 미소를 지으며 말을 이었다.

"선생님은 그렇게 단합된 일행을 보신 적이 없을 거예요. 우리는 매일 기도했어요. 미국 사람들이 들었으면 우리를 홀리 롤러 집단(오순절 파의 한 분파)이라고 했을거예요. 우리의 기도는 열광적이었으며 눈물도 많이 흘리면서 매일 하나님과 교제했어요. 그렇게 각자 기도하는 시간만이 우리가 서로 떨어져 있는 시간이었지요. 왈레스 선생님은 지나가는 미군 트럭을 세워 우리를 한 번에 몇 사람씩 목적지까지 태워 보내주기도 했어요. 그 미군들은 왈레스 선생님을 그런 곳에서 보게 되자 굉장히 놀라는 것 같았어요. 왈레스 선생님이 본국에서 온 군인들을 만나 웃으며 얘기하는 것을 보니 우리도 기쁘더라고요.

우리가 모두 포세로 돌아오고 며칠 지나서 왈레스 선생님이 우리의 모든 장비를 다 찾아가지고 왔어요. 그래서 우리는 병원 일을 다시 시작하게 되었지요. 왈레스 선생님의 제안에 따라 미군을 포함한 다른 의료팀들과 함께 '중미 연합병원'을 세웠답니다."

루시가 말했다.

"그렇군요, 당신들이 미국 군인들을 많이 치료해 주었지요? 내가 포세로 오는 길에서 당신들에게 십이지장을 치료받은 한 군인을 만났어요."

"예, 그랬어요. 위궤양으로 고생하는 군인, 십이지장충병 환자 군인,

이질, 설사, 학질 그리고 심한 열병 등 각종 질병에 걸린 군인들을 치료했어요. 특히 일본군과 격전을 벌인 뒤에는 많은 부상자들을 치료했어요. 그런데 그때 우리는 간호사 한 명을 잃었습니다. 무슨 병으로 죽었는지 정확히 알 수 없지만 우리는 모두 친자매를 잃은 것처럼 슬퍼했지요. 왈레스 선생님도 친동생을 잃은 것처럼 마음 아파했어요."

룩 간호사는 잠시 말을 멈추고 미소 짓고는 말을 이었다.

"정말 하나님의 은혜로 우리가 여기까지 오게 되었어요."

"정말 그래요, 하나님의 은혜지요."

루시도 답했다.

다음날 왈레스가 루시에게 병원의 일과를 설명하고 둘은 함께 병원을 둘러봤다. 이 병원에서 치료받는 군인이면 중국인이나 미국인이거나 조금도 차별 없이 똑같이 친절하게 대우해 주는 왈레스를 보고 루시는 참으로 감동했다. 루시는 왈레스가 유머감각도 뛰어나고 사람들로 편안하게 이야기할 수 있도록 하는 특별한 재간이 있는 것을 알 수 있었다. 그것이 바로 더 좋은 치료법이었다.

비록 새끼줄로 묶어놓고 짚 돗자리를 깔아 놓은 침대지만 그래도 자그마치 150병상이나 되었다. 그날 오후 루시는 수술실에서 왈레스의 수술을 도우면서 이 병원이 겉으로 보기는 형편없이 초라하지만 내용면에서는 조금도 손색이 없는 당당한 병원임을 알게 되었다.

이 광야 병원은 그 여름 동안 난닝에서 진료를 했다.

1945년 8월 15일 제2차 세계대전이 끝났다. 일본 왕이 무조건 항복을 했다. 그래서 일본군이 중국을 떠나게 되었다.

우리는 믿겨지지가 않았다. 일본 군인들이 자기네 나라로 돌아가다니! 병원에서는 하루 종일 환성이 터져 나왔다. 루시는 미군들이 감사의 표시로 식량과 선물들을 가져오는 것을 보았다. 늘 긴장하기만 했던 병실들도 이제 안도와 환희의 분위기로 바뀌었다. 중심인물로 나서기를 원하지 않았지만 그동안 광야 병원에서 모세와도 같이 일을 충실하게 이끌어 온 왈레스가 그날의 주인공이 되는 것은 당연한 일이었다.

다음날 미군 부대에서 정식으로 승전 축하연을 베풀었는데 그 자리에서 스타우트 기념병원 간호사들에게 노래를 불러줄 것을 요청했다. 노래 부르는 그들의 목소리는 수정같이 맑았고 기쁨과 감사한 마음으로 낭랑하게 울려 퍼져 나갔다. 그날 저녁 미국 사람들이 베푼 연회에서도 간호사들이 노래를 불렀다. 당시의 연회가 대개 다 그랬던 것처럼 그 연회도 술잔이 돌고 노래하면서 흥이 돋아졌다. 늘 찬송가만 부르던 루시 라이트 간호사와 다른 간호사들은 어떻게 할까 좀 당황했다. 그들은 왈레스의 눈치를 보았다. 그때 왈레스는 웃으며 말했다.

"주저하지 말고 찬송가를 불러요."

그들은 찬송가를 불렀다. 모두 환성을 지르며 박수를 보냈다.

그렇게 찬송을 부르자 축하객들의 심금을 울려 그들의 마음을 향락적인 분위기에서 가정적이고 신앙적으로 하나님께 대한 감사하는 경건한 분위기로 바꾸었다. 광야 병원이 최고 절정에 이른 때였을 것이다.

그들이 피난길에 함께 해 주신 바로 그 하나님이 그들을 우초우로 다시 돌아가게 해 주신 것이다. '피난살이 병원'에서 치료를 받은 많은 미국인들은 그 은혜를 잊지 못하고 병원 직원들이 우초우로 돌아가는 일에 모두 열성적으로 도와주었다. 아주 큰 배를 믿어지지 않을 정도로 싼 값에 빌리게 되어 빌은 누가 압력을 가해서 그렇게 되지 않았나 하고 생각할 정도였다. 그 배를 끌고 갈 모터보트도 마련되었다. 그리고 나서 왈레스와 그 직원들이 봉사해 준 부대의 미군 병사들이 그 지방에서 쓰는 주방선(주방이 있는 배)을 한 척 만들어 주었는데 그것은 직원들과 장비를 싣고 가는 큰 배 뒤에 달고 갈 수 있었다.

9월의 어느 찬란한 아침, 이들은 장기간의 고난 여행의 마지막 행군을 출발했다. 난닝부두에는 고마워하는 시민들과 헤어지기 섭섭해 하는 군인들로 가득 차 있었다. 직원들은 정말 위험한 처지에서 사귄 사람들에게 손을 흔들어 작별을 고하며 넓은 서 강의 물살을 따라 나아갔다. 어느덧 난닝의 모습이 사라져갔다. 그들은 이제 고향으로 돌아가고 있는 것이었다.

나흘간에 걸친 긴 여행이 계속되었으나 약 1년 전 쫓기던 피난길과는 아주 다른 여행이었다. 이제는 쉬기도 하고 노래도 부르고 각자 편한 마음으로 묵상도 할 만큼 여유가 있었다. 루시가 보니 왈레스는 이 여행 동안 주로 구석에서 그간 지칠 대로 지친 몸을 쉬고 있었다.

이 여행 마지막 날 오후에 우리 눈에 익은 우초우의 경치가 수평선 저쪽에 나타나자 모두 환성을 질렀다. 그날 저녁 식사를 위해 피운 숯불 주위에 모여 그들은 우초우 쪽을 바라보며 찬송가를 불렀다. 그러자 우초우의 불빛이 하나 둘 눈에 들어오기 시작했다. 그들은 약 1년 전 자기들이 떠나는 것을 지켜보았던 반짝이는 별빛 아래 있는 낯익은 우초우의 언덕을 바라보며 모두 일어나서 기뻐 어쩔 줄 몰라 하며 찬송을 불렀다.

    면류관 벗어서 주 앞에 드리세
    저 천사 기쁜 노래가 온 땅에 퍼지네
    내 혼아 깨어서 주 찬송하여라
    온 백성 죄를 속하신
    만왕의 왕일세

루시 라이트는 활짝 웃는 빌이 손에 편지를 들고 다가오는 것을 쳐다보았다.

"내 누님께 막 편지를 썼는데 읽어 보시겠어요?"

루시는 그 편지를 받아 불빛 아래서 읽어보았다. 이렇게 아주 적은 말에 이렇게 많은 말이 담겨있는 편지를 본 적이 없었다.

 누님에게

    우초우에서.

    사랑하는 빌

고향 우초우로 돌아오다

　병원 건물이 겉보기에는 여전히 그대로 건전하게 남아 있었다. 하지만 내부와 정원은 엉망이었다. 우초우 시는 대부분 파괴되고 콜레라가 유행하여 많은 사람이 죽었다. 고생고생 끝에 돌아온 직원들은 이런 처참한 모습을 보고 크게 낙담했다. 그래도 반가이 맞아주는 시민들이 있어서 그나마 위로가 되었다.

　빌은 동료 의사들과 함께 한때는 그렇게 깨끗했던 병원 건물을 둘러보았다. 아래층은 일본군이 마구간으로 사용했기 때문에 형편없이 더러워졌고 수도관은 벽돌조각과 쓰레기로 다 막혀 있었다. 수도도, 전기도, 문짝도 뭐 하나 제대로 남아 있는 것이 없었다. 가구들도 없어졌거나 남은 것들은 다 부서져 있었다. 다시 설치하기 어려운 장비들이 마당 여기저기에 버려져 있었다. 지붕도 일부는 날아가 버렸다.

조사를 다 끝내고 빌은 직원들을 계단 앞에 불러 모았다. 직원들도 모두 누더기가 된 옷을 걸치고 있었고 또 지칠 대로 지쳐 있었다. 이렇게 감당하기 어려운 일들이 눈앞에 보이자 이루 말로 다할 수 없을 만큼 비통했다. 빌은 한동안 아무 말도 못하고 있다가 그래도 직원들을 둘러보고 싱긋이 웃으며 말했다.

"우리는 일을 시작해야 합니다. 환자들이 우리를 기다리고 있으니까 병원이 있어야 하지요."

이렇게 말하고 그는 돌아서서 계단을 오르기 시작했다. 그러자 직원들이 한 명 한 명 그를 따라 올라갔다. 곧 그들은 사랑하는 병원의 옛 모습을 되찾기 위해 여기저기서 열심히 작업을 했다. 해야 할 일이 많았다.

그들은 남아있는 장비들을 하나하나 닦았다. 덧문을 달고 문지르며 페인트칠을 했다. 며칠 동안 그렇게 했더니 그래도 어느 정도 깨끗한 옛 모습이 되살아났다. 빌은 콜레라를 치료하는 데 필요한 정맥 주사용 염수를 만드는 증류기를 멋지게 다시 만들어냈다. 전에처럼 정밀하지는 못하지만 그래도 검사를 할 수 있는 검사실도 다시 갖추었다. 그리고 일본군이 쓰다가 버리고 간 몇 개의 휘발유 드럼통을 모아 물탱크로 만들어 밤낮으로 물을 끓여 두었다. 청년시절에 기계를 다루던 솜씨로 발전기를 만들어 외과 수술실에 필요한 전력과 조명을 공급하게도 했다. 그리고 정말 극적으로 아슬아슬한 일이 있었다. 그것은 빌이 건물을 청소하다가 일본군의 불발 폭탄 세 개를 발견한 것이다. 빌은 그 세 개의 불발 폭탄을 조심조심 분해 처리했다. 모두 긴장했지만 안전하게 처리하여 직원들은 또

한 번 빌의 솜씨에 놀랐다.

빌은 매일 직원들을 격려하며 하루라도 빨리 환자를 받아 진료할 수 있게 하자고 독려했다. 직원들도 빌의 독려에 응하여 모두 힘껏 일했다. 그렇게 해서 꼭 일주일이 지나 의사들과 간호사들 그리고 모든 직원들은 감격하며 감사하면서 폭탄자국이 남아 있는 5층 예배실에서 감사, 헌신 예배를 드렸다. 그리고는 모두 아래층으로 내려와 힘들여 만든 병원 철제 대문을 열었다. 스타우트 기념병원이 다시 문을 열게 된 것이다!

빌은 처음 몇 주간은 치료하는 일에 주력하지 못하고 병원 건물 보수하는 일에 시간을 더 할애했다. 주방을 다시 만들고 벽돌 화덕을 만들었다. 그리고 건축 기사가 없어서 일반 노동자들을 동원해 폭탄에 맞아 부서진 지붕을 복구했는데, 일주일이 지나자 복구한 지붕이 그만 무너져 버렸다.

"언제나 성공만 할 수 있는 건 아니지."

무너진 이유를 조사하고 나서 빌은 말했다.

직원들은 빌이 조금도 쉬지 않고 계속해서 일하는 걸 보고 걱정했다. 루시 라이트 간호사도 빌이 스파르타 사람처럼 일하는 걸 보고 다음과 같이 말했다.

"자기 몸 생각은 조금도 안 해요. 나무 베개를 베고 대나무로 엮어서 만든 자리에서 자고요. 그래서 보다 못해 낡은 침대를 두 서너 개 구해왔더니 도리어 하나는 내게 주고 나머지는 간호사 침실로 보내는 거예요. 피난 다니면서 습관이 되어서 침대에서는 오히려 잠이 잘 안 온다대요. 하루는 물소 우유와 오트밀과 인디안 버터를 좀 사서 식사를 준비했더니 무슨 대사관에서 차린 정찬이나 되는 것처럼 맛있게 먹더라구요. 그걸 보니 어찌나 마음이 아프던지요. 그분은 일상생활에서 사소한 일에도 어린애처럼 애착을 가지고 있었는데 그것이 그분의 매력이기도 했지요. 어느 날 밤에는 우리 보고 문 앞에 다 모이라고 큰 소리로 말했어요. 무슨 급한 일이라도 난 줄 알고 다들 달려갔지요. 그런데 그가 하는 말이 우초우로 돌아와서 처음 맞는 보름달을 보라는 거예요."

그들이 돌아온 지 두 달이 지났을 때 우초우 감옥에서 발진티푸스 병이 발생했다는 소식을 빌이 듣게 되었다. 그 감옥에는 정치범들과 일반 죄수들로 가득 차 있는 딱한 곳이었다. 당국에서는 그 죄수들의 건강에 대해서 별 신경을 쓰지 않았다. 빌은 당국 책임자들에게 이대로 방치하면 시 전체가 위험하게 될 거라고 설득해서 그 감옥에 있는 죄수 환자들을 치료하기로 했다.

빌은 매일 자원봉사자들과 함께 더러운 감옥에서 병에 시달리는 죄수 환자들을 치료했다. 그 감옥에서 가장 악명 높은 놈이라고 알려진 죄수들도 빌을 사랑의 천사라고 생각했다. 감옥에 개선할 것이 있으면 때로는 책임자들을 끝까지 설득하여 개선하도록 했다.

그래서 빌이 아주 철저하면서도 열정적으로 일을 처리하는 사람이라고 모두 놀랐다.

크리스마스 때까지 빌은 병원에서 교육과정도 다시 시작해서 간호사 반 두 반과 인턴 두 명을 새로 교육했다. 하루는 이웃마을에 갔다 오면서 어디서 발견했는지 하얀 뼈를 부대에 담아가지고 왔다. 아마 오래 전에 오솔길에서 죽은 불쌍한 농부의 뼈일지도 모르겠다. 빌은 그 뼈들을 서로 맞춰놓고 사람의 골격구조에 대해 간호사들에게 가르치기도 했다.

다음 해 봄 로버트 베도우 의사가 스타우트 기념병원을 위해 중국으로 오고 있다는 반가운 소식을 받았다. 그가 도착하면 빌은 두 번째로 안식년을 맞아 휴가를 갈 수 있었기 때문에 몹시 들뜬 마음으로 베도우 의사를 기다렸다. 연구도 더 해야겠지만 누님과 그 가족이 보고 싶었다. 뿐만 아니라 또 보고 싶은 이가 있었다. 그녀가 아직 만나기를 원하고 있다면….

루시는 빌과 그녀가 잘 되기를 바라며 도우려고 했다. 별로 관심을 가지지 않는 듯한 빌에게 루시는 그녀 생각이 나도록 그녀에 대해서 말을 걸기도 했다. 루시는 빌이 첫 번 안식년 때 만난 그 여자와 편지를 계속 보내고 받는 것을 알고 있었다.

얼마 후에 베도우 의사 가족이 도착했다. 반갑게 며칠 동안 다시 만난 기쁨으로 지내고 빌은 드디어 안식년 휴가로 고향을 향해 떠났다. 곧 버지니아 주 리치먼드에 도착했다. 그 동안 어느 듯 5년이란 세월이 지났지만 불과 한 주간밖에 안 된 것처럼 빌은 자연스럽게 그 여자 친구에게 만나기를 청했다. 루시 라이트가 그 여자에게 이렇게 편지한 것을 빌은 까맣게 모르고 있었다.

…당신이 이 편지를 받아 읽을 때는 우리의 친구가 미국을 향해서 항해 중일 거예요. 그분도 당신에게 편지를 보냈겠지

요. 지난 몇 년 동안의 일은 별로 이야기하고 싶지 않을 겁니다. 무척 고생을 많이 했거든요. 그러나 그는 참으로 영웅적이며 믿기 어려울 만큼 놀라운 극적인 이야깃거리를 많이 가지고 있어요. 내가 여자의 힘을 과소평가하지 말라고 그에게 늘 말을 해서 아마 당신에게는 다 이야기할 거예요….

리치먼드의 제퍼슨 호텔은 전통적인 남부의 매력을 지니고 있는 유명한 호텔이었다. 특히 식당의 수정유리 그릇들, 촛불조명, 직원들의 품위 있는 봉사와 맛 좋은 음식으로 유명했다. 빌은 이 호텔 식당을 좋아해서 여자 친구와 함께 갔다. 정말 훌륭하게 차려놓은 식탁에 마주 앉고 보니 빌이 최근에 있었던 중국의 형편과는 너무나 대조가 될 것으로 생각하며 여자 친구는 미소를 지었다.

"무얼 보고 웃어요?"

빌도 무척 즐거워하며 물었다.

전쟁, 질병, 죽음, 굶주림 등은 다 잊어버렸다. 빌은 오랫동안 그리워하던 친구를 만나 긴장을 풀고 여유로운 시간을 가질 수 있어서 감사했다.

"그처럼 중국에서 고생을 많이 하며 지냈으니 지금 여기가 실감이 안 나지 않나요?"

"재미있네요. 정말 여기 와서 보니 내가 겪은 과거의 모든 일들이 언제 그랬었나 싶네요. 나는 늘 현재에만 사는 사람 같아요."

"그래요, 당신은 늘 현재에 충실하게 사는 분이지요."

그녀가 불쑥 그렇게 말하고는 좀 당황해 하면서 독촉이라도 하듯이 말을 계속했다.

"그래도 중국에서 겪은 일들을 좀 말씀해 주세요. 그러면 선생님을 위해 기도하고 후원해 주는 분들이 감명을 받을 것이고 더욱이 젊은이들이 큰 도전을 받을 겁니다."

이젠 그녀도 답답한 듯 말했다.

"나도 좀 알고 싶고요."

빌은 미소를 지으며 자기 앞에 있는 수정유리 물 컵을 천천히 옆으로 옮기면서 말하기 시작했다.

"좋아요. 다들 듣고 싶겠지요. 정말 얘깃거리가 있긴 한데 어디서부터 어떻게 말해야 할지 모르겠어요. 우선 나하고 한 가족처럼 같이 지낸 50명의 사람들에 대해서 이야기를 해야겠네요. 그들은 나에게 큰 감동을 주었으니까요. 그리고 그동안 만난 수백 명의 사람들에 대한 얘기도 있고, 또 광시에서 주룩주룩 비를 맞으면서 땅속에 묻힌 훌륭한 중국인 의사에 대한 얘기도 있어요. 그리고 먼지를 뒤집어 쓴 미군 군인의 얘기도 있고 늙은 농부의 얘기도 있어요. 그러나 이 모든 것을 얘기하기가 좀 그런 것은 다 이미 지나간 과거 일이에요."

식당 종업원이 접시들을 치우고 커피를 다시 따라주는 동안 두 사람은 잠시 침묵하다가 그녀가 물었다. 그녀도 중국에서 태어났기 때문에 빌이 가 있던 곳이나 그곳 사람들에 대해서 어느 정도 알고 있었으므로 궁금한 것이 많았다. 그런데 빌이 왠지 중국에서 겪은 일은 말하지 않고 말을 다른 쪽으로 돌리려고 했다. 그러면서 외국선교부에서 가지고 온 선교사 지원서를 그녀에게 보였다.

"중국으로 가고 싶어하는 사람을 만나면 주려고 가지고 왔어요."

그녀는 '빌이 자기를 겨냥해서 이 지원서를 가지고 왔나?' 생각했다. 그녀의 머리는 복잡해졌다. 물론 그녀가 기독교 가정에서 태어나 자라면서 교회생활에 전적으로 헌신하긴 했지만 선교사가 되기 위해서는 개인적으로 특별 소명을 받아야 하는 것으로 알고 있는데 그녀는 아직 그런 소명의 체험이 없었다. 그러나 하나님께서 남편 될 사람을 통해서 자기를 부르실지도 모른다는 생각이 들어서, 정말 그렇다면 선교사로 갈 수도 있겠지 하고 생각했다. '빌이 중국으로 다시 갈 때 나를 데리고 가고 싶은가? 그래서 하나님께서 나를 부르셨다고 말해 주기를 원하는가?' 그녀가 빌을 보니 바로 지금 자기가 그렇게 대답해 주기를 간곡하게 기다리는 것 같이 보였다.

두 사람이 다 마치 칼날 위에 선 것처럼 극도로 민감한 심경이었다. 그 감정이 그날 저녁 식사시간 내내 그들의 대화 밑바닥에 깔려 있었다. 그러나 그녀에게는 선교사로 부름 받은 확신이 없었고 자기의 그런 마음을 빌도 알고 있을 것으로 생각했다.

그래서 더는 그 문제에 대해서는 말을 하지 않았다. 말이 없는 가운데서 결정이 난 것이었다. 그들이 헤어지기 전에 그들은 서로의 우정은 끝까지 귀중히 간직하지만 그들의 길은 각기 다르다는 것을 알아차렸다. 보이지 않는 섭리자 하나님께서 그들의 길을 그렇게 정하신 것으로 믿었다.

빌 왈레스는 이 두 번째 안식년도 열정적으로 연구하는 '가장 소중한' 휴가로 보내기를 원했다. 중국에서 전쟁 기간 동안 수술 경험은 많이 쌓았지만 이 안식년에 더 최신 의술을 배우고 싶었다. 그래서 이 안식년은 연장을 더 잘 갈아둘 때라고 생각했다. 그는 중국에서 수련 전공 의사들에게 강의를 하면서 이렇게 말한 적이 있었다.

"의사가 해야 할 공부는 끝이 없는 겁니다. 의사가 되었다는 것만으로 만족해선 안 됩니다."

그는 우선 시카고에 있는 명문대학인 쿡 카운티(Cook County) 의과대학으로 갔다. 거기서 방사선과, 일반외과 수술 그리고 흉부외과 수술 등 세 가지 분야를 연구하기로 생각하고 등록했다. 10월에서 1월까지 그 분야들을 집중적으로 연구했다. 저명한 교수들의 강의를 듣고 과제를 연구하며 도서관에서 새로운 학설 잡지들을 읽는 등 열심히 공부했다. 물론 수술실에서 더 많은 것을 배웠고 교수들을 개인적으로 만나서 묻고 배우기도 했다.

이렇게 시카고에서 연구를 끝내고 잠시 고향 녹스빌에 가서 누나의 가족과 함께 지냈다. 그리고 또 뉴올리언스로 가서 튤레인 대학교에서 열대의학에 관한 수업을 봄 학기에 등록했다.

돈벌이하는 의사라면 외과 하나를 더 연구하는 것이 좋을지 모르지만 빌은 자기가 사랑하는 중국에서 일하기 위해 이런 여러 가지 분야를 연구하기로 했다. 그에게는 성공이나 명예 따위는 안중에 없었다.

뉴올리언스에서도 시간만 나면 근처에 있는 암 센터에 가서 강의를 들었다. 중국 스타우트 기념병원에서 일할 때에 한번은 어느 지역에서 온 환자들이 피부암으로 고생하는 것을 보고 고심한 적이 있었기 때문이다. 빌은 여기서 연구하여 얻은 모든 자료들을 우초우에 가서 스타우트 기념 병원 직원들과 그 지역 의료인들에게 전달하기 위하여 꼼꼼히 기록해 두었다.

따스한 봄이 돌아오자 빌의 마음은 벌써 중국으로 향했다. 베도우 원장에게서 빨리 오면 좋겠다는 편지도 받았다. 베도우 원장은 이제 은퇴할 나이가 되었고 오랫동안 많은 일을 해 왔지만 이제 더는 그 일들을 감당하기가 버거웠다. 그래서 사람들은 와이상을 더 기다리고 있었다.

4월에 랜킨 박사가 뉴올리언스로 와서 빌을 만나고 나서 베도우 원장에게 편지를 보냈다.

> 빌의 마음에는 여기 뉴올리언스에서 공부를 끝내는 대로 가장 빠른 편으로 우초우로 돌아갈 한 가지 생각밖에 없는 것 같아요. 그리고 궁금해하는 여자 친구에 대해서는, 아무도 데리고 가지 않을 듯합니다.

빌의 여자 친구는 어떻게 된 걸까. 그녀의 사랑은 다른 곳에서 다가왔다. 그녀는 다른 저명한 목사와 약혼을 했던 것이다.

빌 왈레스는 중국에 돌아가서 앞으로 할 일을 생각하며 마음이 설레었다. 랜킨 박사가 놀라운 소식을 전해왔기 때문이다. 의사 한 사람이 또 임명을 받아 곧 중국어 학교에 들어갈 예정이라는 것이다. 뿐만 아니라 훈련도 잘 받고 경험도 많은 간호사도 우초우에서 일하기로 되었다는 것이고 또 아주 헌신적인 젊은 목사와 그 가족이 이미 중국어 학교에 입학했는데 그들도 우초우에서 일하게 될 거라는 것이었다. 빌의 앞길에 문이 활짝 열리는 듯 했다. 그는 희망으로 부풀었다.

5월 초, 빌은 뉴올리언스에서 공부를 다 마치고 녹스빌로 돌아가서 이제 중국으로 다시 돌아갈 준비를 했다. 그리고 샌프란시스코를 향해 떠나기 이틀 전 그의 죽마고우인 허버트 아커프 의사에게서 전화가 걸려왔다.

"윌리엄, 자네에게 희소식이 있네. 자네가 국제외과학회 회원으로 선출되었다네."

"뭐라고?"

빌은 말이 막힐 정도로 큰 영광으로 생각했다. 빌은 자기가 중국에서 치료한 특별한 몇 환자 사례에 대한 기록을 피터스 박사가 가지고 있었다는 것을 알고 있었다. 빌은 이번 안식년에 와서 그의 친구의 요청으로 그저 중국에서 일하는 동안 치료하면서 발견한 사례들을 모두 기록해서 그 친구에게 보냈었다. 그러나 빌은 그 친구가 왜 그 사례들에 대한 자료를 그렇게 보내달라고 간곡히 부탁하는지 알지 못했다. 국제외과학회! 빌은 오래 전에 피터스 박사가 자기와 함께 일하자고 한 제의를 거절했을 때 이미 피터스 박사와는 관계가 끊어진 줄 생각했었다.

"무슨 말이야, 아커프, 아무리 생각해도 나는 그럴 자격이 없는데."

"자격이 없다고? 윌리엄, 자네는 자격이 있고도 남아. 자네는 특수한 의학 분야를 개척했잖아. 그것도 보통 우리가 해 내기 어려운 걸 말이야.

자네는 그 명예를 받을 자격이 충분해. 이 소식을 전하는 것만으로도 나는 영광으로 생각하네."

빌 왈레스는 동방나라 이역에서 일생을 바치기로 결심했을 때부터 명성이나 어떤 지위는 다 포기해 버렸던 것이다. 그런데 아무리 보이지 않는 그늘 아래서 일을 해도 빌에게서 발산하는 빛은 아주 찬란했던 것이다. 그가 하는 일이 그를 높였고 또한 자랑스러운 지위에 올려놓은 것이었다.

이런 일이 있을 때마다 빌은 하나님께서 자기를 부르셨고 또 하나님께서 늘 인도하신다는 것을 생각하며 자기 일에 대한 의욕을 더 한층 높게 가졌다. 자기가 한 어떤 일이나 희생도 자기를 부르시고 베푸신 하나님의 은혜에 비하면 아무것도 아니라고 늘 겸손하게 말했다. 언제나 감사하는 마음으로 사는 사람은 스스로 훌륭하다고 생각하지 않는 건가.

그 소식을 알게 된 우초우에 있는 동료들도 그 영광이 빌에게는 당연한 것이라고 여겼다. 빌은 그 얘기를 비치지도 않았다.

누나네 가족은 빌을 태우고 녹스빌 비행장으로 가면서 애써 빌의 기분을 좋게 해주려고 했다. 빌은 안식년 1년 동안 11킬로그램이나 체중이 늘었고 건강은 아주 좋아보였다. 누나도 그렇게 생각했다. 그러나 이별의 시간이 가까워질수록 누나는 슬픈 감정을 숨길 수가 없었다. 빌도 그것을 눈치 채기는 했지만 이제 중국에 가서 자기가 해야 할 일을 골똘히 생각하느라 누나의 감정에 마음을 같이 할 수가 없었다.

자형, 시드니 스테갈이 말했다.

"늘 건강관리 잘해요, 윌리엄. 그리고 종종 소식 전해줘요."

녹스빌에서 사업을 하는 빌의 자형인 스테갈은 빌이 안식년으로 와 있는 동안 빌의 업무 비서 역할과 구매 대리인이 되어 늘 도와주었다. 그렇게 함으로써 그는 부족하지만 기독교인 청지기 직분을 감당한다고 생각했다.

"필요한 기구를 주문하는 것만으로도 잘 지내고 있다는 소식을 보내는 거예요."

빌은 시드니와 자기 누나 룻 그리고 조카 샌디를 다정한 눈빛으로 쳐다보았다. 작은 조카 샌디도 어른들처럼 흐르는 눈물을 겨우 참고 견디고 있었다.

"자형, 나는 괜찮아요. 자형은 누님과 샌디와 함께 늘 건강하게 지내기를 바랍니다. 나도 잘 지낼게요. 우리 주님께서 우리 모두를 보살펴 주실 거예요."

빌은 대답했다.

태풍의 눈

비록 중국의 정치적 상황이 불안정했지만 빌 왈레스는 중국에서의 선교사역을 위해 우초우에 와서 이제 세 번째 사역을 시작하면서 마음을 정리하고 있었다. 샘 랜킨 박사와 그의 부인 미리암은 간호사 에벌리 헤이스(Everley Hayes)와 유능한 목사 에드 갤러웨이(Ed Galloway) 그리고 그의 가족과 함께 광둥에 있는 어학당에서 중국어 공부를 하고 있었다. 이들은 1년 이내에 공부를 마치고 모두 우초우에서 일하기로 되어 있었다.

새로운 일꾼들이 온다는 소식을 받고 빌은 전에 함께 일하다가 떠난 사람들 생각이 났다. 렉스 레이 선교사는 나환자 요양시설인 태캄에서 일하고 있었는데 빌은 열정적인 그 노 선교사가 특히 생각났다. 베도우 원장은 빌이 우초우로 오자 은퇴했다. 그들이 떠나고 나서야 빌은 가끔 서로 생각하는 점이 다르긴 했지만 자기가 그를 얼마나 사랑했었는지를 알게 되었다. 빌은 이제 정식으로 이 병원을 책임지게 되었다. 전에도 책임지고 일한 적이 있었지만 그때는 임시적인 책임자였다. 빌은 자기의 짐이 무거워졌음을 느꼈다. 그러나 병원은 날로 환자가 많아졌다. 그가 1947년에 제출한 보고서는 간결하면서도 깊이가 있었다.

우리 병원은 병원으로서의 사명을 완수하기 위하여 온갖 노력을 다하고 있습니다. 소경들이 눈을 뜨고 절름발이들은 걷게 되었습니다. 나병 환자들을 치료하고 청각장애자들도 들을 수 있게 되고 심령이 가난한 사람들이 복음을 들었습니다. 병 치료만 아니라 영광스러운 복음을 전하여 영혼을 구원하는 높은 차원에까지 이르는 것이 우리의 소망이고 기도입니다.

거기에 또 하나의 외로운 사람이 있었다. 광야 병원 후기부터 우초우 병원을 다시 세우는 동안 계속 열심히 간호사로 봉사한 루시 라이트가 그 사람인데 빌이 안식년에서 돌아와 보니 거의 사경을 헤매고 있었다. 베도우 의사는 악성 위궤양으로 진단을 내렸지만 그도 다른 중국인 의사들도 수술을 할 엄두를 못 내고 있었다. 빌은 온갖 방법을 다 동원해서 루시를 돌봐주었다.

수술을 꼭 해야 될 상태인데 너무나 위험이 따르는 일이었다. 빌은 하나님께서 반드시 살려주시기를 간구했다. 그리고 혈장과 포도당을 계속

주사하면서 좀 두고 보기로 했다. 하루에도 몇 번이나 루시를 안심시키면서 '반드시 회복될 겁니다. 루시, 지면 안 돼요. 힘내서 이겨내야 해요'라고 용기를 북돋아 주었다.

빌은 기도했다. 여러 번 다른 동료들을 불러 같이 루시의 병상 옆에서 기도했다. 빌 왈레스는 기도의 응답을 굳게 믿고 있었다. 또 가끔 수련 전공의들과 간호사들과 함께 야고보서 5장 14-15절을 읽어 주었다.

"너희 중에 병든 자가 있느냐 그는 교회의 장로들을 청할 것이요 그들은 주의 이름으로 기름을 바르며 위하여 기도할지니라. 믿음의 기도는 병든 자를 구원하리니 주께서 그를 일으키시리라. 혹시 죄를 범하였을지라도 사하심을 얻으리라."

빌은 의술이나 약품이 하나님께서 주신 치료자원으로 믿고 있었지만 병 치료에 그 자원들만 의지한 적은 없었다. 인간의 의술로는 도저히 고칠 수 없는, 다 죽을 것 같이 보이는 심각한 환자도 믿음으로 기도하면서 치료해서 기적같이 살아난 경우가 많았기 때문에 빌은 기도의 능력을 믿지 않을 수 없었다.

루시 라이트는 수술을 하지 않고도 병세가 점점 좋아지기 시작했다. 빌은 어느 날 큰 의학 서적을 가지고 루시 라이트의 병실에 들어왔다. 그리고 그 책을 펴서 미리 표시한 부분을 루시에게 보여주며 말했다.

"하나님께서 하실 일을 다 하셨으니 이제 우리 할 일을 합시다. 여기에 선생님이 할 일이 적혀 있습니다."

그다음 페이지를 넘겼다.

"여기에 선생님의 치료법이 있어요."

그 책을 루시의 병상 옆 전등탁자에 놓고 일어서서 미소를 지으며 말했다.

"자, 이젠 일어나세요."

루시는 회복되었지만 요양이 필요했다. 그래서 여러 가지 복합적인 감정으로 눈물을 흘리면서 작별 인사를 하고 미국으로 떠났다.

이제 우초우에서 전부터 빌과 함께 일해 온 선교사는 열정적인 전도목사, 제시 그린(Jessie Green)뿐이었다.

빌 왈레스는 하나하나 변해가는 세상을 생각해 보았다. 자기가 이젠 그곳에서 '선임 선교사' 라는 것이 믿겨지지 않았다. 하지만 자기도 많이 변했다는 것을 느꼈다. 나이도 들었고 머리도 좀 빠졌다. 그럴수록 그의 의술은 더욱 권위가 있고 자신감이 있었다. 빌은 지난 날 동안 배우고 일한 모든 경험을 생각하며 감사하고 또한 현재의 자기를 생각하며 감사했다. 현재는 비교적 평온하지만 상황이 갑자기 변해서 태풍의 눈 자리 같은 위기에 처하더라도 생명이 붙어있는 한 결코 흔들리지 않고 일할 각오가 서 있었다.

1948년 여름, 우초우에는 파라티푸스 전염병이 돌았다. 빌은 모든 직원들에게 예방접종을 지시했다. 그리고 자신도 혈청주사를 맞았다. 그런데 그 혈청은 장티푸스와 파라티푸스를 합한 것인데 기간이 좀 지난 것이었다. 결국 빌은 악성 파라티푸스에 걸리고 말았다.

중국인 의사들이 빌을 위하여 백방으로 노력했다. 처음에는 빌 자신이 치료법을 생각해서 말할 수 있었지만 병세가 점점 나빠져서 정신이 흐려지게 되었다.

파라티푸스 병에 걸린 빌은 꼭 애기 같았다. 마치 사랑하는 아버지 앞에서 치료받는 아이같이 보였다.

빌은 고통 중에 다음과 같이 소리 지르기도 했다.

"아버지, 내 몸에 불이 났어요."

룩 간호사는 빌의 이마를 닦아주며 안정시키려 했다. 가끔 정신이 들기도 했다. 하루는 한 팔로 몸을 받치고 숨을 헐떡이면서 이렇게 말했다.

"뉴번을 데리고 와줘요. 뉴번에게 꼭 만나야겠다고 전해 줘요."

윌리엄 뉴번은 근처 크리스천 선교연맹에서 일하고 있는 선교사로 빌과 아주 가까운 친구였다. 그들은 자주 만나 몇 시간씩 얘기하며 교제를 나누는 사이였다. 뉴번은 빌이 아프다는 소식을 듣고 한숨에 달려왔다.

그러자 빌은 벌떡 일어나서 뉴번을 가까이 끌어당기며 말했다.

"다른 사람들은 좀 나가줘요. 나 뉴번에게 조용히 고백할 말이 있어요."

뉴번도 빌의 손을 잡으며 말했다.

"나 여기 있을게요. 빌, 곧 나을 테니 걱정 말아요."

"제발, 뉴번, 내 고백을 좀 들어줘요."

뉴번 선교사의 눈에는 눈물이 고였다. 빌의 고백을 들어줄 뉴번은 누구인가. 지금 온 몸이 불덩이처럼 열이 나는 빌에게 고백할 사람은 오히려 자기라고 생각했다. 그러나 빌이 한사코 원해서 다른 사람들을 다 내보냈다. 뉴번이 빌의 병상 가까이로 다가가자 빌은 또 헛소리를 했다. 뉴번은 그저 들어주었다. 잠시 후 몹시 아픈 빌은 다시 눈을 뜨고 자기의 말을 다 들어주는 친구에게 말했다.

"뉴번, 나는 주님께 잘못을 범했어요. 주님을 너무 가볍게 여겼어요."

빌은 겁에 질린 듯한 모습으로 자기반성이라도 하듯 고민하는 것 같았다. 빌은 계속해서 말했다.

"주님을 먼저 생각하지 못하고 병원의 재정적 운영에 마음을 더 썼어요. 너무 바쁘다는 핑계로 주님을 소홀히 했어요. 뉴번 나를 위해 기도해 줘요. 기도해 줘요."

윌리엄 뉴번은 목이 메어서 말이 안 나왔다. 빌은 순진한 어린 아이처럼 하나하나 자기 마음을 다 털어놓았다. 그의 신앙은 이렇게 단순했다. 그러나 그는 기도했다.

잠시 후 빌은 숨 가빠하며 또 말했다.

"하나님은 부족함이 없으세요."

그는 주님을 믿고 의지했다. 그런데 병세가 계속 나빠져 몸은 더 약해져갔다.

다음날 아침이 밝자 햇볕이 방 안을 비춰줬지만 희망은 없어 보였다. 계속 높은 열 때문에 빌은 몹시 약해졌고 몸은 너무 수척해졌다. 입술은 말라서 터졌고 말을 해도 무슨 말인지 알아듣기가 힘들었다. 웡 타이닝 의사가 빌의 맥박을 재면서 빌의 이마에 주름살이 생기는 것을 보고 근심이 되었다. 웡 타이닝 의사는 와이상이 병상에 있는 동안 여러 번 와이상의 맥박을 쟀다. 이번에도 맥박을 재고 맥박수를 진료기록부에 표시를 해 놓고 창문으로 걸어갔다. 긴 긴 밤이었다. 그는 창문에 기대어 우초우에서 저쪽으로 조용히 흐르는 서 강을 바라보고 있었다. 거울 같은 강물 위로 아침 안개가 뽀얗게 올라오고 있었다. 오랜 세월 동안 중국 남부에 흐르고 있는 이 강은 그저 평온하기만 한데 이 의사의 마음은 평온하지가 않았다. 그는 돌아서서 뼈만 앙상하게 남은 사랑하는 동료 빌을 바라보았다.

창문 아래쪽에는 말없이 서성거리며 기다리고 있는 사람들이 있었다. 짐꾼들, 장사하는 사람들, 걸인들 그리고 공무원들이 함께 모여 거기서 밤을 새우며 기다리고 있었던가? 그가 보고 있노라니 간호사 룩이 거기로 나가 서성대고 있는 그 사람들에게 무언가를 얘기해 준다. 룩 간호사는 손짓을 하기도 하고 머리를 흔들기도 했다. 거기 모인 사람들이 하는 말과 한숨소리를 들으니 저들이 얼마나 빌 왈레스를 사랑하고 있는가를 알 수 있었다.

문이 열리는 소리가 나서 보니 외과 수련의 륭이 들어왔다.

"와이상은 좀 어떠세요?"

"많이 허약해졌어요."

"예, 열 때문에 이처럼 여위셨나요?"

"그래요. 너무 마르셨어요. 하기야 보통 때도 살찐 분은 아니었지만요."

"그렇지요. 그는 늘 계단을 뛰어 오르내렸으니까요. 너무 과로했어요."

두 사람은 잠시 말이 없었다.

"어떻게 할까요?"

"특히 외국인들이 파라티푸스에 약하지요. 한 번 걸리면 감당하기가 어렵지요. 맥박이 자꾸 약해져요. 어쩌면 좋지요? 걱정이네요."

"아이, 참."

그때 제시 그린 양이 들어와 보니 왕 의사는 몹시 걱정스런 얼굴을 하고 있었다. 그린 양은 동료 선교사가 이렇게 몹쓸 병에 걸려 괴로워하는 모습을 보기가 참 힘들었다. 그래도 어떤 좋은 소식을 기대하며 왕 의사를 바라보았다. 왕 의사도 별 도리가 없는지 그저 약할 대로 약해진 빌을 쳐다만 보고 있었다.

제시 그린은 문득 무슨 생각을 했는지 이렇게 말했다.

"광둥에 있는 새로 온 의사들에게 전보를 쳐야겠어요. 괜찮겠지요?"

"예, 괜찮지요. 구구 늉(선교사 제시 그린의 애칭-광둥어), 하지만 그들이 와도 특별한 방도가 없을 거예요. 그저 우리와 함께 걱정이나 할거예요."

"그래도 전보를 치겠어요."

제시 그린은 서둘러 아래층으로 내려가서 문 앞에 모여 있는 사람들을 헤치고 나아갔다. 그때 한 소녀가 그린의 소매를 잡았다. 그 작은 키의 동양인 소녀는 어쩔 줄 몰라 하면서 그린 양을 쳐다보았다. 그 소녀는 언청이 수술을 받은 자국이 가늘게 보였다.

그 소녀는 물었다.

"와이상이 설마 돌아가시는 건 아니겠지요?"

"그럼요, 아가씨, 와이상을 낫게 해달라고 하나님께 기도해요."

"예, 구구 늉, 기도하고 말고요."

제시 그린이 보낸 전보가 남중국 선교회의를 하고 있는 샘 랜킨 박사에게 도착했다. 박사는 빌 왈레스가 사경을 헤매고 있다는 말이 믿어지지 않았다. 왜냐하면 그는 그 겸손한 테네시 청년이 오랫동안 열정적으로 일하고 있다는 말을 늘 들어왔기 때문이었다. 그는 기회가 되면 빌과 함께 일하면서 그의 능숙한 수술 솜씨도 보고, 또 그의 삶에서 본받을 점을 배우고 싶어 했었다. 그런데 그의 이런 뜻이 사라져서야 되겠는가. 그는 그 날 오후 당장 서 강에서 우초우행 기선을 타고 출발해서 다음날 우초우가 보이기 시작하자 배 위에서 안절부절 못하고 있었다. 댄 무어 의사와 간호사 에벌리 헤이스가 함께 하고 있었다. 이들도 빌을 걱정하면서 함께 오고 있었다. 그들이 탄 기선이 우초우 부두로 흙탕물을 헤치며 들어가고 있는데 그 부두에는 벌써 제시 그린이 마중 나와 있었다.

"이봐요, 제시, 빌은 어때요?"

제시의 어두운 표정을 보고 순간 그들은 철썩했다. '우리가 너무 늦게 왔는가?'

"와 주셔서 고마워요. 빌의 병세는 별로 차도가 없어요. 빨리들 가셔요. 짐은 여기 이 소년에게 맡기시고요."

아주 능란한 광둥 말씨로 제시 그린은 그 착실한 소년에게 짐을 부탁하고 서둘러 복잡한 거리를 지나 그들과 함께 병원으로 향했다.

다음날도 이 의사들은 할 수 있는 모든 방법을 동원해서 치료를 했다. 그러나 이들의 수고도 큰 보람이 나타나지 않았다. 이제 사람의 힘으로는 할 수 있는 것이 더 없어 보였다. 샘은 이런 상황에서도 걱정하고 있는 의사와 직원들을 안심시켰다. 빌에게 링거 주사를 천천히 주어서 탈수 현상을 막아볼까 생각도 했지만 얼마나 도움이 되는지 알 수 없었다. 수혈을 한들 도움이 될 것 같지가 않았다(이미 에벌리의 피를 수혈했다). 그들이 할 수 있는 일은 다 해봤다. 그런데도 빌의 병세는 나아지지 않고 이미 죽음의 문턱에 와 있는 것 같았다. 이젠 그저 기다려 볼 수밖에 다른 도리가 없었다.

에벌리 헤이스와 제시 그린이 어쩔 수 없어서 병원 아래 마당에서 걱정하고 있었다. 병원 밖에는 빌을 걱정하며 어서 낫기를 기다리는 사람들이 점점 더 늘어나고 있었다. 조금 전에 제시가 그들에게 아직 와이상은 죽지 않았다고 알려주었다. 그들이 할 수 있는 일은 기도하며 기다리는 것뿐이었다. 그들은 뉴번의 인도를 따라 언덕에서 다 함께 기도를 했다.

에벌리도 많이 지쳐 있다는 것을 느꼈다. 피를 뽑아서 그런 것일까. 하나님께서 에벌리의 피를 헛되게 하지 않으시겠지! 에벌리는 여기에 온 후로 시간이 아주 천천히 흘러가는 것처럼 느꼈다. 에벌리는 지친 모습으로 계단에 주저앉았다. 동양인들은 참을성 있게 기다릴 줄 알았다. 에벌리도 그것을 배우고 싶었다.

다음날 아침 빌의 병상 옆에서 의자에 앉아 졸던 샘 랜킨이 놀라 눈을 떴다. 그때 빌의 수술실에서 수술할 때마다 늘 능숙하게 돕는 간호사 람 양이 왔다. 람 양은 겉으로는 태연했지만 속으로는 몹시 염려하고 있다는 것을 샘 랜킨은 느낄 수 있었다.

람 양이 갑자기 샘 랜킨에게 말했다.

"열이 내린 것 같아요."

랜킨은 재빨리 일어나서 빌의 이마를 만져보고 빌의 손을 잡았다.

"그래요. 열이 내렸어요."

그는 빌의 맥박을 재기 시작했다. 순간 기쁨의 탄성이 터져 나왔다.

"열이 내려가는구나. 빌이 살아나고 있다!"

이 소식은 중국인들에게 삽시간에 널리 전해졌다.

"이젠 됐어요, 이젠 됐어요."

랜킨이 말하자 문밖에서 숨죽이며 기다리고 있던 사람들의 즐거운 환성이 터져 나왔다.

"와이상은 살아야 합니다."

샘 랜킨은 광둥 나룻배가 서 강 물결을 가르며 나아갈 때 뒤로 물러가는 우초우의 언덕을 지켜보았다. 이제 빌 왈레스는 회복 중에 있었고 샘과 에벌리 헤이스와 댄 무어는 광둥어 학교로 돌아가고 있었다.

"어떻게 해서 빌이 나았는지 지금도 알 수가 없어요. 인간으로서는 도저히 상상할 수가 없어요."

샘이 말했다.

에벌리도 기뻐서 웃으며 말했다.

"그래요, 우리는 모르지만 하나님께서는 아실 거예요."

1948년, 그해 가을 빌 왈레스는 아직 완전히 회복은 안 됐지만 그래도 일을 할 수 있었다. 이젠 혼자가 아니었다. 랜킨 가족, 갤러웨이 가족 그리고 에벌리 헤이스가 어학 공부를 마치고 우초우로 왔다. 그래서 빌은 더 힘이 났다.

빌 왈레스는 샘 랜킨과 같이 일을 해서 정말 좋았다. 이들은 훌륭한 동료가 되었다. 빌의 수술 솜씨가 샘에게는 참으로 놀랍고 신기하게 보였다. 그래서 샘은 기회 있을 때마다 빌이 수술하는 것을 유심히 관찰했다.

"샘, 여기 와서 내 친구 좀 만나봐요."

빌 왈레스는 아주 누추한 아이를 데리고 창문 곁에 서 있었다. 샘은 누더기 옷을 입은 이 아이가 신체 불구자여서 이웃 아이들에게 놀림을 받는 거지라는 것을 알게 되었다.

이 아이는 겁에 질린 듯 두 의사를 번갈아 쳐다보고 있었다. 그 아이는 삶에서 즐거워해 본 적이 없었다. 나면서부터 언청이였기 때문에 아이들에게 조롱을 받으며 하고 싶은 말도 제대로 못하고 이리저리 사람들을 피해 다니는 소년이었다.

빌은 창문으로 비쳐 나오는 불빛으로 불구가 된 이 소년의 입을 보고 있었다. 그리고는 손으로 이 소년의 턱을 살짝 만져 봤다. 그리고 말했다.

"샘, 이 아이를 수술합시다. 그래서 이 아이에게 좀더 희망찬 삶의 기회를 만들어 줍시다."

랜킨도 가까이 다가서서 자세히 보았다.

"이런 아이를 수술해 본 적이 있어요?"

빌이 랜킨에게 물었다.

"아니요, 없어요."

"그럼 이 애를 선생이 한 번 수술해 봐요. 내가 옆에서 도울 테니."

빌의 지도를 받으면서 샘 랜킨은 처음으로 언청이 수술을 하게 됐다. 결과는 성공이었다. 거울에서 자기의 새로운 얼굴을 보면서 어루만지는 이 아이의 두 눈에서 새로운 빛이 보였다. 처음으로 자기가 하는 말을 사람들이 쉽게 알아듣는 것을 보고 이 아이는 얼마나 기쁜지 왈칵 눈물을 쏟았다. 샘도 기뻤고 빌도 이 새 의사가 우초우에서 함께 일할 수 있게 되어 무척 기뻤다.

그 소년은 치료를 다 받고 만족스럽게 회복되어 퇴원했다. 빌은 이 소년을 병원 잡역부로 채용했고 이 소년은 책임감 있게 열심히 일했다. 특히 수술 받는 환자들을 안정시켜주는 재주가 있었다. 샘 랜킨은 빌이 전인치료에 대한 관심과 통찰력이 있다는 것을 알게 되었다.

    1948년에 빌은 40살 밖에 안 되었으나 그는 직원들의 아버지였다. 직원들 가운데 결혼하게 되면 빌에게 아버지 자리에 서 달라고 부탁하는 경우가 한두 번이 아니었다. 병원에서 키우고 공부시켜서 후에 간호사가 된 한 고아 소녀가 시집가던 날은 거기에 참석했던 모든 이에게 결코 잊을 수 없는 일이었다. 그날 빌 왈레스는 중국의 전통적으로 내려오는 아버지 역할을 했다. 빌은 약혼식도 해 주고 결혼식 주례도 해 주었다. 그때마다 전혀 당황하지 않고 오히려 위엄 있게 순서를 진행했다. 또 빌은 결혼식에서 신부의 아버지 자리에 서는 것을 즐거워했다. 새로 오는 선교사들은 빌이 제2의 조국으로 택한 중국에서 중국 사람들과 그처럼 함께 어울려 동화된 것을 보고 모두 놀랐다.

    병원의 운영을 더 효과적으로 수행하기 위하여 직원 수를 더 늘렸고, 복음을 전하는 선교사들과 함께 근처 마을에 무의촌 진료를 더 자주 나갔다. 10월에 빌은 전도대 일행과 함께 후칭이라는 작은 마을에 갔다. 이들은 의약품, 식량, 의류, 성경, 전도지를 가지고 새벽 일찍 우초우 시를 빠져 나갔다. 빌은 합판으로 만든 강력한 마력의 배를 가지고 있었는데 그는 그 배를 아주 좋아했다. 그는 필요한 모든 물품과 12명의 전도대원을 이 배에 싣고 갔다. 그들이 서 강을 지나 푸 강을 16킬로미터 가량 갔을 때 날이 밝았다. 나머지 길은 걸어서 가야했다.

    그들이 후칭으로 들어가는 오솔길에 이르러서는 그 배를 강둑에 끌어

올려놓았다. 모두 짐을 각기 등에 짊어지고 좁고 가파른 언덕길을 따라 올라갔다. 언덕 맞은편에 그들의 목적지인 작은 마을이 있었다. 마을로 들어서자 아이들이 뛰어 와서 그들을 맞았다. 그 아이들은 큰 소리로 인사를 하면서 선교사들 주위로 모여들었다. 스타우트 기념병원에서 치료 받은 일이 있는 아이들은 빌 왈레스를 알아보고 그에게 달려와서 반가워했다.

빌은 이와 같은 무의촌 진료 전도여행을 좋아했다. 그는 마을로 들어가 어른들에게 인사를 하고 눈이 초롱초롱 빛나는 아이들의 머리를 쓰다듬어 주었다. 이렇게 여행을 하면서 마을 사람들에게 옷가지, 신약성경, 전도지 등을 나누어 주었다. 전도대원들은 가가호호를 방문하면서 복음에 대해서 이야기를 해 주었다. 그렇게 해서 예수님을 믿는 사람들에게 성경을 가르치기도 하고 그들을 그 지역 교회로 안내하기도 했다. 마을 한편에서는 빌 왈레스와 에벌리 헤이스가 환자들을 치료했다. 환자들은 대다수 나이 든 여자들과 아이들이었는데, 그들에게 주사도 주고 상처도 깨끗이 치료하여 주었다. 빌이 치료를 하는 동안 아이들은 빌 주위에 모여 말을 걸었다. 빌이 고개를 들고 테네시 억양의 광둥말씨로 대답을 해 주면 아이들은 깔깔거리며 좋아했다. 빌이 환자를 치료하는 동안 그 아이들은 눈을 크게 뜨고 지켜보기도 했다.

치료를 다 하고 나면 전도대 일행은 다 한 자리에 모여 아이 어른 할 것 없이 함께 중국말로 찬송을 부르고 예배를 드렸다. 이렇게 예배를 다 마치고 짐들을 챙겨 가지고 떠나면 아이들이 앞장을 서서 찬송가 '주 너를 지키리'를 부르며 마을 끝까지 따라 온다. 그리고 전도대원들이 보이지 않을 때까지 아이들은 찬송을 불렀다.

　1948년 크리스마스는 우초우 지역의 선교사들과 스타우트 기념병원 직원들에게 아주 의미 있고 즐거운 날이었다. 무엇보다도 새로운 식구가 하나 생겨서 더 기뻤다. 오랜 투병으로 결국 어머니를 잃은 한 아이를 예수님의 사랑으로 빌 왈레스가 양자로 삼은 것이었다. 그 아이의 이름을 바울이라고 지어 주었다. 비록 간호사들이 주로 그 아이를 보살펴 주었지만 빌은 그 아이에 대한 모든 책임을 졌다.

　빌은 병원에 치료받으러 오는 아이들에게 늘 선물을 조금씩이라도 나누어 주었다. 랜킨 가족과 갤러웨이 가족 그리고 특히 늘 진지하면서도 쾌활한 성격의 에벌리 헤이스가 함께 있어서 이 크리스마스는 더 즐거웠다. 선교사들은 랜킨 선교사 집에 모여 크리스마스 만찬을 나누기도 했다. 크리스마스 전날 병원에서 크리스마스 축하행사를 하면서 예배실에서 감사예배도 드리고 서로 선물 교환도 했다. 그리고 침례교 성경학교와 연맹 성경학교의 연합성가대가 간호학교 성가대와 함께 찬송을 부르면서 파티도 했다.

　다음날 아침 여섯시에 회진을 마친 빌 왈레스는 에벌리 헤이스에게 저 연맹 친구들에게 크리스마스 축하 인사를 하러 뒤쪽 언덕으로 가자고 했다.

　"그들이 아직 일어나지도 않았을 텐데요."

　에벌리 헤이스는 놀라며 말했다. 그러자 빌은 좀 짓궂은 미소를 띠고 말했다.

"그러니까 더 재미있지요."

지난밤의 진료보고를 다 받고 그들은 우초우 거리를 지나 배를 타고 푸 강을 건너갔다. 그리고 연맹선교부가 있는 쪽을 향해 언덕을 올라갔다. 그 이른 아침에 그들을 맞아주는 것은 개들뿐이었다. 빌은 힘찬 목소리로 고함을 질렀다.

"메리 크리스마스, 성탄을 축하합니다."

그러자 그 선교부 마을에 불이 하나씩 켜지기 시작했다. 뉴번 가족도 빌을 가족처럼 사랑했으며 빌도 역시 그들을 형제처럼 사랑했다.

1월 17일, 침례회 선교사들과 언덕에 있는 연맹선교부 선교사들이 빌 왈레스의 생일을 축하하기 위하여 랜킨 선교사 댁으로 모였다. 빌은 14년 동안 중국에 있었다. 에벌리는 생일 케이크를 만들었다. 그날 아침 기온은 섭씨 2도로, 비록 날씨는 좀 음산하고 추웠지만 모두 빌에게 그 나이에 장가도 못 간다고 놀려대며 함께 즐거운 시간을 가졌다. 크리스마스 전날 축제에서 어떤 일이 일어난 이래 계속해서 화제 거리가 되는 것이 있었다.

빌의 친한 한 중국인 친구는 빌에게 왜 결혼을 안 하느냐고 열 번도 더 물어봤다. 그럴 때마다 빌은 가볍게 대답했다.

"나를 좋아하는 사람이 없어서요."

그 중국인 친구는 빌의 결혼 문제에 대해 늘 관심을 가지고 물었다.

"제가 중매할까요?"

"예."

빌은 결혼에 별 흥미가 없다는 뜻으로 그저 간단하게 대답하곤 했다.

그러나 그 중국인 친구는 빌의 그 대답을 '좋습니다' 라는 뜻으로 들었다. 그러더니 그 중국인 친구는 다음날 독일계와 중국계 혼혈아 여자를 그 어머니와 함께 빌에게 데리고 와서 결혼문제를 이야기하자고 했다. 얼떨떨해 있는 빌에게 그 여자의 어머니가 들어와 불쑥 포옹하며 인사를 하고 약혼문제 이야기를 꺼냈다. 빌은 당황했다. 그리고 얼굴을 붉히고 더듬거리며 입을 열었다.

"무언가 오해하고 계시네요."

그러자 그 여자의 어머니는 말했다.

"아니요, 오해라니요? 전혀 오해는 없어요."

빌은 병실에 급한 환자가 생겨서 자리를 떴다.

그 여자의 어머니는 종종 자기 딸을 데리고 왔지만 한 번도 빌을 만나볼 수가 없었다. 그런 날은 빌이 한참씩 뒷산으로 산책을 나갔기 때문이었다. 그의 친구가 조심스럽게 그 여자 어머니에게 설명을 해서 그 황당한 일은 막을 내렸는데 지금도 생각하면 웃음이 나온다.

일본군이 일으킨 전쟁이 끝난 후 선교회에 찾아온 평화의 시절은 빨리 지나갔다. 그들은 어쩌면 태풍의 눈에서 벗어나지 못할 운명인 것 같았다. 북쪽에서 어두운 구름 같은 거대한 공산주의 세력이 형성되고 있었다. 중국의 공산주의가 세력을 확장하기 시작했다. 빌 왈레스도 공산주의자들을 본 일은 있었다. 빌이 처음 중국에 왔을 때 공산주의자들은 장개석이 이끄는 국부군과 싸우고 있었다.

러시아에서 들어온 공산주의는 1920년대 초기부터 중국에서 싹트기 시작했다. 1921년에서 1927년에 이르는 사이에 공산당은 시베리아에 있는 공산주의자들의 지원을 받아 5만에서 6만 명의 당원으로 불어났다. 그리고 200만 명의 노동조합원과 900만 명의 농민을 손아귀에 넣게 되었다. 손문 시대에는 정부에서 발언권도 가지게 되었다.

그러나 장개석이 정권을 장악하면서 그가 이끄는 국민당과 공산당이 연합하는 것은 위험하다고 생각하고 장개석은 공산당과 결별했다. 공산주의자들은 이에 저항하였지만 장개석은 전면적 소탕작전을 전개하여 1936년에는 공산당을 거의 무력화시키는 데 성공하는 것 같았다. 그러자 공산주의자들은 역사상 유명한 장개석 납치 사건을 일으켜서 정국이 복잡해졌고 더구나 그때는 일본군의 위협도 있던 때여서 장개석 측은 거의 다 축출할 뻔했던 그 공산당과 연합하여 국공연합조약을 체결하게 되었다.

일본군의 공격이 있을 때에는 공산주의자들이 중국의 남부 지역에 발을 붙이지 못했지만 북쪽에서는 아주 많은 지역을 장악하고 있었다. 거기서 군대도 양성하고 정치요원도 훈련시켜 중국 전 지역에 침투시켰다.

2차 세계대전이 끝나기 며칠 전 전쟁에 아무 힘 안들이고 참가한 소련이 노획한 전쟁 물자와 만주를 중국에 넘겨줄 때 잊고 있었던 베도우 원장의 예언이 떠올랐다. 베도우 원장은 다음과 같이 말했었다.

"지금의 상황으로 보아 굉장히 어려울 것 같아요."

국민당 군대가 그 지역으로 공수되었을 때는 공산주의자들이 이미 무장하고 싸울 준비가 다 되어 있다는 것을 알게 되었다.

미국이 중국의 내전을 막아보려고 일찍이 노력해 봤지만 노련한 선교사가 탄식한 대로 그것은 오히려 공산주의자들에게 더 유리한 시간을 만들어 주었을 뿐이었다. 1948년 말에 이르러 걷잡을 수 없을 만큼 상황은 장개석 총통에게 불리하게 돌아갔다. 장개석 총통이 자기 군대 내부의 부패를 바로 잡고 극심한 통화팽창을 억제하며 지휘관들의 비리 풍조를 막으면서 공산당의 확장을 막으려고 끝까지 애썼지만 붉은 용, 공산당은 중국의 국토를 점점 더 잠식하기 시작했다. 그들은 이미 장악한 지역에서 더 확고하게 정착하기 위하여 잠식활동을 한 동안씩 쉴 뿐이었다.

1949년 1월 28일 저녁, 선교사들은 음력설(춘절)을 맞이하기 위해 병원 대합실에 모였다. 빌 왈레스, 헤이스, 브래들리가 산부인과 환자 때문에 새벽 2시까지 자지 않고 있었던 터라 이들의 명절 마지막 축제를 보게 되었다. 축제는 새벽까지 계속되었다. 빌이 말했다.

"이런 축제를 한 번 더 볼 수 있겠나, 사태가 심각하게 변하고 있는 것 같은데."

날이 밝아오면서 강 위에 안개가 자욱했다.

이른 봄에 장개석 국민당은 공산당에 밀려서 결국 수도를 난징에서 대만으로 옮겼다. 공산당이 무조건 항복을 요구하자 협상의 가능성은 완전히 무너져 버리고 말았다. 사태는 점점 심각해졌다. 선교사들은 대만에 국민당 정부가 있어서 아직 희망을 걸어보긴 하지만 현실은 그 희망을 인정하지 않는 것 같아서 그저 기도하면서 상황을 지켜볼 수밖에 도리가 없었다. 모두 기도하면서 앞으로 어떤 일이 벌어지더라도 이에 대처하자고 할 뿐이었다.

한 조각 인생

1949년 봄, 퀘일린은 공산당 군대에게 위협을 받고 있었고 상하이는 곧 함락될 듯했으며 광둥 쪽으로 진격하는 공산군의 행군은 상상할 수 없이 빨랐다. 공산군이 장악하고 있는 지역에 계속 남아있으려는 선교사들에게 들려오는 소식은 별로 좋지 않았다.

에드 갤로웨이와 빌 왈레스는 장마철이 오기 전에 좀 불안한 상황이지만 홍콩에 다녀오기로 결심했다. 고향에 있는 한 교회에서 병원으로 보낸 승강기를 가져 오기 위해서였다. 그러나 서 강에 공산군 선발대가 벌써 진을 치고 있었기에 그 여행은 위험했다. 일주일 전에 에드가 홍콩에 다녀왔는데 그때 돌아오는 길에 공산군이 쏘는 총탄이 빗발치듯하는 언덕을 넘은 적도 있었다. 그때 머리를 숙이고 엎드렸다가 다시 고개를 들고 보니 바로 옆에 있던 사람이 머리에 총알을 맞고 죽어 있었다.

홍콩으로 가는 중, 가장 위험한 지역으로 지나고 있을 때 한 선원이 에드에게 다가와서 난간에 기대어 앉아서 강을 바라보고 있는 빌 왈레스를 가리키며 물었다.

"저분과 동행하십니까?"

그리고 계속 말했다.

"선장님이 당신들 두 분을 선장실로 모시고 오라고 하십니다. 저를 따라 오세요."

에드는 빌에게 손짓으로 오라고 해서 같이 그 선원을 따라 선장실로 갔다. 선장실 대기실에서 조금 기다리니 선장이 나와서 먼저 빌 왈레스에게 미소 지으면서 목례로 인사하고 에드에게 말했다.

"선생님과 함께 여기 여행하고 계신 저분이 별 쓸모없는 제 생명을 세 번이나 구해 주셨답니다. 그런데 제가 아무리 치료비를 내려고 해도 한 번도 받지 않으셨습니다. 그런데 두 분께서 저의 배 손님이 되셨으니 식사라도 한 끼 대접하고 싶어서 이렇게 모셨습니다. 보시다시피 공산군이 우리에게 또 발포하더라도 여기에 계시면 비교적 안전할 것입니다."

선장은 미소를 띠면서 방탄 장치가 되어있는 선실의 둥근 천장을 가리키며 말했다.

"이렇게 해서라도 저는 저 마음씨 고운 의사선생님께 신세를 갚아드리고 싶습니다."

에드는 빌을 바라보며 그 선장에게 감탄하며 말했다.

"예, 그러시군요."

좀 불안하고 긴장했던 빌은 이렇게 해서 좀 안정이 되었고 어깨가 으쓱해졌다.

"천국에 가서 상을 받을 줄 알았더니 여기서 받는 것도 그리 나쁘진 않네요."

빌은 선장의 말을 재미있게 받아 넘겼다.

선장의 대접은 아주 융숭하고 푸짐했다. 30분쯤 지났을 때 총알이 날아오는 소리를 듣고 빌과 에드는 선장의 호의에 정말 감사했다.

우초우로 돌아와서 빌과 에드는 퀘일린 병원에서 일하다가 홍콩으로 가는 길에 들린 선교사 부부를 만났다. 그들은 공산군이 퀘일린 가까이까지 왔으며 공산당 치하에서 계속 일하기는 힘들 것 같다고 말했다. 이 선교사 부부는 불안해서 미국으로 돌아갈 거라고 했다.

그 후 며칠 동안 국민당 군이 항복했다느니, 공산군이 우초우 가까이까지 왔다느니 갖가지 소문이 떠돌았다. 빌과 그의 동료 선교사들은 그 소문들이 대부분 헛소문이라고 생각하고 있었지만 광둥에 있는 미국 대사관에서 미국인들은 가능한데로 빨리 남 중국에서 철수하라는 통고를 받고서야 그 심각성을 깨달았다. 앞으로 어떻게 해야 할지 심각하게 생각해 봐야할 때가 왔다.

당시 남침례회 외국선교부 동양 총무는 베이커 제임스 코든(Baker James Cauthen) 박사였다. 퀘일린에 주재하는 모든 선교사들은 데론 랜킨 선교사의 뒤를 따랐는데 랜킨 선교사는 매드리 박사가 은퇴하자 그 뒤를 이은 그 지역의 실행 총무였기 때문이었다. 5월에 코든 박사는 상황을 파악해 보면서 광둥에서 선교사들을 소집했다. 빌 왈레스와 우초우에 있는 선교사들은 에드 갤로웨이 선교사를 그들의 대표로 선정해 파송했다.

에드가 회의에 갔다 돌아오자 우초우의 선교사들은 그의 보고를 듣기 위해 모두 샘 랜킨 선교사 집에 모였다. 에드는 코든 박사의 말은 간단명료했다고 다음과 같이 보고했다.

"코든 총무는 공산치하의 선교사들이 경험한 일들을 듣고는 '북부지방의 선교사들이 이미 내린 결정을 우리도 따른다. 그 결정은 좀 어렵긴 하지만 그대로 따른다. 그 결정이란 현지에 그대로 남아 있든지 미국으로 돌아가든지 또는 다른 지역으로 옮겨가든지 각자 자유로 결정한다. 다른 새로운 나라에서 일할 수 있도록 교섭도 하고 있다. 어떤 결정을 내리든지 본부에서는 최대한 뒷받침을 해주기로 방침을 세워놓고 있다. 하나님의 뜻이라고 믿는 사람은 그대로 머물러 있을 수 있다. 아무리 공산군의 공격이 급박하더라도 충분히 생각해서 결정을 하라'고 말했습니다. 우린 기도하는 가운데 하나님의 인도하심을 따르기로 하고 헤어졌습니다."

에드 선교사가 그렇게 보고를 하자 선교사들은 얼마동안 누구도 입을 열지 않았다. 이윽고 빌이 차분하게, 그러나 확고한 태도로 말했다.

"그렇습니다. 이것은 선교부에서 결정할 문제가 아닙니다. 각자가 결정할 문제지요. 우리 모두는 각기 자기의 생각이 있을 것이니 어떤 결정을 내리든 남의 의견을 존중해야 합니다."

그것이 가장 좋은 방법이었다. 며칠 동안 모두 각자의 길을 결정했다. 어떤 이는 비교적 쉽게 결정했고 어떤 이는 많이 기도하고 이런 저런 조건을 다 따져보면서 생각하고 겨우 결정을 내리기도 했다.

그러면서 모두 다른 지역에서 들려오는 소식을 듣기도 하며 다른 사람들의 결정을 지켜보고 있었다. 어떤 곳에서는 중국인들이 선교사들에게 어서 떠나라고 간청하기도 했다.

그 중국인들은 선교사들에게 적의가 있어서가 아니고 외국인들이 있으면 자기들의 처지가 난처해질까 해서 그러는 것이었다. 이처럼 사방에서 들려오는 소식들 중에는 참고가 되는 가치 있는 것도 있었다. 그러나 우초우에 있는 중국인 교인들은 이렇게 위기에 처해 있는 선교사들에게 그렇게 대하지는 않았을 것이다. 만일 그들도 그렇게 생각한다면 선교사들은 오히려 결정하기가 쉬웠을 것이다.

빌이 먼저 자기의 결정을 말했다. 빌은 그대로 머물러 있기로 했다. 이런 시기일수록 병원을 떠난다는 것은 그 마음에 허락이 안 되었으며 누구보다도 빌은 그 병원에 머물러 있어야 할 사람이었다.

블란치 브래들리(Blanche Bradley) 선교사는 은퇴할 때가 가까웠다. 그리고 중국 표준어인 베이징어를 배웠기 때문에 광둥어를 잘 몰라서 남아 있다고 해도 오히려 크게 도움이 안 될 거라 생각하고 떠나기로 했다.

에드와 베티 갤로웨이도 떠나기로 했다. 태국에서 중국인들과 일할 수 있는 기회가 마련되어 있어서 그곳으로 가기로 했다. 선교사의 길을 처음 시작하는 그들은 좀더 안전한 곳을 원했다.

제시 그린은 안식년 휴가를 갈 때였으나 그 휴가를 연기하고 머물러 있기로 했다. 제시가 병원에서 하는 일이 중요했기 때문에 지금 떠났다가 다시 못 오게 되면 안 된다고 생각했다.

"나는 여기 있을래요. 빌, 병원에 선교사 간호사가 필요하지요? 또 이제는 중국말도 좀 할 수 있으니까요."

수술을 마친 어느 날 에벌리 헤이스도 깊이 생각하고 빌과 함께 남아 있기로 했다.

빌은 그렇게 남기로 결정을 내린 동료들을 보고 미소 지으며 말했다.

"에벌리, 당신은 남을 줄 알았어요."

그리고 정색을 하고 다음과 같은 말을 덧붙였다.

"에벌리, 확실히 여기 남기로 한 거에요? 힘들 텐데요."

"물론입니다. 저는 남을 것입니다."

에벌리는 대답했다.

마지막으로 샘과 미리엄 랜킨 부부는 떠나기로 가장 늦게 결정을 내렸다. 막내 아이가 미국에서 외과 수술을 받아야 할 상황이었던 것이다. 일단 돌아가서 다른 기회를 기다려 보는 것이 좋을 것 같았다.

결국 5명은 떠나고 3명은 남기로 했다. 각자의 결정은 하나님의 뜻 안에서 내린 것이기 때문에 모두 그 결정들을 존중했다.

갤로웨이 가족이 제일 먼저 떠났다. 그들이 배를 타고 홍콩으로 가던 날 빌과 에드는 병원 뒷산으로 올라갔다.

에드는 빌에게 말했다.

"빌, 나는 내가 내린 결정은 잘 했다고 생각해요. 앞으로의 태국전망이 좋아 보여요. 다만 빌, 당신과 에벌리와 제시를 두고 떠나는 것이 마음에 걸립니다. 나는 내가 당신을 떠나 달아나는 게 아닌가 하는 생각이 들어요."

이에 빌은 다음과 같이 말했다.

"아닙니다, 에드. 당신은 가족이 있으니 가족의 안전을 생각 안 할 수 없잖아요. 여기 그대로 남아 있으면 가족이 걱정되어 일을 자유롭게 할 수 없을 거예요. 그러나 태국에 가면 더 자유롭게 일할 수 있겠지요. 나는 당신과 처지가 다르잖아요. 나는 여기에 남아야 할 사람입니다. 아무것도 걸릴 게 없고, 가족을 부양해야 하는 부담도 없는 한 조각의 인생에 불과하니까요."

'한 조각의 인생', 이 말은 중국 사람들이 옛날부터 자기를 겸손하게 낮추어 표현할 때 쓰는 말이었다. 그 말은 결혼을 하지 않아 가족을 부양해야 하는 책임이 없어서 자기는 어떤 희생을 당해도 좋은 그런 사람을 일컫는 말이다. 빌이 이 말을 한 것은 자기 생명을 기꺼이 바치겠다는 뜻이다. 빌은 이때, 여기를 위하여 하나님께서 마련하신 사람이었다. 그는 내일 일을 모르면서도 결코 요동하지 않았으며 공산당의 검은 그림자가 드리워 있을지라도 우초우 스타우트 기념병원과 침례교의 증인이 끊기지 않고 존재한다는 것을 보여주는 인물이었다.

"나는 한 조각의 인생에 불과하니까요…."

갤로웨이는 배를 타고 홍콩으로 가면서 그의 부인에게 빌이 한 이 말을 몇 번이고 되풀이해서 말하며 또 다음과 같이 말했다.

"그가 한 말은 정말 사실이에요. 내가 아는 빌은 언제나 자기를 높이지 않을 뿐만 아니라 더욱이 앞날에 대해 걱정하는 것을 못 봤다니까요."

며칠 후 천주교 선교사 한 분이 약품을 좀 얻으러 병원에 와서 반가운 친구 빌을 만났다.

"빌, 당신은 여기에 머물러 있기로 결정했다고요?"

"예, 그렇습니다. 신부님, 당신들도 떠나지 않지요?"

"예, 우리는 소모품 아닙니까."

신부가 농담조로 말했다.

"그러면 당신들의 건강을 돌봐줄 사람이 있어야 하지 않겠어요?"

그들은 이렇게 이야기하며 웃음으로 점점 높아가는 긴장상태를 누그러뜨릴 수 있어서 감사했다. 빌은 추호도 영웅 심리로 남아있기로 결심한 것은 아니었다. 5년 전 일본군이 중국 남부를 점령할 때 가졌던 의무감과 똑같은 의무감을 지금도 가지고 있었다.

곧 랜킨 가족과 브래들리 양이 떠날 때가 되었다. 이들이 떠나는 날 빌은 아픈 가슴을 억제하기가 무척 힘들었다. 남자들이 말없이 악수하고 있을 때 여자들은 또 말없이 그저 흐느끼기만 했다. 짧은 기간이지만 함께 즐겁게 일하면서 많은 환자를 치료했던 그 동안의 날들이 계속될 수 있는 상황이었으면 얼마나 좋을까 하는 마음이 간절했다.

"언젠가는 빌…"

"하나님께서 허락하신다면, 샘, 몸조심해요. 이 꼬마도 잘 봐줘요."

빌은 그들이 수술받기 위해 미국으로 데리고 가는 금발의 어린 아이를 아주 좋아했다.

빌, 에벌리, 제시는 랜킨 가족과 브래들리 양이 탄 배가 굽은 곳을 지나 더 보이지 않을 때까지 부두에서 떠나지 못했다. 한참 후에 그들은 말없이 병원으로 돌아왔다.

2주 후에 이들에게 또 하나의 슬픈 일이 생겼다. 윌리엄 뉴번이 선교연맹 동양 총무가 자기에게 홍콩으로 가라고 한다는 소식을 가지고 왔다. 뉴번 가족이 떠난 후 강 건너편 언덕, 이젠 아무도 없는 그 언덕을 바라보기만 하면 빌도 향수에 젖어 힘들어 했다.

그러나 해야 할 일이 많았다. 병원에 환자들은 많은데 점점 더 험악해지는 정세 때문에 간호학생들 마저 하나 둘 자꾸 집으로 돌아가서 환자진료에 일손이 모자랐다. 만약의 경우를 대비하여 생활필수품을 저장해 두기도 했다. 중국 북부는 이미 죽(竹)의 장막, 공산당의 세력이 다 차지하고 있었다. 중국 남부라고 그런 운명을 면하리라고 기대할 수가 없었다.

설상가상 자연 재앙 때문에 상황은 더 나빠졌다. 1949년 7월 초순, 장마 홍수로 서 강과 푸 강에 물이 불어나기 시작하더니 우초우에 전에 없었던 무서운 물난리가 났다. 빌이 교회에 갈 때는 물이 발목까지 왔었는데, 예배가 끝났을 때는 물이 교회 계단에까지 차올라 있었다. 그래서 빌은 나룻배를 타고 병원으로 돌아와야 했다.

저녁때에는 병원 진료소 문턱까지 물이 올라 왔다. 이런 대홍수는 빌이 중국에 있은 지 16년 동안 처음 있는 일이었다. 다음날 아침 그들은 진료소를 사용할 수가 없어서 장비들을 병원 위쪽으로 옮겼다. 흙탕물이 병원 뜰과 저쪽 멀리 떨어져 있는 탑으로 가는 길목까지 넘쳐났다. 우초우 시 대부분이 출렁이는 물에 잠겼다. 빌은 베도우 원장이 늘 하는 말이 아무리 홍수가 나도 병원 계단까지는 물이 오르지 않는다고 했는데 이번에는 그 말이 맞지 않는가 보다 하고 걱정하고 있는데 그때부터 천천히 물이 빠지기 시작했다.

며칠 후 홍수는 물러갔지만 그 홍수가 할퀸 피해는 엄청났다. 온통 흙탕물로 뒤덮였고 집들이 내려앉았고 길가의 가로수들이 넘어지거나 부러졌다. 더 큰 문제는 전염병이 돌기 시작했다. 그래도 중국인들은 모두 나서서 청소하며 복구건설을 해 나갔다. 그런데 병원에 또 다른 물난리가 났다. 마실 물이 없었다. 우물이 내려앉았기 때문이다. 전기도 다 끊어져서 불도 들어오지 않았다. 그런데다가 환자들은 자꾸만 몰려 왔다. 매일 매일 이렇게 분주하게 지내는 것이 오히려 좋은 점도 있었다. 그것은 너무 바빠서 공산군이 쳐들어오는 것을 잊어버린 것이다.

홍수가 다 지나간 뒤에 남중국 선교부는 비록 선교사 수가 이제 얼마 안 되지만 광둥에서 정기 선교사 총회를 하기로 했다. 그렇게 큰 홍수 때문에 공산군의 남하가 얼마동안 멈춰져서 다행이었다. 빌, 에벌리, 제시는 광둥 회의에 가면 다른 선교사들을 만날 수 있는 마지막 기회가 될지도 모르기 때문에 다 가기로 했다. 상황이 그런대로 괜찮았다. 그러나 그들이 떠나려는 날 빌은 위급한 수술을 해야만 했기 때문에 여자들만 가게 되었다. 빌은 많이 섭섭했지만 그래도 다시 한 번 자기가 왜 여기에 있는가 하는 것을 분명히 생각해 보았다. 빌은 광둥에 있는 진과 루이스 힐에게 짤막한 편지를 써서 에벌리 편에 보냈다. 그들은 언제 다시 만날지 모르는 일이었다.

에벌리와 제시가 광둥 회의에 가 있는 동안도 빌은 쉴 새 없이 일했다. 그들이 돌아오는 날 오후에 빌은 그들이 내리는 비행장으로 마중 나가기로 생각했다. 그가 샤워를 하고 옷을 갈아입으려고 방으로 막 가려는데 병원 사무장이 급하게 뛰어오면서 소리쳤다.

"와이상, 와이상!"

"찬, 무슨 일이지요?"

"약 30분 전에 광둥에서 떠난 비행기가 공산군의 포격으로 격추되었을 거라는 소식이 왔습니다. 공격을 받고 있다는 조종사의 무전이 있은 후 연락이 끊겼답니다."

빌은 가슴이 덜컥 내려앉았다.

"오, 하나님, 제발 무사하게 보호해 주시옵소서."

만일 에벌리와 제시에게 무슨 변이라도 일어났다면 이 일을 어떡하나, 정말 눈앞이 캄캄했다. 빌은 대문 쪽으로 뛰어나갔다.

"어디로 가시려고요?"

찬이 물었다.

"세관에요. 거기 가서 알아봐야겠어요."

빌이 큰 소리로 대답했다.

세관에 가서 알아봤더니 비행기가 격추된 것은 확실했다. 탑승자 전원이 사망했다고 했다. 이젠 탑승자 명단을 알아봐야 했다. 세관 직원이 광둥으로 확인을 해 보겠다고 했다.

빌은 앉아서 기다리기로 했다. 기다리는 동안 계속 기도했다.

"하나님, 그들을 지켜주시옵소서."

두 시간이 지났는데도 세관에서는 탑승자 명단을 입수하지 못하고 있었다. 그러다가 빌은 찬이 가지고 온 전보를 읽으며 두 눈에서 눈물을 흘리면서 일어섰다.

비행기를 놓쳤음. 월요일 배편으로 떠남.

에벌리와 제시의 서명이 있었다. 그들은 월요일에 무사히 돌아왔다.

선교부 회의를 하고 나서 베이커 제임스 코든은 공산군에 의해 곧 길이 막힐지도 모르는 남부 중국을 마지막으로 방문하기로 했다. 위험부담이 컸지만 그와 그의 비서 루시 스미스 양은 우초우 행 수공 양용 비행기 표를 샀다. 홍콩에서 우초우로 가는 길에 코든 박사는 울창한 숲으로 덮인 정든 남부 중국의 아름다운 경치를 내려다보면서 자기는 물론 자기가 가고 있는 우초우 선교사들이 얼마나 더 일을 할 수 있을까 하고 생각했다.

10년 사이 두 번이나 참혹한 전쟁을 겪어야만 했다. 먼저는 일본군이더니 이번에는 공산군이었다. 시간이 얼마나 남아있는 걸까, 석 주일? 석 달? 북경의 공산당 정권이 이긴다는 것은 기정사실로 보였다. 북쪽에서 들려오는, 믿고 싶지 않는 여러 가지 소식을 생각하니 정말 눈앞이 캄캄하여 이마의 주름살이 더 깊어졌다.

그는 어서 한시라도 빨리 가서 그 후리후리한 테네시 사람이 보고 싶었다. 어떤 면에서 빌 왈레스를 보면 말 없는 배우로 알려진 개리 쿠퍼(Gary Cooper)가 연상되었다. 쿠퍼의 그 유명한 '옙'(예)이라고 하는 말도 왈레스가 많이 쓰는 말이었다. 공산군이 들이 닥쳐도 요동하지 않고 '봉사할 수 있는 데까지 남아 있겠다'고 하는 왈레스의 확고한 결심에 코든 박사는 감탄했다. 그러면서도 그는 빌이 무사하도록 늘 기도했다. 승무원의 '안전띠를 매라'는 신호등이 켜졌다. 우초우에 가까이 온 것이다. 코든 박사가 비행기에서 내리니 우초우의 선교사 세 사람이 맞아주었다. 빌은 광둥 사투리로 소리 질렀다.

"택시로 갈까요, 박사님?"

코든은 웃으면서 비옷과 가방을 빌의 보트 한 쪽에 던져 넣고 루시 스미스와 함께 배에 올라 자리를 잡고 앉았다. 빌, 에벌리, 제시는 번갈아가며 랜킨 가족, 브래들리, 갤로웨이 가족에 대해서 안부를 물었다. 다행히도 그들이 모두 미국행 표를 구했다고 했다. 빌이 말했다.

"모두들 여기서 일을 잘 했었는데 여기는 가족이 함께 있을만한 곳은 못되지요."

그날 저녁 늦게 다른 사람들을 기다리면서 코든 박사는 베도우 원장이 전에 살던 집 현관에 혼자 서 있었다. 날은 저물어 서쪽 언덕으로 기우는 붉은 햇볕이 병원 옥상을 비추고 있었다. 갈색 돌담은 한결 연하게 보였다. 누군가가 걸어오는 발자국 소리가 나서 돌아보니 에벌리 헤이스가 산뜻한 차림새의 흰 간호사복을 입고 집에서 나오고 있었다. 거기 화단에는 붉은색, 푸른색의 꽃들이 예쁘게 피어 아름답게 조화를 이루고 있었다.

코든 박사가 헤이스에게 말했다.

"온종일 일한 사람 같지 않네요."

헤이스는 머리를 흔들며 말했다.

"밤을 새워 일했는 걸요. 어제 군인 한 사람이 괴저병으로 입원했는데, 글쎄 160킬로미터 이상이나 걸어왔대요. 그를 밤새껏 치료한다고 모두 밤을 새웠는데 다행히 경과가 좋아요."

"그랬어요? 아주 잘 됐군요. 수고들 많았군요."

코든 박사가 말했다. 그리고 병원 쪽을 돌아보며 또 말했다.

"그러니까, 이 병원을 '중국의 생명줄'이라고들 말하겠지요?"

바로 그때 빌 왈레스가 청진기를 목에 건채 모퉁이를 돌아왔다. 코든은 이 젊은 의사가 언제나 뛰어 다니는 것 같이 생각되어 농담조로 말했다.

"당신, 왈레스 선생님 맞지요?"

에벌리도 웃으며 한마디 했다.

"코든 박사님, 영광이지 뭐예요. 빌이 주일도 아닌데 이렇게 저녁식사 하러 나오는 것은 아주 특별한 경우입니다."

빌은 아주 유명한 영화에서 기분이 상한 배우가 말하듯이 퉁명스럽게 말했다.

"주일이 지난 지도 꽤 오래 됐군요. 식사합시다."

식사가 끝나자 선교사들은 코든 박사와 함께 거실에서 머지않아 닥쳐올 문제들을 논의했다.

"계속 머물러 있을 경우, 가장 안 된 일은 미국 영사의 보호를 받지 못한다는 점일 것입니다. 우리나라 정부는 북경 공산당 정권을 승인하지 않을 겁니다."

코든 박사는 천천히 말을 했다. 그리고 잠시 말을 멈췄다.

빌이 물었다.

"공산당이 벌써 미국인들의 재산을 몰수했나요?"

코든이 대답했다.

"그들이 아직 선교부의 재산을 빼앗아가지는 않았지만 어떤 곳에서는 그들이 점점 더 무리한 요구를 했답니다. 한 곳에서는 공산당이 선교사들에게 재산을 그대로 사용은 하되 그 재산의 소유권은 공산당에게 내 놓으라고 요구했답니다."

"결국 다 빼앗아가겠다는 소리지 뭐예요?"

제시가 말했다.

"아마 그렇게 할 작정인 거 같아요."

코든 총무가 말을 이었다.

"그러나 우리가 굳은 의지를 가지고 있으면 그들은 세계 여론을 의식하고 당분간 그렇게 못 할 겁니다."

빌 왈레스는 차가운 벽에 등을 기대고 시멘트 바닥에 앉아서 오랫동안 그렇게 소중히 여겨 온 병원을 바라보면서 물었다.

"그러면 차라리 우리의 모든 재산을 여기 류 쾅 침례회 총회에 넘기는 게 더 낫지 않을까요?"

로버트 베도우 의사도 그런 생각을 오랫동안 해 왔었는데 그의 후임자도 그렇게 생각했다.

코든이 대답했다.

"그렇게 할 수도 있겠지만 그래도 아직은 외국인이 재산을 관리하는 것이 중국인이 하는 것보다 더 유리할 겁니다."

이야기할 거리가 많았다. 벌써 북쪽에서는 지주들을 모두 숙청하고 죽이기까지 했다는 소식이 전해지면서 전 세계가 분노하고 있었다.

코든 박사가 말했다.

"궁극적으로 모두 주님의 재산이니까요. 그러니 어떻게 되든 결국은 하나님의 영광을 나타나게 될 것으로 믿어야지요."

모두 그 말이 맞다고 고개를 끄덕였다.

"그리고 끝까지 우리는 하나님의 백성입니다. 비록 미국 영사는 없을 지라도 우리에게는 주님이 항상 함께 계십니다."

빌이 말했다.

다음날 빌과 에벌리와 제시는 많은 중국인 침례교 지도자들과 함께 홍콩으로 돌아가는 코든 박사와 루시 스미스 비서를 비행장으로 전송했다. 코든 박사는 빌의 손을 굳게 잡고 말했다.

"빌, 많은 사람들이 당신을 위해 기도하고 있다는 것을 잊지 말아요."

"예, 그럼요. 그렇게 믿습니다."

빌은 미소 지으며 말했다.

그때부터 참으로 기약 없는 미지의 미래가 시작되었다. 빌 왈레스는 전에 일본군의 공격을 꽤 오랫동안 겪은 쓰라린 경험이 있기 때문에 이번 공산군의 공세를 극복하는 데 어느 정도 담대할 수 있었다. 그는 에벌리와 제시에게 용기를 가지자고 격려했지만 그래도 예측할 수 없는 미래에 대한 불안감은 지을 수가 없었다. 우초우에서도 공산당의 정치공작대원들이 철저하게 주민들의 생활을 감시하고 간섭하기 시작했다. 그들은 소위 '지하조직' 사령부가 곧 우초우 시를 접수할 거라고 선전했다. 한편으로는 협박도 하고 또 한편으로는 거짓말로 사회를 혼란에 빠지게 했다.

그들 공산주의의 이념은 기독교의 정신과 너무나 다르기 때문에 교인들에게는 어려움이 더 많았다. 그래서 기독교 지도자들은 떠나든 머물러 있든 간에 다가올 고통이 엄청난 것이었다. 그렇지만 그런 상황에서도 우초우의 침례교회는 많은 결실을 냈다. 그 한 주간에도 새로 믿기로 결심한 사람들 19명에게 침(세)례를 주었다. 솔직히 말해서 하나님은 우리가 약할 때에 도리어 큰일을 하시는 것 같았다. 빌과 에벌리, 제시는 이런 일들을 보면서 더 용기를 낼 수 있었다.

병원 직원들이 불안해하고 긴장감이 더해지자 빌은 자주 소풍이나 어떤 오락시간을 내서 힘을 내게 했다. 빌은 여러 번 자기 보트에 나룻배를 매어달고 간호사들과 직원들을 태우고 섬으로 소풍을 가서 물놀이를 했다. 그리고 빌은 일부러 보트를 과속으로 이리저리 몰아 직원들을 물에 빠뜨리기도 했다. 그러나 빌의 그러한 노력도 시시각각으로 다가오는 공산당의 공세를 감당해 내기가 어려웠다. 설상가상으로 징계문제도 생기고 거의 매일 간호사들은 고향으로 돌아가거나 가족들과 함께 피난을 갔다. 매일같이 더해지는 불안과 공포는 이제 어떻게 해야 할지 그 길이 보이지 않았다.

그해 늦여름, 말라리아로 거의 죽게 된 한 어린이가 병원에 실려 왔다. 간호사가 즉시 키니네(말라리아 주사약)를 주사도 하고 모두 최선을 다해 치료했지만 너무 늦게 와서 결국 그 아이는 죽고 말았다. 핑계가 아니라 정말 너무 늦게 와서 죽을 수밖에 없는 환자였다. 그런데 그 아이의 부모는 병원이 잘못해서 죽었다고 떼를 쓰며 소란을 피우며 고소를 하겠다고 했다. 중국에서는 법이 병원이나 의사를 보호하고 있지 않기 때문에 환자가 고소하면 병원은 엄청나게 많은 벌금을 내야했다. 그런데 이번 일에서 빌은 병원관리자로서 '뱀같이 지혜롭고 비둘기 같이 순결해야' 했다. 빌은 고심 끝에 이번 일에 정면으로 대처하기로 결심했다.

그 아이의 부모는 홍콩 돈으로 3,000달러를 요구했다. 빌은 그 가족이 고소를 해도 결과적으로 보상으로 받아갈 것이 하나도 없겠지만 그래도 그 가족에게 할 수 있는 한 최선을 다하겠다고 말했다. 병원이 보상으로 돈은 줄 수 없었다. 돈을 주면 병원이 잘못했다고 인정하는 것이 되기 때문이었다. 병원의 경영책임을 맡고 있는 빌은 다른 길을 통해 그 가족에게 돈을 보냈다. 어쨌든 이런 일은 젊은 의사 빌에게 또 하나의 상처가 되는 일이었다. 그래도 이 일이 이렇게 일단락된 것에 대해 감사하며 다시 병원 일에 임했다.

공산군이 서 강으로 진격해 온다는 소식이 들려왔다. 10월 말에 접어들면서 우초우 사람들은 더 공포에 떨었다. 평상시에는 저녁 9시가 되어 문을 닫던 가게들도 해가 지기도 전에 문을 닫았다. 거리에는 사람들이 별로 나다니지 않았고 도적들이 들끓었다. 도적들은 날이 갈수록 더 광포해졌다. 국민당 군인들이 우초우에 아직 주둔하고 있었지만 대다수 강변에 천막을 치고 있거나 또는 언덕에 있는 오래된 건물에 진을 치고 있었다. 그러나 공산주의자들은 그들이 곧 우초우도 점령하게 된다고 온갖 유언비어를 퍼뜨리고 있었다. 그런 소문이 나면 언제나 그런 소문을 믿는 사람들이 있기 마련이다. 그리고 그런 소문이 나면 모두 불안에 떨고 공포는 빠르게 확산한다.

한번은 밤에 한 무리의 도적떼가 병원에 들이닥칠 것이기 때문에 귀중품은 미리 옮겨 놓는 게 좋겠다는 정보가 빌에게 들려왔다. 그때 빌은 그럴 필요가 없다고 대답했다. 왜냐하면 미리 옮겨 감춘다고 해도 언젠가는 그들이 찾아낼 것이고 찾지 못하면 그들은 우리에게 어디에 감추었는지 말하도록 폭행을 할 거라고 생각했기 때문이다. 빌은 그날 밤 복잡한 생각으로 혼자서 병원을 지키고 있었다. 감사하게도 그날 밤에는 아무 일도 없었다. 그러나 공포분위기는 점점 더해갔다.

이미 공산군에게 점령된 광둥과 다른 도시에서 피난 오는 사람들이 몰려오고 있었다. 국민당 군인들을 따라 후퇴하는 사람들은 우초우를 거쳐 서쪽으로 계속해서 이동했다. 국민당 군인들이 우초우 사람들에게 피신하라고 통고했지만 병원에 남아있는 직원들은 피신하지 않겠다고 전했다. 병원 직원들은 빌 왈레스 의사가 떠나지 않는다는 것을 알고 마음을 더 굳게 먹었다.

10월 하순에 오랫동안 기다려왔던 간호학교 인가를 정부에서 받았지만 빌과 에벌리는 간호학교를 열 수가 없었다. 학생은 두 명뿐이었다. 수업을 끝내는 늦은 밤에 라디오에서 서북쪽으로 통하는 퀘일린도 함락되었다는 소식이 들려왔다. 이제 중국 거의 전역이 공산군에게 점령되고 우초우만 아직 공산군에게 먹히지 않고 있었다. 우초우 선교회가 남침례교의 마지막 남아있는 선교회였다. 랜킨 가족, 갤로웨이 가족과 브래들리가 우초우를 떠난 지 다섯 달 반이 지났다. 우초우 사람들은 이제 몇 주일 내에 공산군이 우초우를 점령할 거라고 생각 하고 있었다. 병원 직원회의에서 한 의사가 왈레스에게 공산군이 언제쯤 여기에 올 거 같으냐고 물었다. 빌은 한 달은 걸릴 거 같다고 대답했다. 빌의 예측은 적중했다. 1949년 추수감사절에 공산군은 우초우에서 불과 몇 시간 거리에 있는 마을까지 육박해 오고 있었다.

에벌리와 제시가 미국 전통 음식을 준비했다. 세 선교사는 복도에 식탁을 차리고 앉아서 얘기를 나누었다. 정보소식통에 의하면 국민당 군인들이 그날 밤 철수할 거라고 했다. 또 들려오는 소문에 의하면 우초우를 그대로 공산군에게 넘기지 않고 모두 불태워 버릴 거라고 했다. 시민들은 화재와 도적떼를 두려워했다. 이렇게 며칠 아니 몇 시간이 될지 도무지 알 수 없는 불안한 정국이었다.

에벌리가 깊은 생각에 잠겨 있다가 말했다.

"정말 답답하네요. 우리 감정도 묘하고요. 왠지 현실이 아니라 우리가 구경꾼 같은 기분이 드네요."

그러자 제시가 말했다.

"불안과 겁에 질린 사람들의 얼굴을 보면 못 견디게 가슴이 아파요."

그러자 빌이 말했다.

"그래요. 찬 선생이 오늘 아침에 와서 가족을 데리고 피난을 가야겠다고 하더군요. 원래는 머물러 있으려고 했는데 안 되겠다고 떠나야겠다고 하는데 그 얼굴을 보니 정말 파랗게 겁에 질려 있었어요."

그때 저 아래쪽 길에 국민당 군인들이 지나가고 있었다. 짐을 잔뜩 실은 나귀들의 발굽소리가 요란스럽게 들려왔다.

"가만 들어봐요."

빌이 귀를 기울였다. 기관총 소리가 들려왔다. 그들은 좀더 주변 상황을 살피려고 병원 옥상으로 올라갔다. 거기서 빌이 왼편에 있는 산 쪽을 가리켰다.

"아무것도 안 보이는데요."

에벌리가 눈을 크게 뜨고 말했다. 그때 우초우 시내 쪽으로 공산군들이 진격해 오는 것이 보였다.

두 시간 후 푸른 군복을 입은 군인들이 길게 줄을 지어 우초우 시내로 들어왔다. 농구화를 신고 각반을 해서 별로 소리도 나지 않고 먼지도 나지 않았다. 귀 덮개를 모자 꼭대기에 붙잡아 맸는데 그 모자에는 붉은 별이 붙어 있었다.

우초우, 스타우트 기념병원 그리고 세 사람의 남침례회 선교사들은 이제 죽(竹)의 장막에 들어가게 되었다.

죽(竹)의 장막

　공산군이 점령했어도 처음에는 생각했던 것만큼 그리 어렵지 않았다. 공산주의자들은 어디서나 그랬지만 우초우에서도 그들 수법대로 얼마동안은 백성들에게 인심을 사려고 선심을 썼다. 그래서 그들은 인민위원회라는 이름으로 행정체제를 조직했다. 이를 본 선교사들이나 대다수의 주민들은 '별 문제 없구나' '안전하구나' 하는 환각에 빠졌다.

　그러나 공산군이 점령한 그다음 날 병원 직원들에게 정말 두려운 일이 닥쳐왔다. 빌이 부르는 소리를 듣고 직원들이 나와 보니 많은 군인들이 병원으로 오고 있었다. 빌은 진료소에서 그들을 만났다. 그들은 병원을 자기들의 숙소로 내어 놓으라고 요구했다. 빌은 정중하게 병원에는 환자들이 많아서 직원들도 숙소로 사용하지 못하고 있다고 거절했다. 그러자 책임 장교가 은근히 협박을 했다. 빌도 어쩔 수 없어 당분간 아래층을 그들에게 빌려주기로 했다.

그렇게 되니 특히 미혼 간호사 숙소에 유숙하고 있는 간호사들이 무서워했다. 그래서 에벌리가 간호사들 숙소로 옮겨 함께 유숙하기로 했다. 그렇다고 에벌리가 간호사들의 보호막이 될 수는 없었다. 하지만 간호사들은 다소 의지가 되었다. 빌도 자신의 간이침대를 1층과 2층 사이에 옮겨 놓았다. 1층에서 2층으로 올라가려면 반드시 빌을 지나가야만 했다.

빌은 전혀 적의를 보이지 않으면서도 당당하게 행동했다. 그러자 군인들도 빌을 존경하게 되었다. 그래서 장교는 군인들에게 모두 각별히 조심해서 행동하라고 명령을 내리기도 했다. 오랫동안 혼란해서 행정질서가 문란하고 공공기관마저 부패했던 이 지역으로 이동해 온 공산당은 초기에는 그래도 좀 예의를 갖춰주는 것 같았다. 그 군인들은 병원에 단 하룻밤 있다가 다음날 다 떠났다.

"그건 안 됩니다."

에벌리 헤이스가 분개하여 소리 질렀다. 빌 왈레스가 가까이 가서 보니 에벌리가 눈을 똑바로 뜨고 두 손을 허리에 대고 단호한 자세로 서 있었다. 에벌리는 우초우에 새로 부임해 온 장교에게 말을 하고 있었다.

"무슨 일이에요, 에벌리?"

빌이 물었다.

에벌리는 "이 분이 한 시간 내에 우리 간호사 열 명을 제복을 입혀 자기들 행군에 참가하게 해 달라는 거예요. 전 그럴 수 없어요. 그렇지 않아도 일손이 모자라는데요. 우리는 병원에서 일하는 사람이지 군대 행군을 위해 있는 게 아니란 말이에요."

그 장교는 웃고 있었다. 하지만 그의 표정에는 강요와 냉정한 기색이 서려 있었다. 그리고 이렇게 말했다.

"이 병원이 우리 당의 인가와 보호를 받으려면 우리 당에 협력해야 합니다. 협력해 주는 것이 당신들의 예의가 되는 겁니다."

에벌리가 대답하려 하자 빌이 만류하며 대답했다.

"우리 병원에서도 행군에 대표를 참가시키겠습니다."

그 장교는 인사를 하고 물러갔다. 장교가 나가자 에벌리는 황당한 표정으로 빌을 쳐다보며 말을 잇지 못했다.

"도대체…?"

빌은 웃으며 말했다.

"네 명만 보냅시다. 몇 시간 동안만 보내주면 우리 예의를 보여주는 것이 될 테니까요."

"열 명 보내라고 하던데요."

"열 명 다 못 보내고 네 명만 보내도 될 거예요."

"쉿!"

에벌리는 빌의 말을 막으며 간호보조원이 지나갈 때까지 기다렸다. 그 간호보조원은 몇 걸음 저쪽에서 세차게 먼지를 털고 있었다.

"새로 들어 온 간호보조원을 믿을 수가 없어요. 그는 늘 무엇이나 엿듣는 것 같아요. 그래서 간호사들은 그를 싫어한답니다. 여기에 첩자로 온 거 아닐까요?"

에벌리는 약간 두려워하는 눈빛으로 말했다.

빌은 한참 동안 생각하다가 말했다.

"그럴지도 모르지요. 공산주의자들은 무슨 일에나 어디에나 감시하는 것 같아요. 찬이 그러는데 벽에도 귀가 달렸다던데요. 공산당과 관련된 말을 할 때에는 옆에 누가 있는지 살펴보고 얘기를 합시다."

다음날 신문에는 새로운 공산정부에 지지를 나타내는 '자발적인 행진' 이 우초우에서 일어났다는 기사가 났다. 사방에서 '자발적으로' 라는 표어로 시가행진을 하는 대중 집회가 열렸다. 어느 수요일 오후 침례교회에서 예배를 드리려는데 공산당에서 사람이 와서 교회에서 그런 대중 집회를 하겠다고 말했다. 그 교회 목사는 당황해서 빌을 찾아왔다. 빌은 그 목사와 함께 교회로 가서 거기에 와 있는 공산군 장교에게 교회는 정기적으로 예배를 드리는 곳이라고 설명했다. 그랬더니 그 장교는 교회가 예배 드릴 시간이 되면 자리를 비켜주겠다고 약속했다.

어쩔 수 없이 교회에서 공산당 대중 집회를 하게 되었고 예배 시간에는 약속대로 비켜주어서 밖에서 기다리던 교인들이 들어가 예배를 드렸다. 겉으로만 떠들어대는 공산당의 선전 표어가 사방에 나붙었는데 그 가운데는 특히 이런 것들이 눈에 띄었다.

'중국인을 위한 중국'
'외국인들이 중국을 망쳐놓았다'
'외국의 앞잡이 백정놈 장개석'

교인들은 머리를 숙여 기도하며 공산당의 선전 표어에 대해서는 아무도 말하지 않았다.

빌과 선교사들의 생활도 바뀌었다. 일상생활이 바뀌었다기보다 주변 분위기가 바뀐 것이다. 그날그날의 일과는 늘 그랬던 것처럼 주님의 이름으로 환자를 치료하고 돌보는 일이었다. 그런데 공산당은 자기들의 행사에도 참여하라고 해서 시간을 빼앗기게 되었다.

그해, 1949년 성탄절은 조용히 보내야 했다. 에벌리와 제시는 빌과 함께 모여 조용히 성탄 만찬식사를 했다. 작년 성탄절은 모든 직원들이 함께 즐거운 성탄 축하 행사를 가졌는데 이제는 세상이 변했다. 올해는 먹을 것도 충분하지 못했다. 그래도 그동안 조금씩 절약한 것과 중국인 친구들이 도와줘서 닭 몇 마리와 감자와 아이스크림을 마련할 수 있었다. 그때까지는 시장에 먹을거리가 있었지만 그렇다고 들어내놓고 나가서 이것저것 사 오기가 편하지 않았다. 식사를 하면서 빌은 자기 마음에 있는 말을 많이 했다. 그렇게 해서 에벌리와 제시에게 용기도 주고 성탄 축하 기분도 내보려고 했다. 식사를 끝내고 셋은 함께 무릎을 꿇고 기도를 했다.

새해(1950년)가 되자 공산당은 더 많은 행사를 했으며, 모든 행사에 다 참여할 것을 강요했다. 에벌리가 항의도 해 봤지만 통하지 않았다. 그리고 직원들은 공산당의 사상 강습회에 참석해야만 했다. 몇 간호사들은 병원을 떠나 공산당의 조직인 청년단에 가입도 하고 어떤 직원들은 공산당의 선전에 완전히 넘어가 병원을 떠나기도 했다. 한편 하나님께 대한 강한 믿음으로 공산당의 노선에 따르지 않겠다는 직원도 있었다. 이런 상황에서 빌은 일하기가 점점 더 어려워졌다.

게다가 인민재판이라는 이상한 사회제도가 생겨났다. 처음에는 일반적으로 나쁜 사람들로 인정받는 사람들을 재판에 회부했다. 그러나 점점 선량한 백성들도 끌려가서 전에 볼 수 없었던, 군중이 심판하는 재판을 받게 되었다. 그런 재판은 대개 야외 광장에서 한다. 그리고는 그 군중들 틈 여기저기에 끼어있는 공산당 하수인들이 선동을 하면 그때부터 비판하는 소리가 터져 나온다.

한번은 그 지역의 지주였던 사람들이 죄인으로 몰려 끌려와 재판을 받게 되었다. 그 재판을 위해 아침 일찍부터 공산당원들이 몰려와서 공산당 찬가와 표어를 큰 소리로 부르며 점점 광포해졌다. 그리고 잡혀있던 지주들이 감옥에서 나오자 군중은 마치 흥행단 행진에서 북과 꽹과리를 치면서 동물을 끌고 가는 것처럼 그 지주들을 끌고 갔다. 정말 죄인인 것처럼 손을 뒤로 묶고 머리에 원추형의 종이 모자를 씌웠다.

재판은 먼저 인민의 뜻에 따라 한다는 것을 보여주기 위해 긴 연설을 군중들에게 하고 나서 시작한다. 그리고는 고발인이 나와서 죄목을 말하고 고소한다. 때로는 여자들이 지주들의 죄목을 큰 소리로 고발하기도 한다. 그렇게 고소인이 고발하면 지휘자는 군중에게 묻는다.

"그것이 사실입니까?"

"옳소!"

그러면 군중은 그를 어디론가 끌고 가서 죽인다.

이처럼 광적인 세상에서도 예수 그리스도의 복음은 스타우트 기념병원을 통해서 계속 전파되었다. 빌 왈레스와 직원들은 예수 그리스도의 마음으로, 미움이 아닌 사랑으로, 폭동이 아니라 평화의 정신으로 봉사했는데 그것은 공산당의 광포(狂暴)와는 큰 대조를 이루는 것이었다. 그런데도 병원의 상황은 날로 더 어려워지기만 했다. 빌은 연구실에서 의학실험도 하고 수술실에서 수술도 하며 늘 바쁘게 지냈다. 특히 빌은 위궤양 환자들을 많이 치료했다. 긴장감은 날로 더 높아만 가고 공포도 날로 더해갔다.

여기저기서 선교사들이 떠나간다는 소식이 들려왔다. 유진 힐은 심한 출혈성 위궤양으로 중태에 빠져 중국을 떠나도록 통고를 받았다. 몇 주일 지나서 그는 가족들과 함께 홍콩을 거쳐 미국으로 돌아갔다. 그들이 무사히 미국으로 떠났다는 소식을 듣고 빌은 감사기도를 드렸다.

우초우의 침례교인들은 제시도 떠나야 한다고 제의했다. 빌과 에벌리는 환자를 치료하는 의료인이었고 제시는 복음전도 사역자였다. 이제 세상이 교회에 대한 탄압도 점점 심해지기 때문에 교인들이 교회에 모이기도 힘들고 더구나 선교사들의 선교활동은 이제 더는 할 수 없게 될 것이 뻔했다. 그래서 제시는 출국하는 것이 좋겠다고 생각하고 그렇게 제의한 것이었다. 상황이 그래서 제시는 마지못해 출국허가를 신청했고 몇 주일 후 미국으로 떠났다. 이제 남은 사람은 빌 왈레스와 에벌리 헤이스 뿐이었다.

빌에게나 헤이스 간호사에게나 그야말로 시련의 때였다. 둘은 과거 어느 때보다도 함께 일을 의논하고 서로 격려가 많이 필요한 때인데, 공산당원들이 외국인들이 모여 있는 것을 보면 이유 없이 의심하기 때문에 함께 있기가 어려웠다. 티끌만한 트집거리라도 있으면 공산당원들은 외국인이 어쩌고 하면서 이유 없이 비난했다. 그래서 직원들이 모두 함께 있는 자리에서만 빌과 헤이스 간호사는 같이 있을 수 있었다. 그렇게 해서 빌은 될 수 있는 대로 공산당원들에게 트집거리를 주지 않으려고 했다. 병원 직원들과 함께 식사하는 자리 외엔 둘이 식사 자리도 같이 안 했다. 그렇게 하면서 둘은 더욱 담력을 가지고 병원 일에 충실했다.

그러던 어느 날 오후, 빌이 어려운 수술을 끝내고 수술 고무장갑과 수술복을 벗으며 에벌리에게 강가로 가서 잠시 산책을 하자고 했다. 에벌리는 빌이 왜 그 시간에 산책을 하자고 하는지 그 이유를 알고도 남았다. 시간이 오후 3시쯤이니까 사람들이 많이 보는데서 자연스럽게 산책하는 것에 대해서는 수군대지 않을 것이었기 때문이다.

에벌리는 대답했다.

"그래요, 산책해요."

그들은 말없이 걷기만 했다. 에벌리가 보니 이제 빌도 40대에 들어섰다는 테가 났다. 머리 숱도 적어졌고 희끗희끗했다. 3년 전에 병으로 죽을 뻔한 이후 빌은 머리를 짧게 깎았다. 이마에는 주름살이 깊이 패였고 전에는 웃을 때만 주름 잡히던 눈가에 이제는 웃지 않을 때에도 주름이 잡혔다. 세상이 더욱 험해지고 통제도 더 심해졌지만 그런대로 우초우 거리의 일상은 변함없이 그저 그러했다.

심하게 야위고 햇볕에 그을린 아이들은 여전히 곡식이나 숯을 잔뜩 실은 손수레를 힘들게 끌고 다니고 있었다. 손님을 끌기 위한 붉은 종이 초롱은 가게마다 그대로 걸려 있었다. 우산처럼 생긴 창이 넓은 모자를 쓴 짐꾼들이 양 어깨에 긴 장대를 메고 그 장대 양 끝에 무엇을 담은 광주리를 달고 균형을 잡아가면서도 뒤뚱거리며 그래도 빠른 걸음으로 다니고 있었다. 생선 비린내가 코를 질렀는데 여름이어서 그 냄새는 더 심했다. 중국인들은 여름에는 겉옷으로 검은 무명옷을 입었다. 그들 사이로 거니는 선교사들의 흰 가운은 아주 대조적이었다.

두 선교사는 이제 공산당의 압력으로 이제 문을 닫게 되는 침례교 참빛 서점 앞을 지나가고 있었다. 교회 앞에는 화려한 공산당 깃발이 꽂혀 있었다. 틀림없이 교회당을 공산당원들이 누구를 비난하거나 누구를 성토하기 위한 집회장으로 쓸 것으로 보였다. 긴 수염이 나고 휑한 눈의 노인들이 먼지를 뒤집어쓰고 길거리 곶감 광주리 뒤에 웅크리고 앉아 젓가락으로 음식을 먹으면서 두 미국인 선교사를 물끄러미 바라보고 있었다.

시내를 벗어나 두 선교사는 강둑을 거니는데 거기에는 대나무 숲도 있었고 뱅골 보리수나무도 있었다. 강에는 목재를 가득 싣고 천천히 지나가는 배도 보였다. 또 별 일 없이 왔다갔다 하는 작은 배들도 있었다. 전에는 사람들이 선교사들을 보면 종종 흥미 있게 말을 걸어오기도 했는데 이제는 누구도 말을 걸지 않았다. 간혹 스타우트 기념병원에서 빌에게 치료를 받은 일이 있는 사람들은 빌을 보고 손을 흔들었다.

두 선교사는 계속 걸었다. 청초우 섬 쪽으로 걸어가면서 몇 채의 오두막집을 지났는데 그 마당에 아이들이 놀고 있었다. 빌이 아이들을 보고 빙긋이 웃었더니 그 아이들도 따라 웃으며 가까이 오려고 했다. 그런데 그때 다른 아이의 목소리가 들렸다.

"애들아, 외국 도깨비들 조심해!"

울타리 뒤에서 그중 나이가 많은 아이가 나오면서 큰 소리를 치자 그만 아이들이 뿔뿔이 흩어졌다.

한참 동안 말없이 걷다가 빌이 먼저 말을 꺼냈다. 이제 일이 끝에 가까웠다는 것을 알기라도 한 것처럼 빌은 말했다.

"에벌리, 우리가 언젠가는 여기에서 더 일할 수가 없게 되어 다른 데 일할 만한 곳을 찾아봐야 할 거예요."

에벌리는 고개를 끄덕이며 길가에 있는 대나무 새 순을 하나 끌어 땄다. 빌은 말을 계속했다.

"요즘 나는 많이 생각해 봤는데 의사로서 선교사 일을 한다면 다른 방법으로는 할 수 없는 지역에서도 복음을 전할 수 있을 것 같아요."

빌은 몸을 구부려 차돌을 하나 주어가지고 던졌더니 신기하게 물위로 꽤 멀리까지 스쳐나갔다. 어렸을 때가 생각나서 그렇게 던져 보았다. 그 어린 시절은 이제 아득한 옛날 아주 먼 곳의 일이었다.

빌은 또 말했다.

"동남아 지역을 생각해 봤어요. 인도네시아의 자바나, 수마트라나, 보르네오 같은 곳에는 모두 의료 선교를 통해 침례교 선교활동을 할 수 있는 곳이라고 알고 있어요. 다른 일로는 못 들어가도 의사로는 들어갈 수 있을 거예요. 피터 파커 선교사는 메스로 중국을 열었다고 하지 않습니까. 우리 남침례교도 언젠가는 그와 같은 다른 곳으로 가야할 거예요. 여기 중국에서 일하던 모든 선교사들이 다 가서 일할 만한 어떤 곳을 알아봐야 하겠지요. 나는 아직 은퇴는 하고 싶지 않아요."

에벌리는 빌의 말을 듣고 미소 지으며 공감했다. 비록 나이는 들어 보였지만 아직 빌의 의욕은 젊은이로 보였다. 그가 은퇴는 물론, 다른 어떤 형식으로라도 일손을 놓을 거라고는 보이지 않았다.

에벌리가 말했다.

"그래요, 맞아요. 그런 곳에 가면 더 많은 사역을 할 수 있을 거예요. 아마 그런 곳에 가면 샘과 미리엄 랜킨, 베티와 에드 갤러웨이도 함께 도와줄 거예요."

떠나간 동료들 생각이 나서 둘은 잠시 말문이 막혔다. 그때 에벌리가 지금 당면한 자기네들의 문제로 화제를 돌렸다.

직원들도 모두 격려가 필요했다. 긴장감은 날로 고조되고 병원 일은 더 어려워져서 빌도 병원 울타리를 좀 벗어나서 기분 전환하는 것이 좋을 것 같았다. 그래서 또 한 번 직원들 소풍을 가기로 했다. 빌은 직원들을 교대로 자기 보트에 태워 가기로 했다. 직원들은 파도타기 널과 닭고기 튀김을 가지고 수영도 하며 즐길 수 있는 장소를 찾아보기로 했다.

그렇게 해서 그들은 복잡하고 늘 무겁게 느끼는 분위기에서 좀 벗어나고 싶었다.

소풍은 아주 좋았다. 누구나 다 복잡하고 불안한 상황에서 벗어나기를 원하고 있었다. 모든 직원들은 이제 공산당의 선전과 자기들의 삶의 의미가 담긴 병원, 기독교의 진리 그리고 선교사들 사이에서 복잡하게 엉켜 돌아가는 세상에서 잠시나마 떠나 있었다.

빌에게도 소풍은 좋은 시간이었다. 다른 직원들이 파도타기를 하는 동안 빌은 자기 보트를 탔고, 모두 수영하고 있을 때 그는 애견과 함께 강가에 누워서 애써 모든 복잡한 생각을 떨쳐버리려고 했다.

내게 사는 것이 그리스도니

1950년 7월에 한 위기가 생겼는데 그 위기는 한국의 6·25 전쟁과 직접적인 관계가 있어 보였다. 북한이 남침을 시작했을 때 중국 공산당 정부는 미국을 악한 제국주의라고 비난하면서 대대적으로 선전했다. 북한이 먼저 남침한 것이 엄연한 사실인데도 그들은 남한과 미국군 연합군을 침략자, 살인자, 평화 파괴자로 매도하며 비난했다. 이런 터무니없는 공산당의 선전은 빌 왈레스와 에벌리 헤이스와 함께 일하는 모든 사람들에게 엄청난 위기감을 안겨주었다.

국제연합군이 7월 말에 한국전쟁에 참전하자 사태는 한층 더 험악해졌다. 중국 공산당은 새로운 법령을 공포했다. 지금까지 그래도 자기들의 목적을 이루기 위해서 겉으로라도 어느 정도 관용하던 그들은 이제 공산주의의 본성을 드러내기 시작했다.

전면 검거 선풍이 일어났다. 죄가 없는 사람이라도 자기들에게 협조가 잘 될 것 같지 않은 사람은 모두 마구 잡아다가 투옥하거나 무자비하게 죽였다.

하루는 공산당원들이 빌에게 와서 도저히 이해되지 않을 정도의 많은 세금을 내라고 통고했다. 설사 병원에서 그 많은 돈을 세금으로 낼 수 있다고 해도 그 통고를 그대로 받아들이면 그들에게 농락을 당한다는 생각이 들어 빌은 단호하게 거절했다. 빌은 그 과중한 세금 통고의 불합리성과 인민의 정부가 자선 사업으로 하는 병원에 어려움을 주는 것은 이해할 수 없다고 상부 기관에 진정하겠다고 말했다. 그렇게 말하면 그 공산당원들이 물러갈 거라고 생각했다.

한편 그 지역 주민들은 이런 상황에서 아무런 조치를 취하지 않으면 자기들이 사랑하는 와이상을 잃게 될지도 모른다고 걱정을 하면서 우초우 유지들 명의의 탄원서를 만들어 광동 인민위원회에 제출했다. 그러자 우초우 당국에서는 최종적 결정을 내릴 시기가 아직 안 되었음을 알고 일단 세금을 유보했다.

그러자 광동지구 공산당 정부에서도 남부 중국에서 널리 알려진 이 후리후리한 미국인 의사의 영향력을 인정하며 빌을 무시할 수 없게 되었다. 중국 공산당은 북한을 지지하며 미국과 국제연합군에 대하여 노골적으로 비난하면서 중공군이 한국전쟁에 개입하려고 했다. 한편 초가을이 되면서 우초우에서 반미 운동이 더 거세게 일어났다.

공산당은 집회 때마다 미국을 착취자들이라고 혹독하게 비난하면서

양키 놈들, 제국주의 이리들, 자본주의 개놈들 하면서 아주 악랄하게 비난했다. 우초우에서 이처럼 반미선동을 야단스럽게 하는 이유는 우초우 사람이라면 누구나 다 아는 빌 왈레스 때문이었다. 참으로 순수하여 무엇 하나 흠잡을 데 없는 그의 생활과 봉사 때문에 공산당에서 아무리 미국인을 나쁘다고 비난해도 중국 사람들은 그 비난을 믿지 않았다. 우초우에서 그렇게 오랫동안 봉사해 온 미국병원, 바로 스타우트 기념병원 때문이었다. 그야말로 생명을 내걸고 빈부를 가리지 않고 중국인들과 함께 동고동락해온 미국사람들이 아닌가. 빌 왈레스는 미국사람으로서 전 중국에서 손꼽히는 명의요, 일본의 침략 전쟁 때에도 중국 사람들과 함께 갖은 험한 고생도 마다하지 않고 피난 다니면서 중국인을 위해 헌신 봉사한 영웅이요, 15년 동안 순수하게 중국을 제2의 조국으로 여기며 중국인들을 사랑해 준 의사가 아니었던가.

그런데 살기등등한 공산당원들은 집회를 거듭하며 자기네 선전을 무색하게 만들만큼 선한 봉사를 다한 빌 왈레스를 터무니없는 거짓말로 모함하기 시작했다. 그들은 이 병원을 대표하는 미국 기독교인들을 부정하는 길은 많은 사람들이 이 '스타우트 기념병원' 하면 생각하는 빌 왈레스 의사를 제거하는 길밖에 없다고 결론 내렸다. 그 같은 결론을 내리기까지 그들은 아마 오랫동안 모의하고 또 고민했을 것이다. 중공군이 한국전쟁에 개입한 12월 초순, 드디어 그동안 숨기고 있던 이리떼 같은 그들의 모습을 드러냈다. 여기저기서 자행한 숙청과 학살 만행은 여기에 다 기록할 수 없다. 그런 만행이 빌에게도 오고야 말았다.

1950년 12월 8일 저녁, 빌 왈레스는 평소와 다름없이 병실에서 회진을 끝냈다. 그 전날 밤 맹장 수술한 공산군 병사 환자가 별 이상 없이 잘 회복되고 있다는 보고를 받았지만 그 환자도 회진했다. 이틀 전에 담석 수술을 받은 나이 지긋한 여인도 회진했다. 빌은 야간 당직 간호사에게 특별히 보살펴야 할 환자들에 대한 근무지침도 지시했다. 병원에 환자가 아무리 많아도 빌은 환자 한 사람 한 사람을 최선으로 보살폈다.

빌은 좀 피곤해서 기지개를 켜며 하품을 했다. 그리고 눈을 비비며 일어나 밖으로 나와 겨울 밤 찬 공기를 마시며 간간히 불빛이 깜박거리는 우초우 시의 밤거리를 내려다 보았다. 그날은 온종일 비가 내리는데다가 짙은 안개까지 껴서 마치 유령이라도 나올 듯이 음산했다. 빌은 자신도 모르게 다가오는 엄청스런 고난을 예상하며 깊은 생각에 빠져 있었다.

병원을 공산당 정부에 등록을 해놓긴 했지만 공산당이 계속해서 외국인들의 재산과 각종 기관을 몰수하고 있는데 그 등록이 얼마나 효력을 낼 수 있을지 자신할 수가 없었다. 중공군이 미국이 주도하는 국제연합군과 전쟁을 벌이고 있는 데 미국 선교사가 운영하는 이 병원이 얼마나 더 피해 없이 견뎌낼 수 있을 거란 말인가. 어쩌면 곧 중국을 떠나야 할 때가 됐는지도 모르는 일이었다. 빌은 돌아서서 병원을 바라보았다. 아직도 빌이 원하기만 하면 다 집어치우고 안일한 길을 택할 시간은 있었다. 그는 병원을 버리고 떠날 수 있을까.

헤이스와 선임 간호사 룩을 만나러 갈까 하다가 갑자기 너무 피곤이 몰려와 그의 처소로 돌아갔다. 밤중에 응급환자가 와서 불려나갈지도 몰라서 지금 좀 자 두는 것이 좋겠다고 생각했다. 빌의 집을 봐주는 착실한 젊은이가 돌아오는 빌을 맞아주었다. 짧게 깎은 머리는 어두침침한 불빛에 봐도 희끗희끗했고 이마의 주름살도 뚜렷했다. 집을 봐주는 이 젊은이도 늘 자신을 돌보지 않고 밤낮 바쁘게 환자들에게 매달리는 빌을 존경하며 염려했다.

"안녕, 라스터스(Rastus, 기원이 분명치 않은 별명), 오리들에게는 아주 좋은 날씨군."

라스터스가 이 말의 뜻을 알아들을 수 없을 거라는 생각이 났지만 너무 피곤해서 더 다른 말을 하고 싶지가 않았다.

"지금 오세요, 와이상. 곧 우유와 빵을 준비하겠습니다."

"고마워, 내 방으로 좀 가져다주게나. 좀 피곤하군."

"오늘도 너무 고달픈 하루를 지내셨군요. 오늘 밤엔 푹 쉬도록 하세요. 그래야 몸이 풀리실 겁니다."

빌은 다정한 눈빛으로 그 젊은이를 쳐다보며 말했다.

"라스터스, 고마워. 오늘 저녁 라스터스가 기도할 때 내가 푹 좀 잘 수 있게 해달라고 주님께 기도해 주게나. 하룻밤 푹 자면 피곤이 풀릴 거야."

우유를 한 잔 마시고 아끼던 버터를 좀 발라 빵 몇 조각 먹고 빌은 스스로 스파르타식 야전침대라고 부르는 간이침대에 누웠다. 팔을 베개하고 누워서 왜 이렇게 불안할까 생각에 잠겼다. 사실 과거에도 여러 번 인간적인 고민거리가 있었지만 지금은 분명 그런 고민이 아니고 무엇인지 알 수 없는 불안이 엄습해 왔다.

다음날 새벽 3시 쯤, 공산당원 몇 명이 공산주의 원리를 교육받은 이 지역의 12명 젊은 요원들을 우초우 시 중심지에 있는 작은 회의실로 데리고 왔다. 우초우에 주재하고 있는 공산당 간부가 그들에게 그날 밤 해야 할 일을 간단히 설명해 주었다. 내용은 윌리엄 왈레스에게 '우초우에 와 있는 투르먼 대통령의 제일 첩자' 라는 죄명을 씌워서 빌을 체포하라는 것이었다.

"예?"

그들 요원들은 수근수근 했다. 그들은 왈레스 의사를 잘 알고 있었다. 빌을 간첩이라고 생각할 사람이 이 세상에 어디 있겠는가? 그러나 공산당 정부가 그렇게 말하면 슬픈 일이지만 어쩔 도리가 없는 것이다.

우초우 시 뒤편 언덕에 자리 잡고 있는 천주교 선교사들의 체포 계획도 포함되어 있는 이 작전의 설명이 끝나자 당 요원들은 30명 정도의 군인들과 함께 출발했다. 그들은 서로 아무 말도 없이 안개가 깔린 우초우 시내를 지나 스타우트 기념병원 문에 도달했다. 다른 사람들은 담장 뒤에 몸을 숨기고 한 사람이 문을 두드리며 소리쳤다.

"문 열어요."

안에서 한 직원이 물었다.

"누구세요?"

그러자 인솔자가 뒤에 몸을 숨기고 있는 동료들을 보고는 싱긋이 웃으며 말했다.

"환자에요. 빨리 문 열어요."

문이 열리자 군인들은 쏜살같이 달려들어 겁에 질린 그 직원을 밀치고 들어와서 계획한 대로 병원 안 여기저기로 흩어졌다. 몇 명의 군인들은 직원들 숙소 방마다 다니면서 자는 직원들을 깨웠고 다른 군인들은 병원을 둘러싸고 있었다. 또 어떤 군인들은 병원 층층을 다니면서 직원들을 불러 모았다.

빌 왈레스는 전에 베도우 원장이 쓰던 숙소 방에서 피곤에 지쳐 잠깐 잠들어 있었는데 라스터스가 시끄러운 소리에 놀라 깨어 급히 빌이 자고 있는 방으로 갔다. 그가 방문을 열자 군인 세 명이 달려들어 라스터스를 밀쳐내고 빌에게 침대에서 일어나라고 소리쳤다. 그리고는 그 무표정한 군인들이 방안을 수색하는 것처럼 여기저기를 뒤졌다. 붉은 별이 달린 방한모를 쓰고 겨울 군복을 입은 그들 가운데 신분을 알 수 없는 또 다른 한 무리의 사람들이 있었다. 공산당의 이념 교육은 사람들의 의식을 어떻게 그렇게 바꿔 놓을 수 있을까. 새로운 '중국인'들이 나타났다.

그들은 이제 만족한 듯이 빌과 라스터스에게 병원 대합실로 가자고 명령했다. 그때 라스터스가 그 방문을 잠그려고 하자 책임 장교가 문을 잠그지 못하게 했다.

빌이 들어서는 것을 보고 5층에 모여 있던 직원들이 걱정도 되고 겁도 나서 소리를 질렀다. 그 직원들은 마치 아버지가 끌려가는것을 보는 자식들처럼 안타까운 눈빛으로 빌을 바라보았다.

"걱정하지 말아요."

빌은 그들에게 안심시키며 그들을 조용하게 하고 맨 앞으로 나와 군인들을 향해 마주 섰다.

그 군인들을 지휘하는 장교는 젊은 사람이었고 중국인 치고는 눈이 꽤 들어갔으며 교육을 받은 사람같이 보였다. 그 장교가 말했다.

"이곳은 간첩의 소굴임을 우리는 잘 알고 있다. 우리 중국 인민공화국은 너희들 가운데 반동분자가 있다는 것도 알고 있다. 이는 용서할 수 없는 일이다. 왈레스 의사, 당신은 트루먼 대통령의 일급 간첩으로 여기 남부 중국에 와 있다는 것을 우리는 다 알고 있다. 당신의 죄상이 폭로되었으니 더는 비밀공작은 할 수 없을 줄 알라."

직원들 가운데서 항의의 목소리가 들렸다.

"그건 사실이 아니오. …와이상은 그렇지 않단 말이오. …정말이오. …당신들이 뭔가 잘못 알고 있는 거요."

"닥쳐!"

순간, 그 장교가 냉혹한 목소리로 소리치자 모두 잠잠했다.

"증거물을 보여줄 테다. 이 자가 여러분을 속이고 있었소. 그런데도 여러분이 이 자를 편들면 여러분도 반동자임에 틀림이 없소."

장교는 눈을 가늘게 뜨고 직원들을 바라보았다.

그때 빌이 침착한 목소리로 말했다.

"우리는 조금도 속이는 것이 없소."

직원들은 걱정스런 마음으로 빌을 쳐다보았다. 빌은 일어서서 말했다.

"우리는 오직 예수 그리스도의 이름으로 환자를 치료해 주고 있는 의사요, 간호사요, 병원 직원들이요. 우리가 여기에 있는 이유는 그것이 다요. 다른 이유나 목적은 없소."

"흥, 말은 번지르르하게 잘 하는구나. 그럴 줄 알았지, 하지만 소용없다. 우리가 직접 증거물을 찾아봐야겠다."

장교는 주위를 둘러보다가 병원 전도사와 사무장을 지목해서 수색하는데 입회 증인이 되라고 명령했다. 그리고는 빌과 라스터스를 데리고 아래층으로 내려가 빌의 방으로 갔다.

그들이 가서는 방을 수색하는 척 했다. 그러더니 깜짝 놀라는 척 하면서 빌의 대나무 침대 이불 밑에서 한 보자기에 싼 짐을 가지고 나와서는 그 보자기를 풀면서 장교가 소리치며 작은 권총을 내보였다.

"바로 이거다. 이것이 증거다."

라스터스가 큰 소리로 말했다.

"아니에요. 그런 거 여기에 없었어요."

이때 장교는 라스터스를 벽 쪽에 밀고 가서 팔로 목을 조르며 권총을 들이대며 위협했다.

"배추처럼 목이 달아나고 싶으냐?"

빌이 말했다.

"그건 내 총이 아니오. 총을 가지고 있지도 않았고 그 총이 어떻게 해서 내 방에서 나왔는지도 모르겠소."

장교는 빌을 보고 기분 나쁜 웃음으로 웃었다. 그리고는 빌의 방문을 못질해서 잠가버리고 빌을 병원 사무실로 끌고 가라고 소리쳤다. 병원 사무실에 와서는 빌이 간첩 행위를 한 혐의가 있으니 체포하여 더 심문해 봐야겠다고 하면서 빌을 군 사령부로 연행하겠다고 했다. 장교는 또 병원에는 틀림없이 비밀 무선통신시설도 되어 있을 테니 그걸 찾아낼 때까지 계속 수색하겠다고 했다.

한편 에벌리 헤이스는 방에 연금된 채 빌과 말하는 것도 허용되지 않았다. 에벌리가 창문으로 내다보니 군인들이 빌을 끌고 나가고 있었다.

군인들이 빌을 데리고 우초우 시내로 가자 에벌리는 빌을 다시 볼 수 없을 것 같은 슬픈 마음이 들었다.

그렇게 빌을 끌고 간 군인들은 간첩이라는 억울한 죄명과 그보다 더 큰 죄가 있을지 모른다는 당치도 않은 누명을 뒤집어 씌워 감옥 독방에 가두고는 얼마동안 방치해 두었다. 빌은 병원에서 가져다주는 음식을 받아먹을 수 있었다. 빌은 독방에 있으면서도 간수에게 복음을 전할 기회도 있었고 감옥 바깥 창가에 모여든 농부들에게 전도도 할 수 있었다. 이런 말이 들리자 병원 직원들은 기분이 야릇했다. 며칠이 지나서 에벌리와 병원 사무장은 정식으로 빌의 석방을 신청했다. 그들로서는 미국 영사관이나 선교 본부에 이 일을 알릴 길이 없었다. 그들이 할 수 있는 것은 오직 기도뿐이었다. 그들은 열심히 기도했다.

빌이 체포된 지 일주일이 지났을 때는 라스터스가 아침 식사를 가지고 왔는데도 들여보내 주지 않았다. 이제부터 밖에서 들어오는 음식을 받을 수 없게 됐다고 했다. 그날 밤 우초우 시에 있는 큰 회당에서 군중 집회를 열고 저명한 인사들은 모두 참석하게 했다. 그 집회에서 왈레스 의사를 체포해 온 장교가 일어서서 군중에게 말했다.

"스타우트 기념병원의 빌 왈레스 의사는 미국 트루먼 대통령에게서 보수를 받고 파송된 간첩이며 그동안 간첩행위를 해 왔다는 것을 자백했다."

그리고 그는 권총 이야기도 했고 또 빌은 뒤에 숨어서 반동적 행동을 했다고 했다. 그리고는 누구든지 왈레스의 반동적 행동에 대해서 말할 것이 있는 사람은 앞으로 나와서 말하라고 했다. 한 사람도 나오지 않았다. 그러자 그 장교가 왈레스를 고소하게 된 이유라고 하면서 당치도 않은 말을 광적으로 늘어놓았다. 이번에도 군중들은 그 장교의 말에 동의하지 않았다. 그 누구도 그 장교의 말에 속아 넘어가지 않았다. 왈레스 의사가 억울하게 죄를 뒤집어 쓴 무고한 사람이라는 것을 모르는 사람은 없었다.

공산주의자들이 빌을 심문하면서 빌의 이름, 나이, 미국인이라는 것, 그리고 중국에서 봉사한 기간 등을 적었다. 그리고는 빌에게 그 기록이 맞느냐고 물었다. 빌은 그것을 읽어보고 다 맞다고 하고 서명했다. 그랬더니 공산당원이 그 종이 여백에 자기네 멋대로 '미국 정부가 비밀 첩보 활동을 하도록 중국에 파송했다.'고 추가했다. 그리고는 빌이 그렇게 자백했다고 억지 부렸다.

다음날 일찍 간수가 빌을 깨워 재판정으로 끌고 갔다. 빌은 거기서 붙잡혀 온 선교사가 자기뿐이 아니라는 것을 알게 되었다. 천주교의 수녀와 신부도 있었다. 빌은 같은 처지에 놓인 그들을 보고 싱긋이 웃으며 말을 건넸다. 그들도 인사를 하며 따뜻한 마음으로 맞아주었다. 그랬더니 공산주의자들은 거칠게 달려들어 곧장 이들을 따로따로 떼어 놓았다.

공산주의자들은 빌이 민중들에게 얻고 있는 신망을 떨어뜨려 보려고 온갖 방법을 다 썼다. 터무니없는 죄목을 적은 현수막을 내 걸고 빌의 두 손을 뒤로 묶었다. 다른 외국인들과 함께 빌은 공산당원들에게 끌려 우초우 시내를 지나 푸 강과 언덕 중턱에 있는 감옥 본관까지 가는데 그 언덕은 기독교 선교연맹 소속 선교사 친구들이 있어서 여러 번 갔던 그 언덕이었다. 그 언덕에서 경비병이 밀치는 바람에 빌이 넘어졌는데 굴러 떨어지지 않으려고 손을 내뻗다가 손목을 크게 다쳤다. 물론 치료는 받지 못했다.

감옥에서 빌은 매일같이 어떤 때는 몇 시간마다 또는 밤이 새도록 잠을 못 자고 심문실로 불려갔다. '세뇌'라는 말은 그때까지는 별로 쓰이지 않았는데 한국전쟁 때 포로되었다가 석방된 사람들의 입을 통해서 알려진 새로운 말이었다. 그런데 빌 왈레스는 그가 감옥에 갇힌 지 2주째부터 그 세뇌가 어떤 것인지 몸소 체험하게 되었다. 일생을 오직 한 가지 일, 즉 주 예수 그리스도를 섬기며 의술을 가지고 중국인에게 봉사한, 참 순수하고 감수성 많은 이 젊은 의사는 공산주의자들이 '단테의 신곡'에 나오는 악령들도 생각할 수 없는 갖가지 죄명을 꾸며냈다는 것을 알게 되었다.

악독하게, 그리고 혹독하게 퍼붓는 그들의 터무니없는 말들을 듣고 빌은 너무나 어처구니가 없어 화가 치밀어 올랐다. 날이 갈수록 점점 더 가혹해졌고 변증할 여유도 도무지 주지 않았다. 그리고 더 괴로운 것은 같은 말을 계속 되풀이했다. 그렇지 않다고 말하려고 해도 말할 틈을 주지 않았다. 그들은 빌이 수술할 실력도 없다느니, 중국인 환자를 죽였다느니, 어떤 환자는 불구자로 만들었다느니, 법에 어긋나는 일을 했다느니 그야말로 도저히 있을 수 없는, 말도 안 되는 말들로 빌을 비난하자 빌의 마음은 한없이 슬프고 울적했다. 그 공산당원들은 중국의 의사협회가 빌의 죄상의 증거들을 수집해 가지고 빌을 처벌해 달라고 요청하고 있다고 거짓말도 했다. 긴 시간, 반복되는 심문으로 빌이 지쳐서 쓰러지자 감방으로 다시 옮겼다. 빌이 있는 감방은 더러운 바닥에 습기도 추위도 막아

주지 못할 짚으로 엮은 거죽침대가 하나 있을 뿐이었다.

어느 날은 외국인 수감자들을 다 야외 재판정에 모으고 그들을 체포할 때 압수한 것이라고 하면서 총, 총탄, 아편, 라디오 등 여러 가지 물건을 탁자에 쌓아놓고 그 탁자 옆에 한 사람씩 차례차례 서게 하고는 사진을 찍었다. 빌이 나갈 차례가 되자 그 뒤에 서있던 감시원이 빌을 앞으로 떠밀었다. 그리고는 간첩질을 했다는 죄목을 입증하려고 강제로 전선을 잡게 하고 사진을 찍었다.

빌과 함께 수감되었다가 나중에 석방된 천주교 선교사들은 빌이 잔학한 고문으로 극도로 지쳐있다고 전했다. 그날 나머지 시간에는 남녀 많은 공산당원들이 수감된 외국인들을 마구 놀려댔다. 험악한 말로 욕도 하고 인격 모욕적인 상소리도 했다. 날이 저물 무렵 한 선교사가 겨우 빌에게 어떻게 견뎌내느냐고 물었다.

빌은 기진맥진해서 겨우 웃으며 대답했다.

"주님께 모든 것을 맡기고 의지하니 괜찮습니다."

빌 왈레스는 이미 생명을 내놓고 싸우고 있었다. 그렇다고 자기를 고소한 사람들과 논쟁을 해서 이길 수 있는 싸움은 아니었다. 물론 논쟁은 생각할 수도 없었다. 육체적으로 견뎌낼 수 있느냐 없느냐 하는 싸움도 아니었다. 하기야 이제 곧 육체적인 건강도 문제될 것이었지만 끝까지 정신을 차리느냐 못 차리느냐 하는 정신적인 싸움이었다.

그렇게 싸우면서 빌은 밤중에 감방에서 가끔 고통스런 비명을 지르기도 했다. 몰래 가지고 들어온 종이에 빌은 마음을 굳게 먹고 정신을 차리고 이기겠다는 의미의 글을 적기도 했다. 성경구절도 적었다. 억울하게 뒤집어쓴 죄목을 부인하며 '무죄' 라는 글도 적었다. 빌은 이런 글들을 냉랭한 살기가 감도는 감방 벽에 붙여놓고 몇 번이고 되풀이해서 읽으면서 다음날 심문에 대비하려고 애를 썼다.

그러나 심문이 거듭될 때마다 심문은 점점 더 사나운 물결처럼 거칠어졌다. 어떤 때는 심문을 받고는 정신이 몽롱해지기도 했다. 정신착란 증세도 보였고 그래서 헛소리로 고함을 지르기도 했다. 점점 허탈 상태에 빠져들었다. 그러나 빌은 믿음을 가지고 심문에 맞서 싸웠다. 아직 가혹한 세뇌를 당해보지 못한 수감자들은 자기네들이 가장 위대한 사람들 중의 한 분으로 알고 있는 이 왈레스에게 가하는 그야말로 천인공노할 비인도적인 만행을 그저 바라보고 있을 뿐이었다. 그래도 그 수감자들은 기회만 있으면 감방에서도 빌과 이야기해보고 싶어 했다. 빌은 이 같은 견디기 어려운 수난을 당하면서도 언제나 자기를 사랑하시는 주님이 자기와 함께 해 주신다는 사실을 믿고 견뎌냈다.

그러는 가운데 공산주의자들은 얼마 지나면서 자기네 의도에 차질이 생겼다는 것을 알게 되었다. 그들은 빌을 확실하게 고문하고 세뇌시켜서 죄목을 자백하게 하고 그래서 빌의 사회적 신망을 떨어뜨리고 빌을 함정에 빠뜨리려고 했는데 끝까지 빌은 그들이 바라는 대로 넘어가지 않았다. 빌은 심문 때마다 조리 있는 말로 그들의 고소에 항의를 계속했다.

결국 간수들은 한편 두렵기도 하고 또 한편 죄책감을 가지면서도 밤에 긴 장대를 가지고 와서 감방 창살 사이로 장대를 집어넣어 잔인하게 빌을 마구 찔러 의식을 잃게 했다. 어떤 사람들은 '일이 잘못되었구나' 생각했다. 그날 밤 싸움이 끝났기 때문이다. 비록 아무도 '빌의 싸움이 끝났다' 고 말하는 이가 없었지만 빌은 이제 그의 몸을 바치고 그의 봉사와 사명에 종지부를 찍었던 것이다. 빌의 영혼은 그의 찢겨지고 지칠 대로 지쳐버린 몸에서 조용히 빠져나와 그가 그토록 아낌없이 충성을 다하여 섬긴 하나님의 품으로 돌아갔다.

빌 왈레스는 이 세상에서는 끝났으나 하나님의 나라에서 하나님과 함께 영원히 살게 된 것이다. 다음날 아침 간수들이 감방으로 달려 내려가서 빌이 목을 매어 자살했다고 고함쳤다. 그들은 수감되어 있던 두 천주교 신부들에게 같이 가자고 했다. 그 신부들이 빌의 감방에 가 보니 이불을 찢어 만든 끈이 천정에 걸려 있었고 거기에 빌의 시체가 매달려 있었다. 간수들은 두 신부에게 빌이 목매어 자살했다고 기록한 서류에 증인으로 서명하라고 했다. 신부들은 서명하기를 원치 않았다. 그러나 간수들은 강제로 그 신부들에게 빌이 목매어 죽어있는 것을 봤다고 진술하고 거기에 서명하게 했다. 물론 그 신부들도 공산당원들이 빌을 죽여 놓고 자살한 것처럼 꾸몄을 거라고 생각했다.

며칠 동안 감옥에 갇힌 빌을 걱정하며 기도하며 어서 풀려나오기를 기다리던 병원 직원들에게 마침내 빌의 시체를 가져가라는 통고가 왔다. 직원들은 설마 죽기야 하겠나 하다가 결국 빌이 죽었다는 소식에 모두 말할 수 없는 충격으로 비통함에 빠졌다. 에벌리가 보조원과 또 한 간호사를 데리고 감옥으로 갔다. 공산당원들은 에벌리를 감방에 들어가지 못하게 하고 보조원만 들어가게 했다. 에벌리는 그 보조원에게 조용히 빌의 시체가 어떻게 되어 있는지 잘 살펴보라고 일렀다. 목매달려 죽은 시체의 특징은 눈이 불쑥 튀어나오고 얼굴색이 꺼멓게 변하고 혀는 부풀어지는데 빌의 시체에서는 그런 흔적을 하나도 찾아볼 수 없었다. 대신 몸 전체에 무서울 정도의 상처가 나 있었다. 간수들은 그 상처를 에벌리에게 보이지 않게 감추려고 애를 썼다.

값 싼 관이 들어오고 시체에 옷을 입히기가 무섭게 관 속에 넣고 군인들이 서둘러 관에 못을 박아 봉했다. 공산당원들의 허락을 받고 병원 직원들이 군인들의 호위를 받으며, 아니 바로 말해서 그들의 감시를 받으며 시체를 멘 일행은 슬픔을 머금고 우초우를 떠났다.

물이 새는 조그마한 배를 타고 싸늘한 2월의 하늘 아래 강 하류 쪽으로 노를 저어 대나무 숲이 덮여 있는 공동묘지에 이르렀다. 그 공동묘지는 강이 내려다 보이는 언덕에 있었다. 무덤을 팠지만 예배는 허락되지 않았다. 무덤 흙을 마지막 삽으로 덮을 때까지 군인들이 지키고 있었다. 무덤 흙 덮는 작업이 다 끝나자 군인들이 병원 직원들을 다 쫓아 보냈다. 흙으로 덮인 무덤만이 외로이 남아서, 중국에서 봉사하다가 간 한 위대한 그리스도인이 잠자고 있는 장소임을 말없이 알려주고 있을 뿐이었다.

배가 강둑에서 떠나 돌아가는 동안 슬픔에 잠긴 에벌리와 직원들은 그 외로이 잠들어 있는 빌의 무덤에서 눈을 뗄 수가 없었다. 에벌리는 함께 일해온 동역자의 마지막 가는 그 안식처를 버리고 떠나는 것 같아서 마음이 너무 슬펐다.

이 빌의 무덤이 아무 표시 없이 그대로 오래 버려져 있지는 않았다. 빌의 중국인 친구들은 오직 자기들을 치료해 주기 위해 살았던 왈레스를 잃은 충격은 어떻게 말로 다 표현할 길이 없었다. 공산당에서 아무리 빌에 대해 말도 안 되는 거짓말로 흑색선전을 해도 빌에 대한 중국인들의 사랑과 존경심은 처음이나 지금이나 똑같았다. 이 중국인 친구들은 위험 부담을 무릅쓰고 빌의 무덤에 기념비를 세우려고 성금을 모아 그 무덤 옆에 정성스레 기념비를 세웠다.

시멘트로 무덤 앞에 작은 단을 만들고 그 아래쪽에도 땅을 고루어 평평하게 하고 단을 만들고 그 두 단 사이에 시멘트로 계단을 아래쪽 단에서 무덤까지 이르게 했다. 그리고 그 위에 작지만 하늘을 향해 우뚝 솟은 기념비를 세웠다. 그들은 그 기념비에 윌리엄 L. 왈레스 의사의 생애를 한마디로 표현한 성구를 새겼다.

"내게 사는 것이 그리스도니"

죽는 것도 유익함이라

　에벌리 헤이스는 비행기 안전띠를 풀고 가방을 챙겼다. 에벌리는 가방 속에 작은 주머니가 들어 있나 다시 한 번 확인했다. 그리고 창문으로 다가오는 종점의 건물을 내다보았다. 테네시 주 녹스빌은 에벌리에게 낯선 곳이었지만 전에 와 본 것처럼 말로 다 표현할 수 없는 향수를 느꼈다. '빌 왈레스의 삶이 시작된 곳이구나' 생각하니 가슴이 뭉클했다. 여기에서 자란 빌 왈레스가 버드나무로 덮인 중국의 서 강 둑에 잠들어 그 생애를 끝내다니 도저히 믿겨지지가 않았다.

　비행기가 탑승출구로 다가갈 때 에벌리는 여러 가지 기억을 더듬어 봤다. 마치 환등기의 사진 필름처럼 스테갈 가족들이 듣고 싶어 할 장면들을 하나하나 떠올렸다. 병원, 직원들, 뉴번, 라스터스, 빌…. 빌이 웃는 모습, 회진하는 모습, 보트를 운전하면서 좋아하던 모습, 독일산 셰퍼드를 데리고 장난치던 모습 등을 에벌리는 잊고 싶지 않았다. 그 어느 것보다도 에벌리가 잊을 수 없는 것은 우초우에서 간호사로 6개월 일하는 동안 공산당원들이 그날 밤 쳐들어와서 왈레스를 캄캄한 밤 어둠 속으로 끌고 가던 일과 그리고 그의 시체를 들어내 오던 감옥 감방이다. 이제 에벌리는 스테갈 가족을 만나게 되어 반갑긴 하겠지만 우울한 감정은 지울 수가 없었다.

에벌리는 스테갈 가족과 처음 만나지만 시드니와 룻 린 스테갈 그리고 그들의 아들은 한 식구인 것처럼 서로 반갑게 포옹했다. 스테갈 가족은 빌이 그렇게 중국에서 세상을 떠난 후 에벌리는 석방되어 무사히 미국으로 돌아오기를 바라며 열심히 기도하고 있었다. 에벌리를 직접 만날 때까지는 도무지 안심할 수가 없었다. 그들이 알고 싶은 일이 참으로 많았다. 에벌리가 나무그늘이 드리워 있는 스테갈 씨 집의 아늑한 뜰을 거닐면서 언젠가 빌이 자기의 본적지라고 말하던 곳이 바로 여기구나 생각했다.

전에 에벌리와 빌이 아주 어려운 수술을 끝내고 중국에서도 꽤 오래된 기독교인 공동묘지를 가 본 적이 있었다. 푸른 포도넝쿨이 덮인 언덕으로 걸어 올라갔는데 그곳은 이제 천천히 역사 속으로 사라져 가는 광시 전쟁터였다. 그들은 구불구불한 길을 걸어서 갔었다. 그 묘지에는 베도우 의사의 하나밖에 없는 아들, 레이 목사의 어린 딸, 초기 선교사의 부인 그리고 오랫동안 잊어버리고 있었던 서 강 전투에서 죽은 프랑스와 독일 군인들의 무덤이 있었다. 그때 그 무덤들을 보고 돌아오면서 빌은 에벌리에게 자기 고향집 이야기를 하면서 벽돌을 깔아 놓은 안뜰, 그 안뜰의 요리기구들, 산딸기나무와 단풍나무 등이 있다고 했었는데 그 모든 것이 그대로 있었다. 에벌리는 착잡한 마음으로 향수를 느꼈다. 빌에게서 고향집에 대해 자세한 이야기를 들은 적이 있기 때문에 이 집이 더 낯익게 생각되었다.

시드니 스테갈이 에벌리의 회상을 가로 막았다.

"윌리엄이 안식년으로 집에 와 있을 때는 언제나 저 통로(breezeway)에서 잠을 잤답니다. 그는 통나무 베개가 없어서 좀 아쉽기는 했지만 그래도 이 집이 더 좋다고 말했지요. 어느 날 내가 장난삼아 벽돌 몇 장을 그의 베개아래 놓았었어요. 다음날 아침 빌은 웃으면서 오랜만에 잘 잤다고 하더군요."

에벌리는 웃으며 말했다.

"그분다운 이야기네요. 사실 빌만큼 많은 고난을 겪은 사람은 없을 거예요."

그들은 이제 빌에 대한 이야기를 하기 시작했다. 빌의 누나, 룻 린 스테갈이 말했다.

"에벌리, 우리가 알고 싶은 것이 참 많아요. 정말 많아요."

에벌리의 눈에는 눈물이 고였고 목이 메어 말이 잘 안 나왔다.

"그래요. 말할 것이 많습니다."

식사가 끝난 뒤 그들은 다시 이야기를 시작했다. 우선 스테갈 가족은 에벌리가 중국에서 용케 풀려나오게 된 경위를 물었다. 에벌리는 빌이 세상을 떠난 뒤 자기가 석방되어 나올 때까지의 6개월 동안은 그야말로 견디기 어려운 악몽이었다고 말했다.

"정말 미칠 것 같았어요. 공산당원들은 저를 집에서 나가지 못하게 했고 병원 어느 직원과도 말을 못하게 했어요. 그들은 창문 틈으로 계속 독기어린 눈으로 저를 감시했지요. 어떤 때는 내가 그들에게 손을 흔들어 주었지만 그들은 전혀 반응을 보이지 않았어요. 그리고 직원들 가운데도 누가 공산당의 비밀 첩자인지 알 수가 없었어요. 우리가 죽의 장막에서 지내면서 가장 신경 쓰이고 어려웠던 일이 이런 것이었어요. 빌도 살아있을 때 이런 문제에 대하여 늘 괴로워했는데 저도 그런 일을 피부로 느꼈어요. 빌의 죽음이 너무 슬프고 저 자신의 미래도 너무 불확실하고 불안해서 신경을 좀 딴 데로 돌릴까 해서 나는 피아노도 치고 정신의학책을 읽고 또 읽었어요. 물론 성경도 읽고 기도하면서 하나님께 '왜 이런 고난을 당해야 합니까?' 하고 물은 적도 한두 번이 아니었지요."

시드니는 고개를 끄덕이며 말했다.

"우리도 하나님께 그렇게 물었어요."

에벌리는 말을 계속했다.

"최소한 일주일에 한 번이라도 외출을 하게 해달라고 요청했지만 그럴 때마다 제게 남는 것은 허탕뿐이었지요. 그러다가 어느 날은 어쩐 일인지 제게 외출 허가가 났다고 말하더군요. 그런데 그것은 바로 24시간 안에 출국하라는 통보였어요. 그리고 필수품 몇 가지만 들고 가라고 하는 거예요."

에벌리는 미안한 듯이 시드니 가족들을 쳐다보며 말을 이었다.

"빌이 평소에 쓰던 물건들을 좀 가지고 나오고 싶었는데 그럴 수가 없었어요. 사실 거의 모든 것을 공산당원들이 압수해 가 버렸어요. 그래서 몇 가지 남아 있긴 했지만 못 가지고 왔어요."

룻 린이 말했다.

"예, 충분히 이해합니다. 에벌리 당신이 살아 여기에 오신 것만으로도 우리는 정말 감사하고 기쁩니다."

"그러나 이건 하나 겨우 몰래 가지고 왔어요."

에벌리는 가방에서 작은 주머니를 꺼내서 조심스럽게 열어 조그마한 금반지를 하나 끄집어내어 룻 린에게 주었다.

"이 반지에는 빌의 도장이 새겨져 있습니다. 그의 손에서 제가 뺐습니다. 아마 그 공산당원들도 이것은 못 봤나 봅니다."

"도장 반지라고요?"

룻 린은 신기한 듯 물었다.

"예, 그것은 중국의 관습입니다. 서류에 서명이 필요할 때 서명하는 반지지요. 보세요. 빌의 이름이 새겨져 있어요. 옛날에는 편지를 부칠 때 봉합하고 도장을 찍었대요."

"그런데 왜 한 조각이 떨어졌나요?"

시드니가 그 반지를 살펴보더니 말했다.

"아, 예."

에벌리가 웃으며 말했다.

"빌이 말하던데요, 자기가 중국 서부에서 일본군의 공격을 피해 피난 생활할 때 이에 구멍이 생겨 그 이 구멍을 때우느라고 조금 잘라냈대요."

잠시 동안 침묵이 흘렀다.

"에벌리 양, 하나님께서는 빌이 살았을 때에 그를 사용하신 것처럼 그가 죽은 후에도 하나님의 영광을 위해 우리가 미처 생각지 못한 방법으로 역사하실 거예요."

룻 린이 확신에 찬 어조로 말을 이었다.

"정말 많은 사람들이 빌의 헌신으로 감동을 받았다는 말을 들었는데요, 빌의 죽음도 그의 생애에 예정하신 하나님의 계획의 일부라고 믿어요."

시드니가 일어나서 책상 앞으로 가더니 한 다발의 편지를 꺼내어 가지고 왔다.

"사람들이 보낸 편지를 읽어 보세요. 우선 하나 읽어볼까요? 뉴번 씨에게서 온 것입니다."

시드니가 읽는 동안 에벌리는 조용히 귀를 기울였다.

빌의 죽음은 우리에게 너무나 큰 충격이 아닐 수 없어요. 참으로 큰 손실입니다. 그러나 우리가 받은 감명은 또한 이루 말로 다 표현할 수가 없습니다. 빌 왈레스는 누구에게나 존경을 받는 사람이었습니다. 빌은 사람들에게 자신은 '사망의 음침한 골짜기'를 거니는 소명을 받은 것으로 확신하는 인상을 늘 주었지요. 그는 그것이 하나님의 뜻이라고 믿고 있었습니다. 지금까지 많은 순교자들이 있었고 또 앞으로도 있겠지요. 그러나 빌과 같은 비참한 죽음으로 하나님께 영광을 돌린 사람은 거의 없을 겁니다.

시드니는 말을 계속했다.

"지금 인도네시아에서 봉사하고 있는 어느 스웨덴 선교사에게서 온 편지를 읽어 볼게요."

> 그는 자기의 생명을 내어주기까지 중국을 사랑했습니다. 또한 중국인들도 자기들의 생명을 그에게 줄 만큼 빌을 사랑했지요. …빌의 생애는 우리 모든 그리스도인들에게 던진 위대한 도전입니다.

룻 린이 말했다.
"랜킨 박사에게서 온 편지를 읽어드리세요."
시드니가 편지를 찾아 읽었다.

> 하나님께서 하나님의 사랑을 훌륭하게 증명하기 위해 사람을 택하실 때에는 하나님의 자녀들 가운데서 훌륭한 사람을 택하십니다. 십자가에서 하나님의 사랑을 증명하기 위해서는 자기의 아들 예수를 택하셨지요. 그리하여 이 시대에 그러한 증거를 하도록 빌을 택하신 것입니다. 빌이 사람들을 사랑하고 그들을 섬기며 끝내 생명을 내어 준 것은 빌의 생애로서는 당연하고 조화로운 것입니다. 빌의 헌신과 죽음, 이 두 가지는 하나로 이어지는

겁니다. 그가 그런 목적으로 택함을 받은 사람이기 때문입니다. 그가 죽음으로써 인류를 위해 일생을 다 바쳐 헌신 봉사했다는 것을 증거하고 있는 것입니다. 예수님이 그러하셨듯이 빌의 죽음은 그가 처한 상황이 여의치 못해서 어쩔 수 없이 당한 그런 죽음이 아닙니다. 하나님의 예정하신 섭리 안에서 하나님의 뜻을 이루어 하나님의 영광을 나타내기 위한 죽음입니다. 빌은 자기가 가야할 길을 스스로 택한 것이었고 어떤 결과를 맞던지 기꺼이 감수할 각오가 되어 있었습니다. 빌은 일본군이 우초우를 공격할 때도 그랬고 그의 그런 자세는 선교사역 동안 언제나 한결같았습니다.

"코든 박사에게서도 편지가 왔습니다."
시드니가 그 편지를 읽어 주었다.

빌 왈레스의 죽음은 여러 가지 면에서 우리에게 예수님의 죽으심을 연상케 합니다. 공산당 정부는 백성들의 가슴 한 가운데 자리 잡고 있는 빌의 위상을 시기했습니다. 빌을 고소하기 위해 공산주의자들은 여러 가지 거짓 증거를 꾸몄습니다. 유대인들이 예수님을 로마 정부 당국에 대항하는 반정부주의자로 매도하려고 했듯이 중국 공산주의자들은 빌이 미국 정부의 간첩이라고 어처구니없는 누명을 씌웠습니다. 많은 사람들을 모아놓고 군중심리를 동원해서 죄인으로 몰았습니다. 또한 공산주의자들은 빌을 괴롭히고 잔인하게 감옥살이를 시켰습니다. 빌이 수감되고 나서 처음 며칠 동안은 화장실 청소나 그와 비슷한 일을 시켜 모욕감을 주려고 했답니다. 그리고 또, 진리를 배척하는 무리들은 군인들에게 예수님의 제자들이 그 시체를 훔쳐갔다고 하라고 하면서 거짓 선전을 한 것처럼 우초우의 공산주의자들은 왈레스가 목을 매고 자살했다고 선전했습니다. 물론 그런 선전을 믿는 사람은 아무도 없었습니다. 공산주의자들은 자기들이 빌을 죽이지 않은 것처럼 거짓 증언하며 빌을 죽인 책임을 면해 보려고 별 짓을 다 했습니다. 공산주의자들은 빌의 죽음에서 예수님의 일을 부정하려는 그들의 본색을 드러낸 것입니다. 그들은 그렇게 해서 그리스도인들을 못살게 하려했지만 기독교 역사상 언제나 그랬듯이 오늘날도 주님을 위하여 목숨을 바치겠다는 신실한 그리스도인들이 있다는 것을 보여주는 증거가 될 것입니다.

시드니가 그 편지를 다 읽고 또 다른 기사를 집어들며 말했다.

"어떤 의사가 내 감정을 그대로 나타내고 있습니다. 이것은 국제외과학회 잡지에 실린 기사입니다."

그는 오려낸 기사를 읽었다.

"이런 사람이야말로 우리 외과학회의 정신을 그대로 나타낸 사람입니다. 그의 실력뿐만 아니라 그의 성숙하고 겸손한 인격도 우리 모두가 지향하는 이상을 그대로 나타낸 것입니다. …세계를 적화하려고 안간 힘을 쓰는 중국 공산당은 빌 왈레스가 중국에 머물러 있는 것을 눈의 가시처럼 여겼습니다. 빌은 공산주의자들이 가장 싫어하는 그 대표적인 인물이었습니다. 빌은 조용하면서도 그 지역사회에 아주 놀라운 영향력을 미치고 있었습니다. 자기를 부인하는 삶이 남에게 영향을 끼치지 않을 리가 없는 것입니다."

시드니는 안경을 벗고 그의 아내를 바라보았다. 그리고 그의 처남과 함께 일해 온 간호사를 돌아보며 말했다.
"윌리엄의 일생은 우리 모든 그리스도인들이 원하고 있는 하나님 나라 확장 사업에 끊임없이 큰 영향을 끼칠 것으로 믿습니다. 뿐만 아니라 빌은 우리가 지금까지 전혀 듣지 못한 놀라운 하나님의 일을 이루어 낼 것으로 믿습니다. 나는 빌의 생애를 결코 인간의 비극이라고 생각하고 싶지 않습니다. 빌의 생애는 과거에도 어떤 사람들을 통해서 실현된 것처럼 하나님의 그 놀라운 목적을 남김없이 이룬 참으로 아름다운 것이라고 믿습니다."
에벌리의 눈시울이 뜨거워졌다. 그리고 이렇게 말했다.
"중국인 친구들이 빌의 무덤에 새긴 성경구절을 나는 잊지 못합니다. '내게 사는 것이 그리스도니'. 이 말씀 다음의 말씀은 '죽는 것도 유익함이라' 이지요."

찬사

빌 왈레스 박사님은 전설이자 영웅이었으며 그의 삶은 연구하고 본받을 만한 가치가 있습니다. 기독교 역사 곳곳에 놀라운 믿음을 보여준 분들이 수없이 많이 있는데 빌 왈레스 박사님도 그중 한 분이십니다.

왈레스 박사님은 찬사나 주목 받는 것을 절대 좋게 여기지 않으실 겁니다. 실제로 그분은 모든 부귀영화를 거부하였습니다. 그분은 자신의 소명이었던 중국인들을 사랑했습니다. 왈레스 박사님의 인격은 한마디로 '겸손한 순종'이라고 정의할 수 있습니다. 이 종의 마음은 오늘날 기독교 리더들에게 필요한 바로 그런 마음이라고 할 수 있습니다.

왈레스기념 침례교회의 사역을 통해 윌리엄 왈레스 박사의 선교와 사역은 계속되고 있습니다. 왈레스기념 침례교회는 매년 선교에 헌신하고 있으며 전 세계의 다양한 지역에서 사역할 선교사들을 파송해 왔습니다. 또한 자랑스럽게도 왈레스 박사님의 개인 소지품들을 전시하는 빌 왈레스 콜렉션을 주최합니다.

지난 10년간 저는 왈레스 박사님의 고향인 테네시 주, 녹스빌에 있는 이 교회에서 목회를 하는 특권을 누렸습니다. 그 기간 동안 저는 왈레스 박사님을 아는 사람들에게서 그분의 선교사역에 관한 이야기들을 들었습니다. 그분은 결코 평범한 기독교인이 아니었습니다. 실제로 그는 죽은 이후에도 계속 살아 있습니다. 바로 그분의 생애 이야기를 접한 많은 사람들이 하나님의 부르심에 놀랍게 응답하고 있기 때문입니다. 최근에 어떤 사람은 「내게 사는 것이 그리스도니」 Bill Wallace of China만큼 선교사역의 부르심에 응답하는 데에 큰 영향을 미치는 책은 없을 것이라고 말했습니다.

「내게 사는 것이 그리스도니」 Bill Wallace of China는 재미있는 책 그 이상이며, 역사속의 교훈 그 이상입니다. 이 책은 우리 삶의 질서를 세워주는 증언입니다. 이 책은 순종을 퍼트립니다.

하나님께서는 이 책을 다음 '빌 왈레스'를 부르시는 데 사용하실 것입니다. 우리는 모든 기독교인이 격려 받고 전 세계의 길 잃은 사람들이 주께로 나아오기를 기도합니다.

마이크 보이드
왈레스기념 침례교회 원로목사

찬사

　37년간 테네시 주 녹스빌에 있는 왈레스기념 침례교회의 원로 목사로 지낸 것은 저의 특권이었습니다. 그 시간동안 저는 빌 왈레스의 삶과 죽음의 영향력이 끊임없다는 것을 보았습니다. 저 자신의 삶 또한 빌 왈레스의 삶에 의해 형성되고 자극 받았습니다.

　1985년에 빌 왈레스의 유해가 1908년 그가 태어난 녹스빌로 돌아왔습니다. 그를 기억하고 영예를 돌리는 기념 예배에서 저는 설교를 했습니다. 제 설교의 주제는 '윌리엄 린지 왈레스의 유해' 였습니다. 그 설교에서 저는 말했습니다. "윌리엄 린지 왈레스의 유해는 테네시 주, 녹스빌의 무덤 속 관 안에 넣어 둘 수 없습니다. 그의 유해는 그 본질과 영향력이 영원합니다." (Bill Wallace of China, 제스 플레쳐 著, 브로드먼 앤 홀먼 출판사, 1996판, 부록, 252쪽). 저는 그의 지속적인 영향력에 대해 많은 것들을 이야기했습니다.

　1985년 이후로 저는 지속적으로 그의 삶의 영향력을 경험해 왔습니다. 저는 중국의 우초우 지역 사람들이 그가 죽은 지 30년이 넘었는데도 여전히 사랑과 존경의 마음으로 그를 기억하고 있는 것을 보았습니다. 2004년에 우초우의 병원에서 100주년 기념 예배를 드릴 때 그들은 빌 왈레스를 기억하고 경의를 표하며 그의 초상화를 병원 벽에 걸었습니다.

그의 출생 100주년을 맞아 그의 일대기를 개정판으로 발행하는 것은 그의 영향력을 지속시키는 또 다른 방법입니다. 이 이야기는 절대로 잊히면 안 됩니다. 저는 윌리엄 린지 왈레스가 남긴 것들에 대해 하나님께 계속해서 감사드립니다.

짐 멕클러스키
왈레스기념 침례교회 원로목사

회고담

브로드맨 출판사가 1963년 봄에 「내게 사는 것이 그리스도니」*Bill Wallace of China*를 발매했을 때, 저는 남침례교 국외선교 위원회의 임무 수행을 위해 해외에 있었습니다. 저는 위원회의 인사부에 있었기 때문에 이 순교한 선교사이자 의사에 대한 이야기를 쓰는데 필요한 많은 사람들과 많은 자료들을 접할 수 있었습니다.

유럽, 중앙아시아 그리고 전 아시아–말레이시아의 제시 그린, 인도네시아의 에벌리 헤이즈, 한국의 루시 라이트를 포함하여–의 선교사들을 방문한 후인 1963년 늦은 6월 저는 일본에 도착했고 거기서 저는 「내게 사는 것이 그리스도니」*Bill Wallace of China*의 초판본을 보았습니다. 그것은 휴가에서 막 돌아온 한 선교사의 것이었는데 그녀는 리지크레스트의 침례교 집회에서 그 책을 샀습니다. 그녀는 그 책을 판매한다는 사실을 기뻐하며 신이 나서 이야기했습니다.

비록 제가 몇 년 앞서 짧은 전기를 대필한 적은 있었지만, 「내게 사는 것이 그리스도니」*Bill Wallace of China*는 제가 쓴 판매용 책으로는 첫 번째 책이었습니다.

저는 그 책이 그토록 대단한 열광을 일으킬 줄 미처 몰랐습니다. 그러나 곧 깨달았습니다. 모든 연령대의 독자들이 이 책을 강력하게 원하고 있다는 것을 말입니다.

그 후 몇 개월 그리고 몇 년 안에 그 책은 하드커버 책으로 10번의 추가 인쇄를 하였고 이후에 상세한 페이퍼백 판이 인쇄되었는데 이를 바탕으로 1968년에는 영화가 개봉되었습니다. 이밖에도 이 책은 뱁티스트 크리스천 출판사에 의해 세계의 다양한 지역에서 수많은 언어로 출판되었습니다. 중국어, 스페인어, 포르투갈어, 나이지리아어 그리고 한국어 등 번역된 수가 너무 많아 어느 정도인지 정확하게 셀 수 없을 정도입니다. 그 후로 9권의 책을 더 쓰면서 45년이 넘도록 저는 다른 그 어떤 것에서도 경험해 보지 못한 즐거움을 빌 왈레스 프로젝트에서 얻고 있습니다.

여러 해 동안 저는 제가 그러했듯 그 책이 자기들의 삶에 큰 영향을 미쳤다고 말하는 전 연령대의 많은 사람들을 만났습니다. 빌 왈레스는 중국에 있을 때 자기 자신을 환자들과 친구들에게 심지어는 적들에게도 아낌없이 주었고 마침내 몇 년 후에는 유례없이 순교하기까지 그의 직무에 온힘을 다했습니다. 중국 공산주의의 대나무 장막이 빌 왈레스가 묻힌 곳, 당시에는 우초우라고 불렸던 곳을 덮어 사실상 폐쇄하였음에도 그의 영향력은 전 세계로 물결쳐 나갔습니다.

이 파도처럼 퍼져나간 영향력 초기의 예는 한국, 부산에 있는 왈레스기념병원의 건물에 분명히 나타나 있습니다. 이곳에 파송된 첫 선교 간호사들 중 한 명이 루시 라이트인데 그녀는 우초우에서 전쟁기간 동안 빌 왈레스와 같이 사역한 바 있습니다. 이 병원의 목회 사역으로 인해 수년간 수천 명의 한국인들에게 왈레스의 이야기를 전하는 일이 용이하였습니다.

왈레스의 순교 이후 미국 내에 기념관들이 생기기 시작했습니다. 빌 왈레스가 의사 훈련을 받았던 멤피스의 테네시 대학교 의료 센터에 있는 침례교 학생 연합 건물에 기념 도서관이 생겼습니다. 수백 명의 의사와 간호사들이 윌리엄 린지 왈레스의 이야기에 영감을 받았습니다.

많은 교회와 학교의 도서관들이 빌 왈레스의 이름을 땄습니다. 그리고 몇몇 책들과 선교목적의 신탁자금들에도 그의 이름을 붙였습니다. 6개의 왈레스기념 대학 동아리와 왕실 대표 예배에도 그의 이름을 붙였습니다. 그의 생을 바탕으로 한 몇몇 드라마도 만들어졌고 켄터키의 루이즈빌에 있는 남침례교 신학교는 1963년부터 지금까지 윌리엄 왈레스 선교 주간을 열어 왔습니다. 오클라호마 침례교 대학은 이 선교사 의사를 기념하며 경의를 표하기 위해 스테인드 글라스 창문을 설치하였고 녹스빌의 브로드웨이 침례교회에는 윌리엄 왈레스 교육관이 세워져 있습니다. 심지어 루이지애나 주의 뉴올리언스에 있는 성 찰스 에버뉴 침례교회에는 윌리엄 왈레스 오르간도 있습니다.

여러 기념관 중 가장 지속적이고도 효과적인 것 중 하나로는 테네시 주 녹스빌에 있는 왈레스기념 침례교회를 들 수 있습니다. 1953년 7월 5일-왈레스의 순교 3년 후-에 세워진 이 교회는 그 지역의 가장 큰 침례교회들 중 하나입니다. 1959년에 이 교회의 목사가 된 짐 맥클러스키 목사의 지도아래 이 교회는 왈레스가 생명을 바친 예수 그리스도에 대해 지속적으로 증언하는 일뿐 아니라 왈레스의 목회사역에 관한 생생한 자료들과 왈레스를 기억할 만한 일을 수집하고 관리함으로써 빌 왈레스를 계속 기억하도록 하는 일에 독보적인 역할을 담당해 왔습니다.

1965년 초에, 강력한 기독교 믿음을 가진, 실력 있는 할리우드 배우인 그레고리 윌컷이 빌 왈레스의 삶에 관한 영화에 관심을 가졌습니다.

　브로드맨 출판사는 열정이 넘치는 윌컷과 영화의 저작권에 관한 협의를 마무리하였습니다. 주의회에 복음주의의 필요성을 보장하려는 노력을 하였고, 투자자들에게 돌려줄 이익을 제외한 모든 이익은 해외 복음운동에 쓸 것이라는 설명을 하며 자금을 모으는 데도 진두지휘를 하였습니다. 홍콩 일대에서 윌컷이 주연을 맡고 소규모지만 헌신적인 작업팀들이 영화촬영을 시작했을 때, 로고스라는 법인이 만들어져 7퍼센트의 채무 증서를 발행하였습니다. 약 200만 달러의 투자금이 모였는데 그중 얼마는 퇴직한 선교사들이 노후를 위해 모아 두었던 자금을 1인당 1,000달러씩 투자한 것들이었습니다. 예산의 제약으로 인해 원래 계획보다는 규모가 작아졌지만 영화는 아름답게 촬영되었고 1968년 10월 3일 녹스빌에서 개봉되었습니다.

　그러나 「내게 사는 것이 그리스도니」*Bill Wallace of China*의 출판 이후 가장 놀랄만한 사건은 그가 죽은 지 34년이 지난 후에 일어났습니다. 왈레스의 동료 중 한 명이자 중국으로 파송된 남침례회 선교사였던 코넬리아 리벌이 소식을 하나 전해 들었습니다. 그것은 빌 왈레스가 묻혔던 오래된 공동묘지를 이전하는 중이며 빌 왈레스의 유해를 발굴하는 것이 가능할 것이라는 소식이었습니다. 중국의 문화는 죽은 사람의 유해에 관한 것을 지극히 중요하게 여깁니다. 리벌의 부모님은 수년 전 그 도시에서 선교사로 일했었고 그녀도 그곳에서 성장해서 빌 왈레스가 일하고 순교했던 곳과 꾸준히 접촉하고 있었습니다.

빌 왈레스의 누이이자 유일하게 생존해 있는 피붙이인 룻 왈레스 스테갈의 편지와 버지니아 주의 리치먼드에 있는 침례교 국외선교부 간부들의 편지 덕분에 리벌은 발굴을 시도하기 위해 우초우에 갈 수 있도록 중국 공산당 정부에게 허락을 얻어내었습니다.

1984년 12월에 코넬리아 리벌은 홍콩에 있던 선교 관계자 두 명, 로버트 데이비스와 베티 봇을 대동하고 유해 발굴을 청원하러 우초우로 길을 떠났습니다. 중국의 보건 당국은 발굴단에게 유해를 국외로 반출하기 전에 화장을 해서 가져 갈 것을 요구하였습니다. 화장한 재는 검은 옻칠을 한 상자에 담겨 고향으로 갈 준비를 하였습니다. 리벌과 그 일행이 우초우를 떠나 홍콩으로 오기 전 날 밤에 세 명의 중국인 의사들이 찾아와서 왈레스의 재가 담긴 상자를 볼 수 있도록 허락을 요청하였습니다. 그들 중 왈레스를 가장 잘 알았던 한 명이 그 상자 앞에 멈추어 서 있다가 부드럽게 어루만지고는 떠나갔습니다. 그것은 거의 반세기 전에 생명을 치료하는 기술을 가지고 자기들에게로 처음으로 들어온 왈레스에게 작별을 고하는 중국식 인사였습니다.

그다음 날 리벌 일행은 홍콩으로 돌아왔습니다. 새해가 되자마자 리벌은 그 상자를 태평양을 건너 테네시 주의 녹스빌로 가져왔습니다. 빌 왈레스의 유해는 그의 아버지, 어머니의 무덤이 있는 그린우드 공동묘지에 안치되었습니다.

바로 그날, 1985년 1월 12일 오후에 수백 명의 사람들이 왈레스기념 침례교회에서 열린 기념 예배에 참석하였습니다. 제임스 맥클러스키 목사님이 말했습니다.

"비록 빌 왈레스의 육신의 유해는 그가 태어난 마을에 쉬려고 누워 있지만, 그의 진정한 유해는 녹스빌의 무덤 속 상자 안에 담길 수 없습니다. 태양이 떠오르는 한, 달이 빛나는 한, 봄에 꽃들이 땅 위로 피어나는 한, 빌 왈레스의 영향력과 영감은 영원히 살아 있을 것입니다."

1991년 왈레스기념 침례교회는 아름다운 새 예배당을 봉헌하였습니다. 그 예배당에는 빌 왈레스의 방이 있는데 거기에는 전문 사서인 제인 포웰이 수집한 많은 기념품들을 보관하고 있었습니다. 제인 포웰은 중국의 우초우로 맥클러스키 목사님과 다른 교인들과 함께 여행한 것을 포함하여 이 작업을 위해 은퇴 후 많은 해를 헌신하였습니다.

역사는 아이러니로 가득합니다. 「내게 사는 것이 그리스도니」*Bill Wallace of China*의 저자로서 저는 이 책이 출판된 후로 그런 아이러니한 경험을 여러 번 하였습니다. 저는 1975년에 녹스빌의 제일 침례교회에서 목사직을 감당하고자 15년 동안 사역해온 국외선교부를 사임하였습니다. 제가 그 도시와 접촉한 것은 책을 쓰기 위해 조사활동을 하면서였고, 그 교회와 관계를 맺은 것은 1968년 「내게 사는 것이 그리스도니」*Bill Wallace of China*를 영화로 만들어 개봉하면서 특별 예배를 드렸을 때가 전부였습니다. 하지만 그 교회에서 삼년 남짓 목회를 했을 때 빌 왈레스의 삶의 한 부분이었던 사람들이 제 주위에 가득했습니다. 왈레스의 고등학교 친구들과 의대 동기들이 자기들의 추억을 저와 나누었습니다. 12년 전에 제 책을 읽었던 젊은이들은 자기들 삶에 그 책이 큰 영향을 미쳤다고 말했습니다. 그곳에서 목회를 한 지 몇 주일 후에 룻과 시드니 스테갈이 제일 침례교회에 나왔고 저는 그들의 목사가 되었습니다.

1993년 5월, 빌레스가 순교한 지 50년이 조금 더 지났을 때, 룻 린 왈레스 스테갈이 사망하였습니다. 그녀의 남편(빌 왈레스의 비공식적 사업 매니저였던) 시드니, 그리고 하나뿐인 아들, 워싱턴 시애틀의 닥터 시드니 왈레스 스테갈은 그녀 또한 그린우드 공동묘지에서 쉬도록 했습니다. 그녀는 왈레스의 기념사업을 키우는 일에 충성스럽게 일했고 그 시간 동안 자신의 믿음을 지켰습니다. 시드니 스테갈도 최근에 사망하였습니다.

    1963년 「내게 사는 것이 그리스도니」*Bill Wallace of China*를 출판한 이후 이 같은 이야기는 절대 시대에 뒤떨어지지 않는다는 것이 분명해졌습니다. 저는 1977년 하딩-시몬스 대학의 총장이 되었습니다. 총장으로서, 지금은 명예총장으로서 저는 선교에 관심이 있는 학생들이나 아니면 다른 사역을 목표로 하는 학생들과 왈레스의 이야기를 나눕니다. 결과는 항상 같습니다. 학생들은 왈레스의 삶과 죽음에 도전을 받고 하나님께서 '평범한 사람' 빌 왈레스를 사용하신 것처럼 그들의 삶을 다루실 수 있다는 관점에서 삶에 대한 새로운 시각을 갖습니다.

    「내게 사는 것이 그리스도니」*Bill Wallace of China*가 1963년에 첫 출판된 이래, 침례교 고전 시리즈 도서관에서 재출판되었고 이제 이 기념판으로 다시 출판되어서 저는 이 동부 테네시 주 주민(빌 왈레스)의 삶이 지속적으로 영향력을 가진다는 사실에 놀랐습니다.

    빌 왈레스는 결혼과 가정이 주는 기쁨, 미국 내에서 외과 수련을 받음으로써 얻을 수 있는 돈벌이의 기회, 그리고 자기 분야에서 그가 가진 뛰어난 기술로 얻을 수 있었던 명성을 기꺼이 거부했습니다. 대신에 그는 당시에는 너무나 멀리 떨어져 있던 중국에 가서 그곳 사람들에게 자신을 내어 주었습니다. 그의 이런 결심에 하나님께서 복을 주셨음을 역사를 보면 알 수 있습니다.

2008년 1월 19일
빌 왈레스의 100회 생일 기념

제시 플레쳐

초본의 서문

월리엄 월레스(William L. Wallace)의 이름은 앞으로도 영원이 살아있을 것이다. 중국에서 의료 선교사로서의 그의 봉사는 수많은 사람들에게 병치료와 구제의 선물을 안겨 주었다. 그리스도인으로서의 그의 인격은 그가 산 지역의 모든 사람들에게 큰 감동을 주었다. 그가 봉사한 스타우트 기념병원(The Stout Memorial Hospital)은 중국 남부의 큰 의료시설들 중의 하나로 알려졌었다.

공산주의자들이 중국 전체를 장악하게 될 무렵 공산주의자들은 선교사들에게 중국을 떠나든지 머물러 있든지 스스로 결정하도록 요구했다. 그때 월레스 의사는 "나는 내가 조금이라도 선한 일을 할 수 있다면 남아 있겠습니다"라고 대답했다.

그는 자기 생명의 피로 그리스도인이라는 간증에 도장을 찍은 것이다. 감옥에서 53일의 고생 끝에 숨지기까지의 그의 행적도 이 책에 기록되어 있다. 이 책의 저자는 월레스 선교사의 정신과 그의 삶의 목적과 이상을 여기에 적었다.

이 책은 참으로 하나님의 뜻을 따라 이웃을 섬기다가 목숨을 바친 숭고한 헌신자의 이야기를 담고 있다.

이 책을 읽는 사람은 해외에서 봉사하기 위하여 준비하고 있는 많은 선교사 후보자들에게 필요한 지침을 제공하는 저자의 정신과 의도를 이해하게 될 것이다.

끝으로 이 책이 예수 그리스도의 뜻을 깨닫고 더 위대한 헌신적 생애를 살겠다는 사람들에게 도전적인 도움을 주는 유익한 책이 될 것을 믿고 기도한다.

베이커 J. 코든
미국 남침례회 총회 외국선교부 총무

초본의 서문

이 책은 하나님의 섭리 안에서 비범하게 일생을 바친 한 사람의 이야기다. 빌 왈레스(Bill Wallace)는 중국에서 17년 간 의료 선교사로 그 나라의 오랜 역사 상 가장 파란만장했던 시대를 살면서 봉사했다.

그는 미국 테네시 주 녹스빌에서 자라났으며 그가 섬긴 사람들 세계에서 전설적인 존재가 되었다. 그의 사역이 절정에 이르렀을 때 그는 그의 생명으로 그리스도의 증인됨을 증명했다. 그는 1951년 2월, 중국 공산주의자들의 감옥에서 그리스도를 위한 순교자로 그 생애를 마쳤다.

왈레스 선교사의 이야기는 12년 동안 세상에 알려지지 않고 파묻혀 있었다. 몇몇 출판물에 간단하게 실린 단편적인 기사 외에는 그의 생애에 대한 감동적인 사실이 거의 알려지지 않고 있었다. 아마 다음과 같은 몇 가지 이유에서 그랬을 것이다. 우선 왈레스 선교사는 자기가 겪은 일을 거의 말하지 않았고 책으로 저술하지도 않았다. 더욱이 자기 자신을 남에게 알리는 데 전혀 관심이 없던 사람이었다. 그리고 그는 죽(竹)의 장막 뒤에서 죽었으며 그를 잘 알고 있는 많은 사람들이 그 당시에는 그에 대해서 이야기할 자유를 가지고 있지 못했다. 그래서 그처럼 영웅적인 전설과 같은 그의 생애와 활동에 대해 아쉽게도 자세히 알 수가 없었다.

한편 12년이라고 하면 세상 사람들이 말하는 강산도 변하는 긴 세월인데 더욱이 빛 없는 중국에서 숨진 사람에 대한 기억이란 이미 사라지고 거의 잊어버리기에 충분한 세월일 것이다. 그러나 빌 왈레스의 경우는 달랐다. 그에 대한 기억은 사라지지 않았다. 많은 미국의 침례교 설교자들이 순교에 대해 설교하면서 빌 왈레스 의사의 이름을 예로 든다. 그래서 미국의 침례교인들은 그의 생애에 대하여 자세히 알진 못하지만 그의 이름을 듣지 못한 사람은 별로 없었다. 그리고 그의 생애를 알고 감동을 받은 선교사들과 선교부 직원들은 빌 왈레스의 제자도 정신을 가는 곳마다 증언해서 듣는 사람들에게 큰 도전을 주었다. 이렇게 해서 외국 선교사로 파송되는 새로운 선교사들이 빌 왈레스의 생애와 순교정신을 가슴 깊이 간직하고 헌신하기로 결심하게 하는 동력이 되기도 했다.

미국 남침례회 외국 선교부 총재였던 고(故) 엠. 데론 랜킨 박사(Dr. M. Theron Rankin)는 다음과 같이 말했다.

"공산주의자들은 그를 없애버렸다고 생각했다. 그러나 오히려 그들은 빌을 불멸의 존재로 만들었다."

공산주의자들은 빌을 아는 사람들과 빌에게서 치료를 받으며 참 그리스도인의 사랑을 받은 사람들과 그리고 빌이 죽기까지 주님을 증언했다는 이야기를 들은 사람들 가슴속에 불멸의 존재로 각인시켰다. 이 책에 그처럼 성인 같은 그의 삶을 전부 다 기록할 수는 없다. 그러나 비록 개략적인 글이긴 하지만 그래도 이 책을 읽는 사람들은 빌이 얼마나 그리스도의 제자로서의 삶을 대담하게 나타냈는지를 이해하게 될 것이다.

그와 같은 목적으로 이 전기를 구성했다. 그래서 평론형식이 아니고 단순한 이야기 형식으로 썼고 그저 빌에 대한 회고록이 아니고 그의 삶을 사실대로 보여주려는 의도로 썼다.

저자는 그와 같은 의도로 쓰면서 자유롭게 추리했지만 결코 사실에서 벗어나지 않았다. 가능한 방법을 다 동원해서 힘이 자라는 대로 자료를 수집하고 확인해서 쓴 빌 왈레스의 이야기다.

나는 이 책을 쓰는 데 도움을 준 여러 사람에게 심심한 사의를 표하고 싶다. 이분들의 도움이 없었으면 이 책은 나오지 못했을 것이다.

Mrs. Robert Beddoe, Miss Mary Christian, Miss Nelle Davidson, Miss Marilyn Fairfax, Dr. and Mrs. Ed Galloway, lone Gray, Miss Genevieve Greer, Miss Everley Hayes, Dr. and Mrs. Eugene Hill, Dr. Dewey Peter, Mrs. M Theron Rankin (지금은 고인이 됨), Dr. Sam Rankin, Miss Nell Stanley, Mrs. Roy Starmer, Mr. and Mrs. Sydney Stegall, Mrs. Gene Newton West, Miss Lucy Wright.

1963년

제시 플레쳐

맺는 말

    이 책은 테네시 주 녹스빌에서 태어나 중국 우초우에서 선교한 윌리엄 왈레스 의사의 생애와 죽음의 이야기다. 아주 높게 치솟은 불길은 멀리까지 비치게 마련이다. 빌 왈레스의 생애는 50년이 지난 오늘에도 찬란하게 빛나고 있다.

    그 빛은 특히 3,000명 이상의 교인이 있고 계속 성장하고 있는 아름다운 왈레스기념교회가 있는 녹스빌에서 더 밝게 빛나고 있다. 또한 캘리포니아 주의 작은 도시 인디오에도 이 의료 선교사의 이름으로 세운 교회가 빌 왈레스를 본받아 자기를 부인하고 남을 섬기며 그리스도를 증언하는 사역을 계속하고 있다.

    빌이 공부한 의과대학의 도서관이 그의 이름으로 헌납되었고 이 도서관은 모든 학생들에게 이 위대한 빌을 기념하고 기억하는 유산이 되고 있다.

    그 어느 것보다 더 큰 의미가 있는 기념 기관은 공산군의 침략으로 폐허되고 고통과 가난에 시달리는 한국 부산에 왈레스기념 침례병원이 세워진 것이다. 이 병원에서 빌의 생애로 감동받은 의료 선교사들이 빌과 같은 정신으로 봉사하고 있다. 이 병원은 빌의 옛 동역자인 렉스 레이(Rex Ray) 선교사에 의해 1951년 세워졌다. 그리고 이 뜻깊은 병원의 초대 간호원장은 바로 일본군의 침략으로 피난살이 하던 우초우 광야병원에서 빌 왈레스와 같이 일을 했던 루시 라이트였다.

　에벌리 헤이스는 인도네시아 자바 섬에 있는 침례병원에서 간호원장으로 봉사했다. 이 자바 섬은 빌 왈레스가 중국 공산당의 박해 때 중국을 떠나게 되면 가서 의료사역을 시작하고 싶다고 말하던 곳이다. (에벌리는 2007년 8월, 81세로 하늘나라에 갔다.)

후기

저희는 매우 특별한 이 책을 출판하는 데 작은 역할을 감당한 것에 대해 겸손한 마음으로 감사합니다. 또한 플레쳐 박사님께 무척 애정 어린 글을 쓰신 것과 빌 왈레스라는 최고로 놀라운 기독교인을 어렴풋이나마 알게 해주신 것에 대해 감사합니다. 또한 마이크 보이드 박사님과 왈레스 기념 침례교회에, 기도해 주시고 다음 세대를 위한 멋진 작품에 생명을 불어 넣는 고된 작업에 힘이 되어 주심에 또한 감사합니다.

저희가 원본 책을 최신 버전으로 다시 출간하는 목적은 여러분 중 삶 속에서 하나님의 부르심을 찾길 원하는 분들이 그것을 발견하도록 격려하는 것입니다. 저희는 이 책이 팔릴 때마다 팔린 수만큼 중국어로 된 만다린 신약을 선교현장에 기증하기로 헌신하였습니다. 빌 왈레스 박사님을 통해 중국인에게 행하신 하나님의 사역은 끝나지 않았습니다.

아마도 언젠가는 한 중국 청년이 운명의 근원을 시작하면서 '부르심'을 깨달은 날짜를 자기 성경에 기록할 것입니다.

주님 안에서

필 벌거스 · 홀먼 성경 봉사회 전무이사
스티브 본드 박사 · B&H 출판사 편집차장
로이드 뮬런스 · B&H 출판사 편집장

그러므로 너희는 가서 모든 민족을 제자로 삼아

아버지와 아들과 성령의 이름으로 침례를 베풀고

내가 너희에게 분부한 모든 것을 가르쳐 지키게 하라

볼지어다 내가 세상 끝날까지 너희와 항상

함께 있으리라 하시니라

마 28:19-20

21c 교회성장과 축복의 통로

교회진흥원은 기독교한국침례회 총회의 교육, 문서선교 기관으로서 교회의 교육, 목회, 선교활동에 관한 실제적인 연구와 프로그램 개발, 기독교 정보를 제공하고, 자료 출판 및 보급사역을 하고 있습니다.

- 각 연령별 교회학교 공과, 구역공과, 제자훈련 교재, 음악도서를 기획, 출판하고 이와 관련된 각종 강습회를 실시합니다.
- 요단출판사를 운영하며 매년 70여 종의 각종 신앙도서와 제자훈련 교재를 기획, 출판합니다.
- 3개의 직영서점을 운영하고 있습니다.

요단출판사의 사역정신

그리스도인들의 올바른 신앙성장과 영성 개발에 필요한 신앙도서를 엄선하여 출판, 보급함으로써 이 땅에 하나님나라 확장을 위해 헌신하고 있습니다.

- **F**or God For Church
  하나님과 교회의 유익을 위하여 도서를 기획 출판합니다.
- **O**nly Prayer
  오직 기도뿐이라는 자세로 사역합니다.
- **W**ay To Church Growth & Blessings
  교회성장과 축복의 통로가 되기 위해 사명을 감당합니다.
- **G**ood Stewardship & Professionalism
  선한 청지기와 프로정신으로 사역합니다.
- **C**reating Christianity Culture & Developing Contents
  각종 문화 컨텐츠를 개발함으로 기독교 문화 창달에 기여합니다.

직영서점

요단기독교서적 서울특별시 서초구 잠원동 69-14 반포쇼핑타운 6동 2층
교회용품센타 TEL 02)593·8715~8 FAX 02)536·6266 / 537·8616(용품)
둔산침례회서관 대전광역시 서구 둔산동 1092번지 신둔산 빌딩 2층
TEL 042)472·1919~20 FAX 042)472·1921
대전침례회서관 대전광역시 동구 중동 21-27
TEL 042)255·5322, 256·2109 FAX 042)254·0356
요단인터넷서점 www.jordanbook.com

"그러므로 너희는 가서 모든 민족을 제자로 삼아 아버지와 아들과 성령의 이름으로 침(세)례를 베풀고 내가 너희에게 분부한 모든 것을 가르쳐 지키게 하라 볼지어다 내가 세상 끝날까지 너희와 항상 함께 있으리라 하시니라." _마 28:19~20